COMENTÁRIOS SOBRE A LEI ANTICORRUPÇÃO

RONALDO GARCIA DIAS
RONALDO MAYRINK DE CASTRO GARCIA DIAS
(ORGANIZADORES)

COMENTÁRIOS SOBRE A LEI ANTICORRUPÇÃO

Del Rey EDITORA
Belo Horizonte
2016

EDITORA DEL REY LTDA.
www.livrariadelrey.com.br

Editor: Arnaldo Oliveira

Editor Adjunto: Ricardo A. Malheiros Fiuza

Editora Assistente: Waneska Diniz

Coordenação Editorial: Wendell Campos Borges

Diagramação: Lucila Pangracio Azevedo

Revisão: RESPONSABILIDADE DOS AUTORES

Capa: CYB Comunicação

Editora / MG
Rua dos Goitacazes, 71 – Sala 709-C – Centro
Belo Horizonte – MG – CEP 30190-050
Tel: (31) 3284-5845
editora@delreyonline.com.br

C732

Comentários sobre a lei anticorrupção. / Ronaldo Garcia Dias e Ronaldo Mayrink de Castro Garcia Dias (Org.). Belo Horizonte: Del Rey, 2016.

248 p.

ISBN: 978-85-384-0460-6

1. Corrupção administrativa, legislação, Brasil. 2. Responsabilidade administrativa, Brasil. I. Dias, Ronaldo Garcia (Org.). II. Dias, Ronaldo Mayrink de Castro Garcia (Org.).

CDU: 343.352(81)

SUMÁRIO

NOTA DOS AUTORES ix

INTRODUÇÃO 1

A CORRUPÇÃO NO CÓDIGO PENAL

A Administração Pública – Disposições Gerais 5
A Corrupção Passiva 7
Sujeitos do crime 8
Tipo Objetivo 8
Tipo Subjetivo 8
Corrupção Qualificada 8
Corrupção Privilegiada 9
A Corrupção Ativa 9
Sujeitos do Crime 10
Tipo Objetivo 10
Tipo Subjetivo 10
Forma Qualificada 10
Corrupção Ativa em Transação Comercial Internacional 11
Sujeitos do Crime 11
Tipo Objetivo 11
Tipo Subjetivo 12
Forma Qualificada 12
Definição de Funcionário Público. 12

A LEI N. 8.666, DE 21 DE JUNHO DE 1993

Art. 1º 15
Art. 84 20
Art. 89 24
Art. 90 26
Art. 91 28
Art. 92 29
Art. 93 33
Art. 94 35
Art. 95 36

Art. 96 38
Art. 97 40
Art. 98 43
Art. 99 44

A LEI N. 12.846, DE 1º DE AGOSTO DE 2013
Capitulo I – Disposições Gerais 47
Capítulo II – Dos Atos Lesivos À Administração Pública Nacional ou Estrangeira 56
Capítulo III – Da Responsabilização Administrativa 67
Capítulo IV – Do Processo Administrativo de Responsabilização 79
Capítulo V – Do Acordo de Leniência 99
Capítulo VI – Da Responsabilização Judicial 106
Capítulo VII – Disposições Finais (Redação determinada pela Medida Provisória nº 703 de 18.12.2015). 112

REFERÊNCIAS BIBLIOGRÁFICAS 119

ANEXOS

LEI Nº 8.666, DE 21 DE JUNHO DE 1993 123
Capítulo I – Das Disposições Gerais 123
Seção I – Dos Princípios 123
Seção II – Das Definições 128
Seção III – Das Obras e Serviços 130
Seção IV – Dos Serviços Técnicos Profissionais Especializados 133
Seção V – Das Compras 134
Seção VI – Das Alienações 136
Capítulo II – Da Licitação 141
Seção I – Das Modalidades, Limites e Dispensa 141
Seção II – Da Habilitação 154
Seção III – Dos Registros Cadastrais 163
Seção IV – Do Procedimento e Julgamento 164
Capítulo III – Dos Contratos 176
Seção I – Disposições Preliminares 176
Seção II – Da Formalização dos Contratos 183
Seção III – Da Alteração dos Contratos 185
Seção IV – Da Execução dos Contratos 187
Seção V – Da Inexecução e da Rescisão dos Contratos 191
Capítulo IV – Das Sanções Administrativas e da Tutela Judicial 194
Seção I – Disposições Gerais 194
Seção II – Das Sanções Administrativas 195

Seção III – Dos Crimes e das Penas ... 196
Seção IV – Do Processo e do Procedimento Judicial ... 198
Capítulo V – Dos Recursos Administrativos ... 200
Capítulo VI – Disposições Finais e Transitórias ... 201

LEI N. 12.846, DE 1º DE AGOSTO DE 2013 ... 207
Capítulo I – Disposições Gerais ... 207
Capítulo II – Dos Atos Lesivos à Administração Pública Nacional ou Estrangeira ... 208
Capítulo III – Da Responsabilização Administrativa ... 209
Capítulo IV – Do Processo Administrativo de Responsabilização ... 210
Capítulo V – Do Acordo de Leniência ... 212
Capítulo VI – Da Responsabilização Judicial ... 213
Capítulo VII – Disposições Finais ... 214

DECRETO Nº 8.420, DE 18 DE MARÇO DE 2015 ... 217
Capítulo I – Da Responsabilização Administrativa ... 217
Capítulo II – Das Sanções Administrativas e dos Encaminhamentos Judiciais ... 221
Seção I – Disposições Gerais ... 221
Seção II – Da Multa ... 222
Seção III – Da Publicação Extraordinária da Decisão Administrativa Sancionadora ... 224
Seção IV – Da Cobrança da Multa Aplicada ... 225
Seção V – Dos Encaminhamentos Judiciais ... 225
Capítulo III – Do Acordo de Leniência ... 225
Capitulo IV – Do Programa de Integridade ... 228
Capítulo V – Do Cadastro Nacional de Empresas Inidôneas e Suspensas e do Cadastro Nacional de Empresas Punidas ... 230
Capítulo VI – Disposições Finais ... 232

MEDIDA PROVISÓRIA Nº 703 DE 18 DE DEZEMBRO DE 2015 ... 233

NOTA DOS AUTORES

Este não é, nem pretende ser um trabalho acabado. Há muito ainda o que comentar a respeito das alterações trazidas pela Lei n. 12.846/2013, que dispõe sobre a responsabilização administrativa e civil das pessoas jurídicas pela prática de atos contra a Administração Pública. Nestes *Comentários* o objetivo foi expor as linhas gerais traçadas pela legislação para combater a corrupção no Brasil, que na atual quadra de sua existência, se mostra tão intensa quanto a sonegação fiscal. Para tanto, além de analisarmos a lei específica, percorremos o vetusto Código Penal, a Lei n. 8.666, de 21 de junho de 1993, que institui normas para licitações e contratos da Administração Pública e o Decreto n. 8.420, de 18 de março de 2016, regulamentador da lei anticorrupção, que tem a sua gênese na esfera administrativa, não obstante ter sido dotada de um espírito penal.

Nessas medidas repressivas é que entra a maioria das novidades, como a previsão do acordo de leniência para fins de identificação dos demais envolvidos na prática de atos lesivos e para a obtenção de informações e documentos que comprovem o ilícito em apuração, os programas de integridade ou *compliance*, tendência moderna nas organizações empresariais, notadamente as que têm contrato com o poder público, englobando um conjunto de ações voltadas a cumprir os regulamentos internos sobre ética empresarial e a legislação anticorrupção existente no país.

Também a desconsideração da personalidade jurídica teve previsão de ocorrer sempre que ela for utilizada com abuso do direito para facilitar, encobrir ou dissimular a prática dos atos ilícitos previstos na lei ou para provocar confusão patrimonial, estendendo todos os efeitos das sanções aplicadas à pessoa jurídica ou seus administradores e sócios com poderes de administração.

Recentemente a Presidente Dilma Rousseff assinou a Medida Provisória nº 703 de 18.12.2015, alterando a lei anticorrupção, para dispor sobre acordos de leniência. A decisão aconteceu em razão do Congresso Nacional não ter votado o texto do Projeto de Lei nº 3636, de 2015, em tramitação na Câmara dos Deputados que disciplina a matéria. A intenção é permitir que empresas acusadas de corrupção, inclusive as investigadas na operação Lava-Jato, possam contratar com o Poder Público.

A proposta enviada para apreciação do Congresso Nacional, mas já passando a vigorar com força de lei, é uma resposta à demanda de empresários e sindicalistas que se reuniram com a Presidente da República no dia 15.12.2015 e cobraram agilidade na normatização do assunto.

Segundo a Presidente da República, o objetivo das mudanças na legislação, além de incluir a participação do Ministério Público e o Tribunal de Contas, é dar celeridade aos acordos de leniência sem destruir empresas ou fragilizar a economia. Ela disse que é interesse do governo e da sociedade combater a corrupção, mas deve-se evitar que esse combate cause prejuízos ainda maiores ao país. Ela completou dizendo que acelerar acordos de leniência para melhorar a economia significa preservar empresas, que são elementos de difícil construção em qualquer país.

A iniciativa, em sua essência, merece aplausos, pois uma sociedade menos suscetível ao mal da corrupção é um desejo de todos. Toda e qualquer proposta normativa que vise melhorar o sistema de justiça criminal e, consequentemente, que auxilie na construção de uma sociedade mais justa, merece a atenção de todos os partícipes da persecução penal - ministério público, juízes, advogados – além de toda a população. Afinal, somos todos favoráveis ao bom trato com a coisa pública.

No entanto, essa tendência de mudar a lei e criar novos tipos penais, por si só, não é suficiente para enfrentar a corrupção. São necessárias políticas públicas amplas que envolvem todas as esferas de poder, de preferência despidas da fogueira das vaidades, para garantir a aplicação dos instrumentos de combate às ações danosas ao patrimônio público, pois de pouca valia as mudanças na lei se as estruturas de Estado não falar uma linguagem comum, célere e pragmática.

Belo Horizonte, outono de 2016.

Os Autores

INTRODUÇÃO

Corrupção: ilegalidade intolerável. Este é o título do livro de Flávia Schilling[1], resultado de sua tese de doutorado no Departamento de Sociologia da USP, e nele se empreende uma crítica rigorosa à corrupção que campeia endemicamente entre nós, de que episódios recentes nada mais representam senão uma triste confirmação.

Dentro deste tema tão amplo, sua tese abordou principalmente o papel das denúncias de corrupção, assim entendida como um conjunto variável de práticas que implica em trocas entre quem detém poder decisório na política e na administração e quem detém poder econômico, visando a obtenção de vantagens – ilícitas, ilegais ou ilegítimas – para os indivíduos ou grupos envolvidos.

A autora pondera que o problema da corrupção é visto de diferentes pontos de vista que se entrecruzam formando desenhos peculiares. Se na discussão internacional vê-se inicialmente uma ênfase na tentativa de sua definição, na construção de seus tipos e graus, ênfase posteriormente substituída por uma perspectiva que tenta analisá-la em suas relações com a economia e a politica. Para a autora, no Brasil, essa discussão se organiza principalmente em torno de alguns grandes temas, a saber, a moral, a herança e o governo. Para ela, este problema nacional é visto como próprio de uma natureza humana imperfeita, falha e sujeita a tentações, estando algumas vezes situada nas origens do Brasil e relacionada com a herança cultural, vista esta como peso a carregar com resignação ou indignação. Pode ser percebida também como própria de determinados modos de governar.

Seu livro teve como ponto de partida um conjunto de práticas reunidas sob o nome genérico de corrupção e que foram noticiadas pela

[1] IBCCRIM, 1999.

imprensa no ano de 1980. Nepotismo; venda de vacinas gratuitas; aliciamento político; venda de atestados médicos falsos; desvio de alimentos; desvio de materiais; fraude; empreguismo; recebimento de propina; sonegação; contrabando; superfaturamento em obras; malversação de recursos; extorsão; peculato, desfalque; venda superfaturada de material didático; aquisição de blocos de cimento de firma inexistente para a construção de casas populares; uso de bens públicos em festa partidária; uso indevido da frota de carros oficiais; favorecimento a empreiteiras; fraudes na previdência social. Uma diversidade de práticas acontecendo em vários lugares e envolvendo diferentes setores: partidos políticos, poder legislativo, poder executivo, poder judiciário, ministérios, estatais, sistema financeiro e o universo empresarial.

Passadas mais de três décadas, ainda que a legislação tenha sido revigorada e que o Poder Judiciário tenha atuado a contento em alguns casos, os mesmos temas frequentam as pautas dos veículos de comunicação.[2] O Ministério Público Federal divulgou, em maio de 2015, em um site oficial da Operação Lavajato[3], um novo balanço afirmando que para os crimes já denunciados, R$ 2,1 bilhões foram desviados da Petrobrás. Desse Montante R$ 450 milhões já foram recuperados, R$ 200 milhões estão bloqueados em bens dos réus e a

---

2 "**Saúde Firma contrato Milionário Sem Licitação:** O Ministério da Saúde e a Fundação para o Remédio Popular (Furp) firmaram com a gigante Medtronic uma 'parceria', sem licitação, no valor de R$ 80,6 milhões, para a fabricação de marcapassos e stents coronários. Com isso, a Medtronic, que já teve antes problemas com neuroestimulantes e bombas de infusão de medicamentos, ganhou status de única fornecedora de marcapassos do SUS por cinco anos. Para explicar a escolha da empresa, o Ministério da Saúde tirou o corpo e passou a bola à Furp, que alegou 'tecnologia avançada'. Cinco empresas queriam disputar a licitação, mas o 'santo' da Medtronic no Ministério da Saúde, em ano eleitoral era forte". *Coluna do Cláudio Humberto*, **Jornal Hoje em Dia**, 19.01.2014, p. 05.

3 Nome de uma investigação realizada pela Polícia Federal brasileira, cuja deflagração da fase ostensiva foi iniciada em 17 de março de 2014, com o cumprimento de uma centena de mandados de busca e apreensão, prisões temporárias, preventivas e condução coercitiva, tendo como objetivo apurar esquema de corrupção e lavagem de dinheiro, movimentando algo próximo de R$ 10 bilhões. É considerado pela PF, como a maior investigação da história do país (www.lavajato.mpf.mp.br).

Procuradoria pediu o ressarcimento de R$ 1 bilhão das construtoras na justiça. Ao todo, 232 empresas e 150 pessoas já estão sob investigação, 12 acordos de delação premiada foram firmados e 18 acusações criminais contra 86 pessoas foram feitas. Os crimes variam de corrupção, formação de organização criminosa e lavagem de capitais.

A tese de Flávia Schilling registra que as trocas corruptas ocorreriam em três momentos privilegiados: na fase da elaboração das decisões, derivando-se daí que, quanto maior o segredo e a capacidade decisória existente nessa instância, maior a possibilidade de corrupção; na fase de aplicação das decisões e das normas, com a consequência, novamente, de que quanto maior for a distância entre as instâncias de decisão, aplicação e controle, maior a possibilidade de acontecimento de delitos contra o patrimônio público; e, finalmente, na fase de punição dos delitos.

O trabalho chama a atenção para um elemento que subjaz a todas as possíveis definições de corrupção e que também se encontra na definição do Dicionário de Política: existe uma relação de forças entre as partes que tenderia a se equilibrar. Uma das partes tem um poder – o econômico; outra tem um poder – o decisório. O processo de troca ocorreria de pleno acordo. Daí serem objeto preferencial da corrupção os parlamentares, o executivo, a burocracia e a magistratura, ou seja, todos os setores com poderes decisórios e que possam ser usados discricionariamente, favorecendo ou lesando grupos ou indivíduos. Porém, se o foco está no setor público, a troca corrupta pressupõe dois lados: os departamentos governamentais não encerram maiores imoralidades do que as empresas de negócios. Os políticos só podem conceder favores financeiros quando há homens, na economia, dispostos a aceitá-los. Portanto, a corrupção aparece onde existem funcionários com alto poder decisório e onde os custos de uma decisão contrária ao interesse do indivíduo são altos, como a perda da liberdade ou de uma licitação. A corrupção funcionaria, nestes casos, como um redutor de incerteza dos resultados de um determinado processo, como uma das formas de gerenciar a probabilidade.

Embora a corrupção não seja própria dos dias atuais e nem mal que assola somente a sociedade brasileira, cumpre ao Direito perfilar com as novas realidades sociais, políticas e econômicas, atualizando-se, uma vez que os sistemas jurídicos tradicionais se mostraram incapazes de enfrentar a variedade das práticas decorrentes de uma sociedade cada vez mais complexa.

No entanto, é sempre bom lembrar que desde a Grécia clássica se ensinava que as boas leis não são, por si, capazes de tornar melhores o Estado ou os cidadãos: o que vale é o *Ethos*.[4]

A simples mudança legislativa, embora necessária, não poderá trazer resultados palpáveis se não houver uma renovação do homem. Sem um lastro moral fortalecido, qualquer que seja o sistema jurídico será insuficiente para cumprir a sua função estabilizadora.

---

[4] Jaeger, *Paideia – A Formação do Homem Grego*, SP, Martins Fontes, 1979, p. 1.089.

A CORRUPÇÃO NO CÓDIGO PENAL

A ADMINISTRAÇÃO PÚBLICA – DISPOSIÇÕES GERAIS.

O Código Penal, em seu último título, define os crimes contra a Administração Pública nacional e estrangeira que passou a ser objeto de tutela com a Lei n. 10.467, de 11.06.2002, no que diz respeito às transações comerciais internacionais. Na perspectiva jurídico-penal, administração pública é o conjunto das funções exercidas pelos vários órgãos do Estado, em benefício da coletividade. Para tutelar tais valores, a legislação brasileira procurou estruturar tipos penais onde quer que haja o exercício de um cargo ou função pública, podendo ter como sujeito ativo os agentes do poder público ou os particulares que por ação ou omissão causam lesão para a atividade administrativa, legislativa ou para a função jurisdicional, classificando-se em quatro grupos:

> a).crimes cometidos por funcionário público contra a administração em geral (arts. 312 a 326);
>
> b).crimes praticados por particular contra a administração em geral (arts. Art. 328 a 337-A);
>
> c).crimes praticados por particular contra a administração pública estrangeira (arts. 337-B e 337-C)
>
> d).crimes contra a administração da justiça (arts. 338 a 359-H).

No caso em que o fato lesivo da administração pública é praticado pelo exercente do cargo, emprego ou função pública, ocorre o que a doutrina denomina de delito funcional próprio ou impróprio, na medida em que a qualidade de funcionário público atuar como elementar do tipo, e sem ela, o fato não tem repercussão penal, ou se excluída aquela qualidade o fato venha a ganhar uma nova definição jurídica, deixando de ser peculato (art. 312, CP), por exemplo, passando a ser apropriação indébita (art. 168, CP).

A questão da autoria de um delito assume contornos de dificuldade quando, para a sua prática, concorre mais de uma pessoa, através de distintas formas de ação. É certo que o art. 29 do CP, considera que todos os que concorrem para o crime incidem nas penas do autor, mas também é certo, que o § 1º, prevê a possibilidade de restringir a pena se a contribuição for de menor importância.

Essa dificuldade de distinguir a autoria da participação é ponto de preocupação da doutrina que busca situar tal distinção no âmbito do significado objetivo de cada contribuição, e de fundamental importância nos ilícitos vinculados ao procedimento licitatório, onde não raras vezes, o gestor público é sujeito oculto na ação delituosa, e a sua face mais explicita é a do servidor de escalão inferior que integra a comissão de licitação.

Alguns doutrinadores defendem um conceito mais restritivo de autor do crime, completada pela ideia de autoria mediata, outros sustentam um conceito de autor fundado na concepção de domínio final do fato, adotada pelo STF, quando do julgamento da AP 470/MG, procedimento que ficou conhecido nacionalmente como *Processo do Mensalão*,[1] embora algumas referências feitas naquele julgamento,

---

[1] A teoria do domínio do fato, predominante na Alemanha, encontra-se no desenvolvimento do conceito finalista de ação, em contraposição à noção oferecida pelo positivismo naturalista. Segundo Hans Welzel, um de seus precursores, o objeto de uma teoria sobre o conceito de autor é estabelecer o centro pessoal de ação do injusto, e só é possível a partir do momento em que esse mesmo injusto passa a ser concebido como um fenômeno que não se dá à margem da vontade humana, mas é por ela orientado e conduzido. No Brasil, sustentam um conceito de autor construído sobre a noção do domínio final, autores como Miguel Reale Júnior, Luiz Regis Prado, Nilo Batista. Para os seus adeptos, é o conceito mais apto para delimitar quem é autor e quem é partícipe, pois por mais que às vezes seja difícil precisar em cada caso quem realmente domina o acontecimento delitivo, está claro que apenas quem possui a última palavra e decida se o delito se comete ou não, deve ser considerado autor. Para uma mais detalhada análise do tema, vide: Mariana Tranchesi Ortiz, *Concurso de Agentes nos Delitos Especiais*, IBCCrim, SP, 2011. Ver ainda, Beatriz Vargas Ramos, *Do Concurso de Pessoas*, Del Rey Editora, BH, 1996.

pela imprecisão teórica, ensejou uma manifestação pública e veemente de Claus Roxin, um dos mais notáveis doutrinadores do tema.

Ao contrário do que se tem afirmado no Brasil, o domínio do fato não é teoria de um único autor, tampouco uniforme. Para Eduardo Viana, existem diversos representantes e distintas formas de compreensão dos seus elementos. Assim, por exemplo, há domínio do fato em Welzel, Maurach, Gössel e Roxin.[2]

A CORRUPÇÃO PASSIVA

> Art. 317. Solicitar ou receber, para si ou para outrem, direta ou indiretamente, ainda que fora da função ou antes de assumi-la, mas em razão dela, vantagem indevida, ou aceitar promessa de tal vantagem:
>
> Pena- reclusão, de 2 (dois) a 12 (doze) anos, e multa.
>
> § 1º A pena é aumentada de um terço, se, em consequência da vantagem ou promessa, o funcionário retarda ou deixa de praticar qualquer ato de oficio ou o pratica infringindo dever funcional.
>
> § 2º Se o funcionário pratica, deixa de praticar ou retarda ato de oficio, com infração de dever funcional, cedendo a pedido ou influencia de outrem:
>
> Pena- detenção, de 3 (três) meses a 1 (um) ano, ou multa.

Constitui corrupção passiva, essencialmente, um tráfico de autoridade, no qual o funcionário vende ou procura vender um ato de oficio. A venalidade de funcionários é crime torpe, que atinge a administração pública de varias formas. Por um lado compromete a eficiência do serviço público, e, por outro, põe em perigo o prestígio de toda a administração e a autoridade do poder público, minando a confiança dos cidadãos e gerando a intranquilidade e o temor.[3]

---

[2] *Notas à teoria do domínio do fato*, Boletim do IBCCrim, n. 251, outubro/2013, p. 10.

[3] Heleno Fragoso, *Lições de Direito Penal*, vol. II, 1ª ed. RJ, forense, 1989, p. 436.

Sujeitos do crime

Sujeito ativo do delito somente pode ser o funcionário público, ainda que fora da função ou antes de assumi-la. O particular que oferece ou promete a vantagem que o agente recebe ou aceita, pratica delito autônomo de corrupção ativa (art. 333, CP). O sujeito passivo será sempre o Estado.

Tipo Objetivo

A conduta incriminada consiste em *solicitar* ou *receber* vantagem indevida, em razão da função, *ou aceitar promessa* de tal vantagem, mesmo que não se trate de vantagem de natureza patrimonial. O que determina a ação delitiva é a retribuição pelo ato de oficio, de vantagem indevida que pode beneficiar o próprio funcionário ou terceiro. Trata-se de crime formal que se consuma com a solicitação ou recebimento da vantagem ou a aceitação da promessa dela, sem que seja necessário outro resultado. Na modalidade *receber*, o delito é de mão dupla, pois a condenação aqui pressupõe também a do corruptor ativo.

Tipo Subjetivo

Dolo genérico, consistente na vontade livre e consciente dirigida ao propósito de praticar qualquer uma das ações constitutivas da materialidade do delito.

CORRUPÇÃO QUALIFICADA

A pena cominada à corrupção passiva simples é aumentada de um terço, se em consequência da vantagem ou promessa, o funcionário retarda ou deixa de praticar qualquer ato de oficio ou o pratica infringindo dever funcional. Apresenta-se aqui, como observa Nelson Hungria, um caso de *exaurimento* do crime e funciona como condição de maior punibilidade, que fica condicionada à efetiva violação do dever funcional; ou seja, ao retardamento ou abstenção de ato de oficio, ou prática de ato contrário ao dever do cargo ou função. Nos dois primeiros casos, trata-se de ato licito (que se retarda ou omite); no terceiro, de ato ilícito.[4]

---

[4] Comentários ao *Código Penal*, v. IX, 2ª ed. RJ, forense, 1958, p. 370.

CORRUPÇÃO PRIVILEGIADA

O texto legal dispõe ainda sobre a forma privilegiada do delito, quando o funcionário pratica, deixa de praticar ou retarda ato de ofício, com infração de dever funcional, cedendo a pedido ou influência de outrem. É forma de menor gravidade, traduzida pelo tratamento mais brando reservado para as infrações penais de menor potencial ofensivo, ficando sujeito ao procedimento da Lei n. 9099/95, que instituiu os juizados especiais criminais.

Magalhães Noronha[5] explica a razão do abrandamento. Para ele, não há, agora, propriamente venda do ato do ofício; o funcionário não é impelido pelo interesse próprio de alcançar uma vantagem, mas bajulador que é procura agradar ou cede ao pedido feito. É o sentimento de fraqueza de personalidade ou a deferência do funcionário para com outrem que gera o delito.

A CORRUPÇÃO ATIVA

> Art. 333. Oferecer ou prometer vantagem indevida a funcionário público, para determiná-lo a praticar, omitir ou retardar ato de ofício:
>
> Pena-reclusão, de 2 (dois) a 12 (doze) anos, e multa.
>
> Parágrafo único. A pena é aumentada de um terço, se, em razão da vantagem ou promessa, o funcionário retarda ou omite ato de ofício, ou o pratica infringindo dever funcional.

Pela metodologia adotada pelo Código Penal, a corrupção nem sempre é crime bilateral. Pela estrutura do tipo, verifica-se que a corrupção ativa não é pressuposto da passiva, podendo haver uma sem a ocorrência da outra. Como a corrupção passiva está consumada na hipótese de simples *solicitação* da vantagem indevida, ainda que não atendida, assim também a corrupção ativa se considera consumada com a simples oferta ou promessa de vantagem indevida, pouco importando a sua recusa.

O *pactum sceleris* ou *bilateralidade* só se apresenta nas modalidades de *recebimento* da vantagem indevida ou da *aceitação da promessa*

---

[5] E. Magalhães Noronha, *Direito Penal*, v. 4, 17ª ed. saraiva, 1986, p. 250.

de tal vantagem, ou de adesão do *extraneus* à solicitação do *intraneus*, ou nas formas qualificadas previstas nos § 1º e parágrafo único, respectivamente, dos arts. 317 e 333 do CP[6].

Sujeitos do Crime

Sujeito ativo do delito é qualquer pessoa que oferece ou promete por qualquer forma a vantagem indevida. Não somente o particular ou *extraneus* ao serviço público, mas também o servidor que não esteja agindo nessa qualidade. Sujeito passivo será sempre o Estado.

Tipo Objetivo

O núcleo do tipo é *oferecer* ou *prometer* vantagem indevida. O primeiro verbo indica a proposta para que a vantagem seja aceita e o segundo pressupõe uma obrigação de dar a vantagem indevida, sendo indispensável que se trate de ato de ofício e que ele se enquadre nas atribuições do funcionário.

Trata-se de crime formal que se consuma com o simples oferecimento, ainda que a vantagem seja repelida ou que ele não aceite o oferecimento, situação em que haverá a corrupção ativa sem a passiva.

Tipo Subjetivo

O tipo penal exige o dolo específico representado pela expressão "*para determiná-lo a praticar, omitir ou retardar ato de ofício*".[7]

Forma Qualificada

O parágrafo único aumenta a pena de um terço se, em razão da vantagem ou promessa, o funcionário retarda ou não pratica ato de

[6] Nelson Hungria, *ob. cit.*p. 428.

[7] Pondera Heleno Fragoso que o dolo específico reside na vontade conscientemente dirigida ao oferecimento ou promessa de vantagem a funcionário público, para o fim de determiná-lo a praticar, retardar ou omitir ato de ofício. Deve o agente saber que se dirige a **funcionário público**. Se se tratar de corrupção de testemunha, perito, tradutor ou intérprete (não oficial), o crime será o do art. 343 do CP (*ob.cit.*p. 492)

ofício ou venha a praticá-lo violando dever funcional, como feito no delito de corrupção passiva. Trata-se de condição de maior punibilidade que se justifica pelo dano causado ao normal funcionamento da administração pública.

CORRUPÇÃO ATIVA EM TRANSAÇÃO COMERCIAL INTERNACIONAL

O Brasil assinou a Convenção Interamericana Contra a Corrupção em 17/12/1997, cujo propósito é o de promover e fortalecer o desenvolvimento, pelos Estados signatários, dos mecanismos necessários para prevenir, detectar, punir e erradicar a corrupção, e depositou o seu instrumento de ratificação em 24/08/2000, em conformidade com o Decreto n. 125, de 15/06/2000, promulgando a legislação de implementação sob a forma da Lei n. 10.467, de 11/06/2002, que alterou a Seção XI do Código Penal, contendo agora os artigos 337-B a 337-D, que aparecem como Capítulo II-A, sob a rubrica dos crimes praticados por particular contra a administração pública estrangeira. O art. 337-B assim dispõe:

> Art. 337-B. Prometer, oferecer ou dar, diretamente, vantagem indevida a funcionário público estrangeiro ou a terceira pessoa, para determiná-lo a praticar, omitir ou retardar ato de oficio relacionado à transação comercial internacional.
>
> Pena-reclusão, de 1 (um) a 8 (oito) anos, e multa.
>
> Parágrafo único. A pena á aumentada de um terço se, em razão da vantagem ou promessa, o funcionário público estrangeiro retarda ou omite o ato de ofício, ou o pratica infringindo dever funcional.

Sujeitos do Crime

Trata-se de crime comum que pode ser praticado por qualquer pessoa, sem nenhuma condição especial para ser sujeito ativo. Sujeito passivo é a administração pública estrangeira.

Tipo Objetivo

O tipo penal inclui expressamente três verbos que definem as condutas criminosas do art. 337-B: *"prometer, oferecer* ou *dar"*. Neste sentido, o dispositivo legal se aplica ao ato de prometer, oferecer ou dar uma vantagem indevida a um funcionário público estrangeiro, para que ele pratique, omita ou retarde ato de ofício relacionado à transação comercial internacional. Para que o crime seja praticado, é suficiente que o ato básico de uma oferta, de uma promessa ou de um benefício seja praticado, independente do funcionário agir em contrapartida à corrupção, pois, se o fizer, ocorrerá a forma agravada do parágrafo único.

O crime será praticado se o ato tiver qualquer relação, mesmo indiretamente, com as funções do funcionário público. Tratando-se de delito de mera conduta, consuma-se ainda que o suborno não chegue a ser efetivado, seja diretamente pelo principal interessado no ganho que a corrupção propicia ou por intermediário agindo em seu nome.

Tipo Subjetivo

Trata-se de delito doloso, consistente na vontade livre e consciente de corromper o funcionário público estrangeiro.

Forma Qualificada

O parágrafo único aumenta a pena de um terço se, em razão da vantagem ou promessa, o funcionário retarda ou não pratica ato de ofício ou venha a praticá-lo violando dever funcional, como feito no delito de corrupção passiva e ativa. Trata-se de condição de maior punibilidade que se justifica pelo dano causado ao normal funcionamento da administração pública internacional.

Definição de Funcionário Público.

A definição de funcionário público estrangeiro para os fins dessa modalidade específica de corrupção está contida no art. 337-D, que dispõe:

> Art. 337-D. Considera-se funcionário público estrangeiro, para os efeitos penais, quem, ainda que transitoriamente ou sem remuneração, exerce cargo, emprego ou função pública em entidades estatais ou em representações diplomáticas de país estrangeiro.

> Parágrafo único. Equipara-se a funcionário público estrangeiro quem exerce cargo, emprego ou função pública em empresas controladas, diretamente ou indiretamente, pelo Poder Público de país estrangeiro ou em organizações públicas internacionais.

Esta definição foi baseada no conceito tradicional do art. 327 do Código Penal. Esse artigo estabelece que:

> **Art. 327.** Considera-se funcionário público, para os efeitos penais, quem, embora transitoriamente ou sem remuneração, exerce cargo, emprego ou função pública.
>
> § 1º. Equipara-se a funcionário público quem exerce cargo, emprego ou função em entidade paraestatal ou trabalha para uma empresa prestadora de serviço contratada para realizar qualquer atividade típica da Administração Pública.
>
> § 2º. A pena será aumentada da terça parte quando os autores dos crimes previstos neste Capítulo forem ocupantes de cargos em comissão ou de função de direção ou assessoramento de órgão da administração direta, sociedade de economia mista, empresa pública ou fundação instituída pelo poder público.

O conceito de funcionário público, na tradição do Direito Penal, tem sido interpretado de forma ampla pelos tribunais e pela doutrina brasileira, abrangendo qualquer pessoa que exerce de qualquer modo que seja, uma função pública. A definição contida no dispositivo legal inclui todas as esferas de atividade do Estado, incluindo as funções executivas, legislativas e judiciárias, incluindo o Presidente da República, os membros do Congresso Nacional e do Supremo Tribunal Federal.

A definição do art. 337-D, que em grande parte corresponde àquela do art. 327, baseia-se na função e é ampla o bastante para abranger todos os agentes que prestam serviços ao Estado, incluindo magistrados e membros do Ministério Público, além de incluir, expressamente qualquer pessoa que detenha um cargo em uma empresa ou organização controlada pelo estado, ou organização pública internacional.

Entretanto, o fato de que as duas definições (art. 327 e 337-D) não são idênticas deixa aberta a possibilidade de um tribunal excluir determinadas categorias de funcionários públicos estrangeiros, apesar da jurisprudência existente com relação ao art. 327

do CP. Essa questão é gerada não apenas pela referência expressa a esse respeito no art. 337-D, mas porque não há uma definição neste artigo que corresponda àquela do § 1º do art. 327, que abrange agências públicas nacionais.

A definição do art. 337-D aplica o termo *entidades estatais* para uma pessoa que exerce um cargo ou função pública e o termo *país estrangeiro* para uma pessoa que exerce um cargo ou uma função em uma organização ou empresa controlada pelo Poder Público. Não há diferença substancial entre as duas disposições, pois o termo *estatal* abrange toda a estrutura do Poder Público, em qualquer nível ou subdivisão.

LEI N. 8.666, DE 21 DE JUNHO DE 1993

Regulamenta o art. 37, XXI, da Constituição Federal, institui normas para licitações e contratos da Administração Pública e dá outras providências.

Art. 1º. Esta lei estabelece normas gerais sobre licitações e contatos administrativos pertinentes a obras, serviços, inclusive de publicidade, compras, alienações e locações no âmbito dos Poderes da União, dos Estados, do Distrito Federal e dos Municípios.

Parágrafo único. Subordinam-se ao regime desta Lei, além dos órgãos da administração direta, os fundos especiais, as autarquias, as fundações públicas, as empresas públicas, as sociedades de economia mista e demais entidades controladas direta ou indiretamente pela União, Estados, distrito Federal e Municípios.

Toda a atividade administrativa do Estado é norteada pelos princípios da supremacia e da indisponibilidade do interesse público.[1] Para realizar as suas funções ele depende de serviços terceirizados. O recurso da administração às atividades e aos bens privados manifesta-se sob modalidades, que vão desde a desapropriação de bens particulares até a alienação de bens públicos. Uma das formas de atuação conjugada do Poder Público com o particular é o contrato administrativo, que vai adquirindo relevância cada vez maior na proporção da democratização

[1] Celso Antônio Bandeira de Mello, *Curso de Direito Administrativo*, SP, Malheiros, 1993, p.22. Para um estudo mais abrangente sobre os princípios administrativos, ver Silvério Carvalho Nunes, *in, Legalidade Justa e Moralidade Administrativa*, Decálogo Editora, BH, 2005, p. 229 ss. Nele, o autor enumera os princípios administrativos segundo Celso Antônio Bandeira de Mello, Juarez Freitas e Carmem Lúcia Antunes Rocha.

do Estado, pois, onde impera o autoritarismo, os bens e serviços dos particulares são requisitados compulsoriamente pelos governantes.[2]

As normas atinentes à licitação e ao contrato administrativo são de caráter interdisciplinar, pois se compõem daquelas próprias do direito administrativo, civil, comercial, penal e processual penal, tendo como centro de gravidade o direito constitucional, com os seus princípios e normas estruturantes sobre a organização do Estado, além daquelas específicas da atividade da administração pública.

Pondera Waldo Fazzio Júnior que a licitação justifica-se e o seu objeto é sua própria razão de existir, uma vez que consiste num conjunto de atos administrativos dirigidos à escolha do contratante que ofereça as condições mais vantajosas em negócio que a administração deseja celebrar, como fase necessária do processamento da despesa pública. Por isso, revela-se, fundamentalmente, como um certame competitivo afetado por uma finalidade pública.[3]

Para José Afonso da Silva[4], a razão da licitação é ser instrumental de realização dos princípios da moralidade administrativa e da isonomia, expressado no art. 37, XXI da CF:

> As obras, serviços, compras e alienações serão contratadas mediante processo de licitação pública que assegure igualdade de condições a todos os concorrentes, com cláusulas que estabeleçam obrigações de pagamento, mantidas as condições efetivas da proposta, nos termos da lei, o qual somente permitirá as exigências de qualificação técnica e econômica indispensáveis à garantia do cumprimento das obrigações.

Observa-se que a licitação está voltada a um duplo objetivo: o de proporcionar à Administração a possibilidade de realizar o negócio mais vantajoso e o de assegurar aos participantes do procedimento a oportunidade de concorrerem, em igualdade de condições, à contratação pretendida pela Administração.[5]

---

2 Marçal Justen Filho, *Comentários à Lei de Licitações e Contratos Administrativos*, SP, Dialética, 2001, p. 11.

3 *Improbidade Administrativa e Crimes de Prefeitos*, 2ª ed., SP, Atlas, 2001, p. 132.

4 Curso de Direito Constitucional Positivo, 9ª ed. SP, Malheiros, 1992. p. 569.

5 Para Hely Lopes Meirelles (*Licitação e Contrato Administrativo*, 10ª ed., SP, RT, 1991, p. 19), a licitação é o procedimento administrativo mediante o qual a

Por isso mesmo, adverte Fazzio Jr., não licitar deve ser uma atitude excepcional, legalmente fundamentada, pois se a licitação é ditada pelo interesse geral, somente outro motivo alimentado do mesmo interesse pode afastá-la. Assim, o interesse público embutido no princípio licitatório só pode ser relegado ao segundo plano em virtude de outro de maior extensão e intensidade. A não ser nessa circunstância, a licitação em qualquer de suas modalidades: concorrência; tomada de preços; convite; concurso ou leilão deve pautar-se pelo regramento legal.[6]

As regras contidas na Lei n. 8.666/93, são resultado das grandes mudanças sociais, facilmente perceptíveis na profusão das novas mídias, veiculadoras de informações em tempo real, possuindo o novo diploma princípios derivados das leis anteriores, amoldados ao sistema da Constituição de 1988.

A maior parte das regras constantes da lei advém da doutrina, da jurisprudência e da rotina administrativa, vinculando os três poderes da República, pois, além do Poder Executivo o Judiciário e o Legislativo, quando contratam com terceiros, realizam atividade de natureza administrativa, sujeitando-se aos princípios e regras a ela atinentes.

No entanto, com o passar do tempo, percebeu-se uma exaustão no modelo ditado pelo binômio menor preço para o melhor produto. Nem sempre a equação fecha e acaba predominando o menor preço para um produto de má qualidade. Por isso, a lei que já completou 20 anos está em fase de mudança. No fim de 2013, comissão especial do Senado aprovou algumas modificações que continuarão em discussão até seguir para a sua votação no Congresso.

Desde 1993, ano da publicação da Lei n. 8.666, a legislação voltada para compras no Brasil passou por mudanças pontuais, por meio de 80 normas, das quais 61 medidas provisórias e 19 leis. Desde então, já foram apresentadas mais de 600 propostas de mudanças: 518 da Câmara dos Deputados e 157 do Senado.

Administração Pública seleciona a proposta mais vantajosa para o contrato de seu interesse. Visa a propiciar iguais oportunidades aos que desejam contratar com o Poder Público, dentro dos padrões previamente estabelecidos pela Administração e atua como fator de eficiência e moralidade nos negócios administrativos.

6 *Ob. cit.* p. 133.

A pretendida reforma já passou pela primeira fase em maio de 2013, quando foi criada a comissão especial no Senado, com a realização de audiências públicas. Na segunda fase foram estudadas as sugestões e críticas colhidas nas audiências comparadas com os projetos que tramitam no Congresso sobre o tema. Também nessa fase foi elaborada a minuta de projeto de lei, aprovada no final de 2013 por comissão formada por senadores.

O projeto de reforma tem 14 capítulos e traz várias inovações. Dentre outras, traz a inversão de fases, fazendo com que o julgamento das propostas ocorra antes da habilitação, Sob a justificativa de que gera economia para a administração, que examina apenas a habilitação do vencedor, e dificulta a manipulação da licitação por cartéis, por impedir a ação conjunta de grupos de licitantes sobre concorrentes não participantes do conluio. Na modalidade pregão, adotada obrigatoriamente na contratação de bens, serviços e obras que possam ser definidos por especificações usuais no mercado, propõe que seja examinada apenas a proposta de menor preço. Na hipótese de desclassificação dessa, haverá exame das seguintes. A ideia é ainda vedar a contratação direta para a execução de atividades técnicas especializadas relacionadas direta ou indiretamente a obras e serviços de engenharia e arquitetura.

Dos Crimes e das Penas

Embora o Código Penal de 1940 houvesse contemplado parte das condutas infracionais praticadas no decorrer de uma licitação ou de uma contratação administrativa no revogado art. 335 e seu parágrafo único, a Lei n. 8.666/93, erigiu capítulo penal próprio para regulamentar o art. 37, inc. XXI, da Constituição Federal, instituindo normas para licitações e contratos da administração pública, dotando o tema de um tratamento mais amplo e sistematizado pretendendo facilitar a prevenção e reprovação do ato ilícito.

Não é novidade afirmar que nos últimos anos houve um aumento da produção legislativa em matéria penal, notadamente daquilo que se convencionou chamar de delitos especiais.

Parte desse acervo normativo tem relação com novas conquistas sociais como é o caso da questão ambiental, outra parte surge como ampliação inevitável da tutela penal sobre valores jurídicos já protegidos em estruturas codificadas, mas que se tornaram insuficientes para enfrentar as questões surgidas com o avanço tecnológico que deixou vácuos de punibilidade, pois trouxe distintos conceitos de modernização: a modernização simples, que ocorreu durante o período industrial, e a modernização decorrente dos avanços científicos e tecnológicos, com perigos desconhecidos ou de difícil previsibilidade, que, longe de significar uma interrupção violenta do processo de desenvolvimento, traduz-se na vitória da própria modernização ocidental.

É exatamente esse diagnóstico traçado por Beck[7] que vem sendo incorporado ao debate jurídico-penal e utilizado pela dogmática tanto para analisar algumas tendências importantes verificadas no sistema penal a partir da ideia de risco como para fundamentar as propostas de um *Direito Penal da Sociedade de Risco.*

Por uma ou por outra razão, em tema de licitação foi criada a lei especial n. 8.666/93, consagrando entre os artigos 89 a 98, os tipos penais descritivos das condutas proibidas, trazendo como sujeitos ativos os servidores públicos e os terceiros, não integrantes da Administração Pública – normalmente empresários, comerciantes, prestadores de serviços – que concorrer para o crime e dele tiver auferido vantagem.

Todos os crimes descritos na Lei n. 8.666/93 são apenados com detenção e multa, ainda que alguns, pelo volume da pena máxima privativa de liberdade prevista justificassem a reclusão. Outros, por possuírem penas mínimas iguais ou inferiores a 1 ano autorizam a transação penal ou a suspensão condicional do processo nos termos dos arts. 76 e 89 da Lei n. 9.099/95.

---

7 Em seu "Manifesto Cosmopolita", Ulrich Bech, um destacado crítico da modernidade, sintetiza o processo de transformações que vem desafiando a sociedade contemporânea e identifica a ocorrência de uma fratura dentro da modernidade, que veio separar a modernização simples da modernização reflexiva. Essa divisão, segundo o autor, abalou o equilíbrio entre as condições de continuidade e ruptura da modernidade, o que reflete nos contrastes entre a sociedade industrial clássica e a nova configuração social, a qual Bech denomina *sociedade mundial do risco*. Ver Marta Rodriguez de Assis Machado, *in, Sociedade do Risco e Direito Penal*, IBCCrim, SP, 2005.

Visando eliminar possíveis dúvidas que o art. 327 do Código Penal possibilita com a ideia vaga de entidade paraestatal, a lei trouxe o seu próprio conceito de servidor público, esclarecendo que nele também se enquadram os prestadores de serviços em autarquias, sociedades de economia mista, empresas públicas, fundações e quaisquer outras entidades mantidas com recursos públicos.

> **Art. 84.** Considera-se servidor público, para os fins desta Lei, aquele que exerce, mesmo que transitoriamente ou sem remuneração, cargo, função ou emprego público.
>
> § 1º. Equipara-se a servidor público, para os fins desta Lei, quem exerce cargo, emprego ou função em entidade paraestatal, assim consideradas, além das fundações, empresas públicas e sociedades de economia mista, as demais entidades sob controle, direto ou indireto, do Poder Público.
>
> § 2º A pena imposta será acrescida da terça parte, quando os autores dos crimes previstos nesta Lei forem ocupantes de cargo em comissão ou de função de confiança em Órgão da administração direta, autarquia, empresa pública, sociedade de economia mista, fundação pública, ou outra entidade controlada direta ou indiretamente pelo Poder Público.

Há casos em que a lei admite a dispensa da licitação (art. 24) desde que justificadas pela conjuntura fática impeditiva da realização do certame, como a caracterização da situação emergencial ou calamitosa, o pequeno valor da obra ou do serviço ou a inexistência de licitantes interessados, dentre outras hipóteses previstas no dispositivo legal. Quanto à inexigibilidade licitatória (art. 25, incisos e parágrafos), ela se baseia na própria inviabilidade da competição em face da especificidade do objeto da contratação, podendo estar fundada na exclusividade do fornecedor ou na notória especialização do profissional que deve ser contratado.

> Art. 24. É dispensável a licitação:
>
> I-para obras e serviços de engenharia de valor até 10%(dez por cento) do limite previsto na alínea "a", do inciso I, do artigo anterior, desde que não se refiram a parcelas de uma mesma obra ou serviço ou ainda para obras e serviços da mesma natureza e no mesmo local que possam ser realizadas conjunta e concomitantemente;

II- para outros serviços e compras de valor até 10% (dez por cento) do limite previsto na alínea "a", do inciso II, do artigo anterior, e para alienações, nos casos previstos nesta Lei, desde que não se refiram a parcelas de um mesmo serviço, compra ou alienação de maior vulto que possa ser realizado de uma só vez;

III- nos casos de guerra ou grave perturbação da ordem;

IV- nos casos de emergência ou de calamidade pública, quando caracterizada urgência de atendimento de situação que possa ocasionar prejuízo ou comprometer a segurança de pessoas, obras, serviços, equipamentos e outros bens, públicos ou particulares, e somente para os bens necessários ao atendimento de situação emergencial ou calamitosa e para as parcelas de obras e serviços que possam ser concluídas no prazo máximo de 180 (cento e oitenta) dias consecutivos e ininterruptos, contados da ocorrência da emergência ou calamidade, vedada a prorrogação dos respectivos contratos;

V- quando não acudirem interessados à licitação anterior e esta, justificadamente, não puder ser repetida sem prejuízo para a Administração, mantidas, neste caso, todas as condições preestabelecidas;

VI- quando a União tiver de intervir no domínio econômico para regular preços ou normalizar o abastecimento;

VII- quando as propostas apresentadas consignarem preços manifestamente superiores aos praticados no mercado nacional, ou forem incompatíveis com os fixados pelos órgãos oficiais competentes, casos em que, observado o parágrafo único do art. 48 desta Lei e, persistindo a situação, será admitida a adjudicação direta dos bens ou serviços, por valor que não seja superior ao constante do registro de preços, ou dos serviços;

VIII- para a aquisição, por pessoa jurídica de direito público interno, de bens produzidos ou serviços prestados por órgão ou entidade que integre a Administração Pública e que tenha sido criado para esse fim específico em data anterior à vigência desta Lei, desde que o preço contratado seja compatível com o praticado no mercado;

IX- quando houver possibilidade de comprometimento da segurança nacional, nos casos estabelecidos em decreto do Presidente da República, ouvido o Conselho de Defesa Nacional;

X- para a compra ou locação de imóvel destinado ao atendimento das finalidades precípuas da Administração, cujas necessidades de instalação e localização condicionem a sua escolha, desde que o preço seja compatível com o valor de mercado, segundo avaliação prévia;

XI- na contratação de remanescente de obra, serviço ou fornecimento em consequência de rescisão contratual, desde que atendida a ordem de classificação da licitação anterior e aceitas as mesmas condições oferecidas pelo licitante vencedor, inclusive quanto ao preço, devidamente corrigido;

XII- nas compras de hortifrutigranjeiros, pão e outros gêneros perecíveis, no tempo necessário para a realização dos processos licitatórios correspondentes, realizadas diretamente com base no preço do dia;

XIII- na contratação de instituição brasileira incumbida regimental ou estatutariamente da pesquisa, do ensino ou do desenvolvimento institucional, ou de instituição dedicada à recuperação social do preso, desde que a contratada detenha inquestionável reputação ético-profissional e não tenha fins lucrativos;

XIV- para a aquisição de bens ou serviços nos termos de acordo internacional específico aprovado pelo Congresso Nacional, quando as condições ofertadas forem manifestamente vantajosas para o Poder Público;

XV- para a aquisição ou restauração de obras de arte e objetos históricos, de autenticidade certificada, desde que compatíveis ou inerentes às finalidades do órgão ou entidade;

XVI- para a impressão dos diários oficiais, de formulários padronizados de uso da Administração e de edições técnicas oficiais, bem como para a prestação de serviços de informática a pessoa jurídica de direito público interno, por órgãos ou entidades que integrem a Administração Pública, criados para esse fim específico;

XVII- para a aquisição de componentes ou peças de origem nacional ou estrangeira, necessários à manutenção de equipamentos durante o período de garantia técnica, junto ao fornecedor original desses equipamentos, quando tal condição de exclusividade for indispensável para a vigência da garantia;

XVIII- nas compras ou contratações de serviços para o abastecimento de navios, embarcações, unidades aéreas ou tropas e seus meios de deslocamento, quando em estada eventual de curta duração em portos, aeroportos ou localidades diferentes de suas sedes, por motivo de movimentação operacional ou de adestramento, quando a exigibilidade dos prazos legais puder comprometer a normalidade e os propósitos das operações e desde que seu valor não exceda ao limite previsto na alínea "a" do inciso II do art. 23 desta Lei;

XIX- para as compras de materiais de uso pelas Forças Armadas, com exceção de materiais de uso pessoal e administrativo, quando houver necessidade de manter a padronização requerida pela estrutura de apoio logístico dos meios navais, aéreos e terrestres, mediante parecer de comissão instituída por decreto;

XX- na contratação de associação de portadores de deficiência física, sem fins lucrativos e de comprovada idoneidade, por órgãos ou entidades da Administração Pública, para a prestação de serviços ou fornecimento de mão de obra, desde que o preço contratado seja compatível com o praticado no mercado;

XXI- para a aquisição de bens destinados exclusivamente à pesquisa científica e tecnológica com recursos concedidos pela CAPES, FINEP, CNPq ou outras instituições de fomento à pesquisa credenciadas pelo CNPq para esse fim específico;

XXII- na contratação do fornecimento ou suprimento de energia elétrica com concessionário, permissionário ou autorizado, segundo as normas da legislação específica;

XXIII- na contratação realizada por empresa pública ou sociedade de economia mista com suas subsidiárias e controladas, para a aquisição ou alienação de bens, prestação ou obtenção de serviços, desde que o preço contratado seja compatível com o praticado no mercado;

XXIV- para a celebração de contratos de prestação de serviços com as organizações sociais, qualificadas no âmbito das respectivas esferas de governo, para atividades contempladas no contrato de gestão.

Parágrafo único. Os percentuais referidos nos incisos I e II deste artigo, serão de 20%(vinte por cento) para compras, obras e serviços contratados por sociedade de economia mista e empresa pública, bem assim por autarquia e fundação qualificadas na forma da lei, com Agências Executivas.

Art. 25. É inexigível a licitação quando houver inviabilidade de competição, em especial:

I- para aquisição de materiais, equipamentos, ou gêneros que só possam ser fornecidos por produtor, empresa ou representante

> comercial exclusivo, vedada a preferência de marca, devendo a comprovação de exclusividade ser feita através de atestado fornecido pelo órgão de registro do comércio do local em que se realizaria a licitação ou a obra ou o serviço, pelo Sindicato, Federação ou Confederação Patronal, ou, ainda, pelas entidades equivalentes;
>
> II- para a contratação de serviços técnicos enumerados no art. 13 desta Lei, de natureza singular, com profissionais ou empresas de notória especialização, vedada a inexigibilidade para serviços de publicidade e divulgação;
>
> III- para a contratação de profissional de qualquer setor artístico, diretamente ou através de empresário exclusivo, desde que consagrado pela crítica especializada ou pela opinião pública.
>
> § 1º Considera-se de notória especialização o profissional ou empresa cujo conceito no campo de sua especialidade, decorrente de desempenho anterior, estudos, experiências, publicações, organização, aparelhamento, equipe técnica, ou de outros requisitos relacionados com suas atividades, permita inferir que o seu trabalho é essencial e indiscutivelmente o mais adequado à plena satisfação do objeto do contrato.
>
> § 2º Na hipótese deste artigo e em qualquer dos casos de dispensa, se comprovado superfaturamento, respondem solidariamente pelo dano causado à Fazenda Pública o fornecedor ou o prestador de serviços e o agente público responsável, sem prejuízo de outras sanções legais cabíveis.

Os preceitos incriminadores da legislação visam punir o agente público improbo que, através de ações dolosas *dispensa; inexige; frustra* ou *frauda* o processo licitatório, assim como o particular que *impede; perturba* ou *frauda* a realização de qualquer ato.

> **Art. 89.** Dispensar ou inexigir licitação fora das hipóteses previstas em lei, ou deixar de observar as formalidades pertinentes à dispensa ou à inexigibilidade.
>
> Pena – detenção de 3 a 5 anos e multa.
>
> Parágrafo único – Na mesma pena incorre aquele que, tendo comprovadamente concorrido para a consumação da ilegalidade, beneficiou-se da dispensa ou inexigibilidade ilegal, para celebrar contrato com o Poder Público.

Sujeitos do Crime

O sujeito ativo é o servidor público, nos termos do art. 84. Sujeito passivo é a União, os Estados, o Distrito Federal e o Município, assim como as autarquias, empresas públicas, sociedades de economia mista, fundações públicas e outras entidades sob o controle estatal direto ou indireto.

Tipo Objetivo

Trata-se de norma penal em branco com relação aos artigos 24 e 25, que estabelece as diretrizes para a dispensa da licitação e que regulamenta as hipóteses de sua inexigibilidade, atuando como normas integradoras do preceito genérico do dispositivo incriminador. A expressão *dispensa* ou *inexigência* é representativa de conduta mista alternativa, cujo objeto é a licitação. A outra modalidade, também alternativa, é deixar de observar, no sentido de não cumprir ou desrespeitar as formalidades legais pertinentes à dispensa ou à inexigibilidade. De qualquer forma, qualquer das hipóteses deve estar conectada aos artigos 24 e 25 da Lei 8.666/93.[8]

Tipo Subjetivo

O crime descrito no art. 89 da Lei 8.666/93 não é de mera conduta, não bastando que o agente dispense ou não exija a licitação fora das hipóteses legais ou que deixa de observar as formalidades pertinentes à dispensa ou à inexigibilidade. O delito exige o dolo específico não admitindo culpa ou dolo eventual, uma vez que tem como destinatário o administrador ou adjudicatários desonestos e não aqueles supostamente inábeis. É que a intenção de ignorar os pressupostos para a contratação direta ou simular a presença dos mesmos são elementos do tipo, consoante jurisprudência do STJ (APn 214/SP, DJe de 01.07.2008).

A conduta ilícita em questão, para ser penalmente relevante, depende da demonstração do dolo, consubstanciado na vontade

---

[8] Guilherme de Souza Nucci, *Leis Penais e Processuais Penais Comentadas*, 4ª ed., RT, SP, 2009, p.847.

consciente e livre de contratar independente da realização de prévio procedimento licitatório, e também da intenção de produzir um prejuízo ao erário por meio da dispensa indevida da licitação. (STF, AP 527, DJe-063, 04.04.2011).

Ainda no Supremo Tribunal Federal ficou estabelecido ser necessário o dolo especifico ao erário público para o fim de caracterizar o delito, pena de se transferir para a esfera penal a resolução de questões que envolvem a ineficiência, a incompetência gerencial e a responsabilidade politico-administrativa, questões que se resolvem no âmbito das ações de improbidade (Inquérito n. 2646/RN, DJe de 07.05.2010).

No parágrafo único do dispositivo legal, o legislador houve por bem erigir a co-participação criminosa em delito autônomo. Assim, aquele que, além de contribuir para a ilegalidade, beneficiar-se da dispensa ou da inexigibilidade ilegal para celebrar contrato com Poder Público responde criminalmente.[9]

Os critérios da legalidade a que se sujeita o processo licitatório, não permite que o servidor público escolha um fornecedor por critérios subjetivos. Desta forma, o contratado, que dolosamente se beneficia da dispensa ou inexigibilidade da licitação, tendo tomado parte na concretização do ato ilícito pratica o fato típico.

> **Art. 90.** Frustrar ou fraudar, mediante ajuste, combinação ou qualquer outro expediente, o caráter competitivo do procedimento licitatório, com o intuito de obter, para si ou para outrem, vantagem decorrente da adjudicação do objeto da licitação.
>
> Pena – detenção de 2 a 4 anos e multa.

Sujeitos do Crime.

Sujeito ativo é aquele que participa da licitação, seja na condição de particular ou de servidor público como interveniente do processo. Sujeito passivo é a União, os Estados, o Distrito Federal e o Município, assim como as autarquias, empresas públicas, sociedades de

[9] Paulo José da Costa Júnior, *Direito Penal das Licitações*, 2ª ed., Saraiva, SP, 2004, p. 23.

economia mista, fundações públicas e outras entidades sob o controle estatal direto ou indireto.

Tipo Objetivo

Duas são as condutas descritas no tipo penal. Impedir a disputa no processo licitatório, ou em parte dele, frustrando-o ou burlando-o pela via da fraude. São condutas ofensivas às finalidades e aos propósitos da licitação, pois visam favorecer determinado licitante em detrimento da competição e da livre concorrência. O ajuste ou a combinação a que se refere o dispositivo legal, não raras vezes se dá com o concurso dos membros da comissão de licitação e empresários, criando "empresas fantasmas" para participar do procedimento, simulando aquisições de determinados bens, mas tendo por objetivo a apropriação indevida de verbas públicas. Esse conluio entre os servidores e os fornecedores e a apropriação das verbas, constitui concurso material de crimes, ficando afastada a tese de crime-meio e crime-fim, já que se trata de dois delitos diversos, cometidos em momentos diferentes.

Analisando os elementos constitutivos do crime, no Recurso Extraordinário 696533-RS, o Supremo Tribunal Federal deixou assentado[10]:

> - O tipo incriminador constante do art. 90, tem como um dos verbos-núcleo do tipo o ato de fraudar, vale dizer: burlar, enganar, iludir o caráter competitivo da licitação, de modo a acarretar a ausência de concorrentes (licitação deserta) ou pouca quantidade destes, abrindo espaço, por conseguinte, à adjudicação direta do objeto ao único participante do certame. A competitividade, portanto, é atributo essencial a todo e qualquer certame licitatório; por isso, uma vez maculado este princípio – por força do ato fraudulento – não mais subsiste a licitação.
>
> - Demonstrada, pois, a vontade livre e consciente de fraudar o caráter competitivo do certame, bem como o fim especial de obter qualquer vantagem – seja ela pecuniária, social, política, etc. –, decorrente da adjudicação do objeto da licitação, para si ou para outrem, estará perfectibilizando o crime descrito no art. 90 da Lei n. 8.666/93.

---

[10] Rel. Min. Luiz Fux, DJe-082/03.05.2013.

> - A ausência de comprovação de dano ao erário público não se mostra essencial à caracterização da conduta delitiva descrita no art. 90, porquanto referida figura típica visa tutelar não só o patrimônio público, mas, sobretudo, a moralidade administrativa expressa na regularidade do certame, além dos demais princípios licitatórios constitucionais dispostos no art. 3º da Lei n. 8.666/93. Trata-se, ademais, de crime formal, constituindo mero exaurimento a obtenção ou não da vantagem pretendida.

Ainda que a verba desviada, vir de repasse da União, tais valores incorporam ao patrimônio do Município, razão pela qual compete à Justiça Estadual processar e julgar aqueles servidores que estão sujeitos à sua jurisdição.[11]

Tipo Subjetivo

Trata-se de delito formal, de mera conduta, que visa proteger os princípios da administração pública e os da licitação, sendo que o interesse daquela não está vinculado a qualquer desvio de verbas. Portanto, desnecessária a ocorrência de qualquer lesão ao patrimônio público, consumando-se o crime independentemente de produzir resultados. A execução dos contratos fraudados, ou não poderiam ser realizada, tendo em vista o tipo de fraude, ou seria mero exaurimento do delito já praticado.

O crime é doloso, exigindo a vontade consciente de produzir o resultado a que se refere o tipo penal, devendo ficar demonstrado, que o caráter competitivo do certame foi violentado pelo intuito de obter, para si ou para outrem, vantagem em decorrência do ato praticado.

> **Art. 91.** Patrocinar, direta ou indiretamente, interesse privado perante a Administração, dando causa à instauração de licitação ou à celebração de contrato, cuja invalidação vier a ser decretada pelo Poder Judiciário.
>
> **Pena – detenção de 6 meses a 2 anos e multa.**

---

[11] Súmula 209 do STJ: Compete à Justiça Estadual processar e julgar prefeito por desvio de verba transferida e incorporada ao patrimônio municipal.

Sujeitos do Crime

O sujeito ativo é somente o servidor público consoante o conceito do art. 84 da Lei. Sujeito passivo é a União, os Estados, o Distrito Federal e o Município, assim como as autarquias, empresas públicas, sociedades de economia mista, fundações públicas e outras entidades sob o controle estatal direto ou indireto.

Tipo Objetivo

O dispositivo legal visa punir o servidor que trai o dever de lealdade à Administração Pública, patrocinando, perante ela, interesse privado que sabe ser ilegal. O interesse patrocinado é sempre ilegítimo, já que a licitação instaurada ou o contrato celebrado deverá ser invalidado por decisão judicial.

Segundo Mukai[12], trata-se de crime cuja consumação exige a ocorrência de três condições, a saber; que fique comprovado que alguém patrocinou direta ou indiretamente interesse privado perante a Administração Pública; que dessa ação tenha resultado a abertura de uma licitação ou a assinatura de um contrato e que a parte legitima tenha ingressado em juízo com ação para invalidar o ato ou o contrato e que a demanda seja julgada procedente.

Tipo Subjetivo

Trata-se de delito material, pois exige o resultado naturalístico consubstanciado na invalidação do ato praticado pelo servidor público, que atuou dolosamente no patrocínio do interesse privado.

> **Art. 92.** Admitir, possibilitar ou dar causa a qualquer modificação ou vantagem, inclusive prorrogação contratual, em favor do adjudicatário, durante a execução dos contratos celebrados com o Poder Público, sem autorização em lei, no ato convocatório da licitação ou nos respectivos instrumentos contratuais, ou, ainda, pagar fatura com preterição da ordem cronológica de sua exigibilidade, observado o disposto no art. 121 desta Lei.

---

12 Toshio Mukai, Licitações e Contratos Públicos, 5ª ed., Saraiva, SP, 1999, p. 137.

Pena – detenção de 2 a 4 anos e multa.

Parágrafo único – Incide na mesma pena o contratado que, tendo comprovadamente concorrido para a consumação da ilegalidade, obtém vantagem indevida ou se beneficia, injustamente, das modificações ou prorrogações contratuais.

Sujeitos do Crime

O sujeito ativo é o servidor público, no tipo descritivo da conduta enunciada no *caput* e o particular contratado na modalidade do parágrafo único do artigo. Sujeito passivo é a União, os Estados, o Distrito Federal e o Município, assim como as autarquias, empresas públicas, sociedades de economia mista, fundações públicas e outras entidades sob o controle estatal direto ou indireto.

Tipo Objetivo

O crime se aperfeiçoa pela conduta de aceitar, viabilizar ou dar causa a qualquer modificação ou vantagem, em favor do adjudicatário, durante a execução contratual, sem que tais modificações ou vantagens estejam autorizadas em lei, nos atos de convocação da licitação ou nos contratos celebrados entre a Administração e terceiros. Neste caso, o contrato é alterado ou confere vantagem àquele que contrata com o Poder Público após a licitação. Dar causa, no sentido do texto, abrange qualquer conduta que traduza a lesão.

Pelo parágrafo único do dispositivo legal, na mesma pena incorre o contratado se obtém vantagem indevida ou se ele se beneficia injustamente das modificações ou prorrogações contratuais. Assim, havendo o delito disposto no *caput*, o contratado incorre na previsão normativa do parágrafo.

É necessário saber, com precisão, o perímetro conceitual da expressão *"fase de execução do contrato"*. Nem sempre, isso é tão claro, como parece conforme já observado pelo STF[13]. O Tribunal dividiu-se por ocasião do julgamento de ação penal em que o Ministério

---

13 AP 433/PR, rel. Min. Ellen Gracie, 04.03.2010. Por 6 votos a 5, os acusados foram absolvidos.

Público Federal imputa a dois Deputados Federais a suposta prática do crime tipificado no art. 92, *caput*, e seu parágrafo único.

Narrou a denúncia que um dos parlamentares, então Prefeito Municipal, teria homologado e adjudicado a empresa de propriedade do segundo parlamentar denunciado a concessão de terminal rodoviário localizado no município em desacordo com as cláusulas previstas em Lei Municipal, a qual autorizou o então Prefeito a licitar, estabelecendo a possibilidade de recebimento de títulos da dívida pública federal até um certo montante e com avaliação de mercado pelo Banco do Brasil S/A, corretora de valores e bolsa de valores. Sustentou que o primeiro denunciado, além de ter aceitado o recebimento das apólices da dívida pública em valor superior ao permitido pela lei municipal, não teria exigido a avaliação nela prevista, lesando com isso, o patrimônio do Município. Relata, ainda, que o segundo denunciado, por sua vez, tinha conhecimento de que a oferta feita por sua empresa era contrária à citada lei, em que, ao efetuar a entrega de títulos da dívida pública desacompanhados dos requisitos legais, concorrera para a consumação da ilegalidade, dela obtendo injusta vantagem econômica.

A defesa do segundo acusado sustentou a atipicidade de sua conduta ao argumento de que o art. 92 da lei de licitações não se destinaria a eventuais condutas praticadas em momento anterior à assinatura do contrato administrativo entre o licitante, adjudicatário do objeto licitado, e o Poder Público. Aduzia que, no caso concreto, os títulos considerados inválidos teriam sido apresentados pelo acusado durante o procedimento licitatório, por ocasião da proposta de preço, o que não teria acarretado o descumprimento ou a alteração de condição contratual, mas única e exclusivamente, suposta inobservância de exigência editalícia, fato ocorrido em momento anterior à celebração do contrato.

A Ministra Ellen Gracie, relatora, julgou procedente a pretensão punitiva e condenou os réus a pena de detenção e multa, convertendo-as, presentes os requisitos do art. 44 do CP, em duas penas restritivas de direitos.

Observou que, de fato, a proposta da empresa do segundo denunciado estaria em desacordo com as exigências contidas na lei municipal, e repetidas no edital de licitação, as quais, frisou, visavam resguardar o principal objetivo da autorização para a concessão, que seria o pagamento da dívida do Município com o INSS.

Salientou que essas exigências objetivavam evitar que o Município recebesse títulos sem validade e, por conseguinte, sofresse grave prejuízo. Concluiu que, ao aceitar as apólices sem a devida avaliação pelo Banco do Brasil S/A, o primeiro acusado teria causado significativo prejuízo aos cofres municipais, já que os títulos apresentados pela empresa do segundo réu não teriam sido aceitos pelo INSS.

Asseverou, em seguida, que a alegação da defesa do segundo denunciado no sentido da atipicidade não mereceria ser acolhida, visto que a entrega dos originais dos títulos da dívida pública se dera por ocasião da lavratura do termo de concessão, consoante determinado até mesmo pelo edital de licitação.

Reputou que, ao aceitar como parte do pagamento os títulos da dívida apresentados pela empresa em desconformidade com as determinações da lei municipal, o primeiro acusado teria admitido vantagem indevida em favor do adjudicatário do objeto da licitação durante a execução do contrato de concessão firmado com o Município.

Dessa forma, depois de encerrado o procedimento licitatório, no momento da assinatura do termo de concessão, e, portanto, no início da execução do contrato celebrado entre a empresa e o Município, o primeiro acusado teria admitido vantagem em favor do adjudicatário consistente em aceitar, como parte do pagamento pela exploração do terminal, esses títulos sem autorização legal. Expôs que a vantagem consistiria exatamente na aceitação dos títulos, sem validade, os quais evitaram que a empresa tivesse de desembolsar a quantia devida em espécie.

Registrou, por fim, que o dolo do segundo acusado também restaria evidenciado, já que ele possuía plena ciência das exigências constantes do edital de concorrência acerca dos títulos da dívida pública, tendo apresentado, no entanto, as apólices como parte do pagamento, acompanhadas apenas de um parecer econômico da Fundação Getúlio Vargas, em clara contrariedade ao edital e à lei municipal.

Em divergência, o Ministro Dias Toffoli, em voto que predominou na Corte, absolveu os réus, por atipicidade da conduta (CPP,art. 386, III). Considerou que o fato descrito na peça acusatória não se subsumiria ao tipo penal previsto no art. 92 da Lei n. 8.666/93, haja vista que, no caso, não se estaria, ainda, na fase de execução do contrato, salientando haver de se fazer interpretação restritiva em matéria de legislação penal.

Tipo Subjetivo

Trata-se de crime doloso, não havendo elemento subjetivo específico, embora seja necessário que o descumprimento da norma administrativa se dê com o intuito de conceder vantagem indevida ao licitante.

> **Art. 93.** Impedir, perturbar ou fraudar a realização de qualquer ato de procedimento licitatório.
>
> Pena – detenção de 6 meses a 2 anos e multa.

Sujeitos do Crime

Sujeito ativo é qualquer pessoa, não exigindo nenhuma condição especial, contudo nada impede que o servidor público venha a praticá-lo. Sujeito passivo é a União, os Estados, o Distrito Federal e o Município, assim como as autarquias, empresas públicas, sociedades de economia mista, fundações públicas e outras entidades sob o controle estatal direto ou indireto.

Tipo Objetivo

Dispunha o revogado art. 335 do Código Penal: "Impedir, perturbar ou fraudar concorrência pública ou venda em hasta pública, promovida pela administração federal, estadual ou municipal, ou por entidade paraestatal; afastar ou procurar afastar concorrente ou licitante, por meio de violência, grave ameaça, fraude ou oferecimento de vantagem: Pena- detenção, de seis meses a dois anos e multa.

A Lei n. 8.666/93, em seus artigos 93 e 95, desdobrou com algumas modificações o enunciado do Código Penal de 1940, cujo antecedente histórico é o art. 412 do Código Francês. No caso do art. 93, ele é mais abrangente do que a primeira modalidade delitiva disposta no texto revogado, já que tem como objeto jurídico todo o procedimento licitatório, e não apenas a concorrência pública e a venda em hasta pública.

Para Nelson Hungria, o elemento material consiste no impedimento, perturbação ou fraudação do procedimento licitatório[14]. *Impedir* é

---

[14] *Ob. cit.* p. 438. Em seus comentários, o autor faz referência apenas à concorrência ou a hasta pública, que eram os valores tutelados no CP de 1940.

obstar que se inicie ou prossiga o procedimento, mediante o emprego de violência física ou moral, contra os incumbidos da formalidade ou contra os presentes que estejam no local, em caso de procedimento licitatório público. *Perturbar* é criar, seja por qualquer meio, desde que não fraudulento, qualquer restrição ao andamento normal dos atos da licitação. *Fraudar* é empregar qualquer artificio ou manobra para iludir a finalidade do processo licitatório.

O momento inicial da realização de uma licitação, nos termos do art. 7, § 2º, III, da Lei n. 8.666/93, é a existência de *previsão de recursos orçamentários que assegurem o pagamento as obrigações decorrentes de obras ou serviços a serem executados no exercício financeiro em curso, de acordo com o respectivo cronograma,* não exigindo a existência de disponibilidade financeira – fato da administração ter o recurso disponível ou liberado –, mas, tão somente, que haja previsão destes recursos na lei orçamentária.

Na lição de Joel de Menezes Niebuhr, com o orçamento estimado a Administração deve realizar a previsão orçamentária como decorrência legal, para evitar que os contratos sejam celebrados sem que a Administração disponha, no seu orçamento, da previsão do montante necessário para realizar os respectivos pagamentos. Quer-se evitar contratações aventureiras e o inadimplemento da Administração, não exigindo o dispositivo do art. 7º, § 2º, III, da Lei de Licitações a disposição de recursos antes da licitação ou mesmo antes da celebração do contrato, impondo apenas que se disponha dos recursos no exercício financeiro correspondente ao contrato, isto é, que haja previsão dos recursos na respectiva lei orçamentária. Segundo o autor, deve-se insistir, porque deveras frequente é a confusão, que a Administração não precisa dispor, à época da licitação, do montante necessário para arcar com o contrato; ela precisa apenas indicar que há previsões no orçamento para realizar os pagamentos futuros.[15]

Assim, para a realização da licitação, e, por via de consequência, para se verificar a tipicidade penal, bastante é a existência de previsão

---

[15] *Licitação Pública e Contrato Administrativo*, 2ª ed., Forum, BH, 2011.

orçamentária do recurso para a despesa e, não a disposição do recurso antes de iniciado o processo licitatório[16].

Tipo Subjetivo

Trata-se de crime doloso, não havendo elemento subjetivo específico, embora seja necessária a vontade dirigida ao propósito de dificultar a realização do certame. Considerando ser crime formal, que não exige o resultado naturalístico consistente no efetivo prejuízo para a Administração Pública, fica afastada a tentativa.

> **Art. 94.** Devassar o sigilo de proposta apresentada em procedimento licitatório, ou proporcionar a terceiro o ensejo de devassá-lo.
>
> Pena – detenção de 2 a 3 anos e multa.

Sujeitos do Crime

Sujeito ativo é qualquer pessoa, não exigindo nenhuma condição especial, contudo nada impede que o servidor público venha a praticá-lo. Sujeito passivo é a União, os Estados, o Distrito Federal e o Município, assim como as autarquias, empresas públicas, sociedades de economia mista, fundações públicas e outras entidades sob o controle estatal direto ou indireto.

Tipo Objetivo

A norma incriminadora prevê hipótese que, não obstante mais abrangente, se aproxima daquela disposta no revogado art. 326 do Código Penal, que dispunha sobre a violação do sigilo de proposta de concorrência ("Devassar o sigilo de proposta de concorrência pública, ou proporcionar a terceiro o ensejo de devassá-lo: Pena – detenção, de três meses a um ano, e multa de mil a cinco mil cruzeiros").

Trata-se de uma modalidade de violação de sigilo funcional, que o código penal dispõe, com menor gravidade no art. 325, e que a lei específica das licitações entendeu de regulamentar com intensidade

16 REsp. n. 1.141.021-SP, Rel. Min. Mauro Campbell Marques, 21.08.2012.

punitiva mais severa tendo em vista a maior importância do objeto jurídico posto sob a sua tutela.

Duas são as modalidades previstas. Uma consistente no indébito devassamento praticado diretamente pelo servidor encarregado de receber e guardar as propostas, e outra, em proporcionar a outrem o ensejo ao indébito conhecimento das propostas.

Nelson Hungria lembra que, como as propostas são apresentadas dentro de invólucros lacrados, segundo determina a lei, o devassamento há de ser alcançado mediante fraudulenta habilidade, para evitar que os vestígios tenham visibilidade, além do que, a quebra do sigilo terá de ser praticado em tempo útil, isto é, antes de expirado o prazo do edital, ou antes, do momento seletivo, de modo a permitir ou possibilitar a insídia de substituições ou alterações, ou a quebra de normalidade do processo de licitação[17].

Verificada, porém, a prática da devassa, ou seja, o conhecimento do conteúdo da proposta é indiferente a sua divulgação, pois o preceito em questão não estabelece a condição – *revelação* – como elemento integrante do delito[18].

Tipo Subjetivo

Trata-se de crime doloso, não havendo elemento subjetivo específico, embora seja necessária a vontade dirigida ao propósito de devassar o sigilo do processo licitatório ou à facilitação do conhecimento deste por terceiro interessado, que responderá nos termos do art. 29 do Código Penal. Em qualquer das modalidades do crime, é possível a tentativa. No caso de ser reconhecida a nulidade da licitação, por outro motivo que não o seu devassamento, desaparece o crime *(quod nullum est nullum producit effectum).*

> **Art. 95.** Afastar ou procurar afastar licitante, por meio de violência, grave ameaça, fraude ou oferecimento de vantagem de qualquer tipo.

---

[17] *Ob. cit.* p., 396.

[18] Bento de Faria, *Código Penal Brasileiro Comentado*, v. VII, Record Editora, RJ, 1961, p. 117.

Pena – detenção de 2 a 4 anos e multa, além da pena correspondente à violência.

Parágrafo único – Incorre na mesma pena quem se abstém ou desiste de licitar, em razão da vantagem oferecida.

Sujeitos do Crime

Sujeito ativo é qualquer pessoa, não exigindo nenhuma condição especial, contudo nada impede que o servidor público venha a praticá-lo. Sujeito passivo é a União, os Estados, o Distrito Federal e o Município, assim como as autarquias, empresas públicas, sociedades de economia mista, fundações públicas e outras entidades sob o controle estatal direto ou indireto.

Tipo Objetivo

O objetivo com a prática da conduta delituosa é afastar ou procurar afastar – a tentativa aqui foi equiparada ao delito consumado – o competidor mediante violência, grave ameaça, fraude ou oferecimento de vantagem. Os meios considerados como suscetíveis de realizar a prática criminosa são a *violência* ou *grave ameaça*, capazes de determinar o impedimento ou perturbação dos atos licitatórios ou de incutir temor sério e fundado, pouco importando que a ameaça seja feita a pessoa certa ou indeterminada; o *oferecimento de vantagem*, isto é, dinheiro ou qualquer outro valor economicamente apreciável, inclusive a eventual participação nos lucros obtidos com o fornecimento do objeto licitado e a *fraude* que pode ser constituída por qualquer artifício, como o conluio entre duas ou mais pessoas interessadas na licitação com o fim de prejudicar terceiro também interessado.

É comum por ocasião de grandes obras a formação de consórcio entre empresas para concorrerem a esses serviços. São lícitas tais organizações, desde que o propósito seja a sua prestação com a respectiva remuneração. Se a essa finalidade se alia o objetivo de afastar os concorrentes, para se apresentarem como únicos e conseguirem melhor preço, então haverá *colusão*, e tem aplicação a sanção penal aqui prevista, provado que fique, devidamente, o intuito fraudulento[19].

---

19 Bento de Faria, *ob. cit.* p. 146.

Afastar o competidor não é apenas ocasionar o seu distanciamento ou ausência para não licitar, senão também a sua abstenção de formular proposta, ou a retirada desta, ou a desistência de fazer lance, embora presente no local de realização da competição.

Depois de incriminar a *corrupção ativa* exercida por alguém em relação à licitação, o artigo 95 incrimina, no seu parágrafo único, o fato de tal candidato deixar-se corromper (*corrupção passiva)* pelo oferecimento de vantagem, abstendo-se de licitar. Consuma-se o crime com a efetiva abstenção, isto é, com a omissão de proposta ou lance *oportuno tempore*[20].

Tipo Subjetivo

Trata-se de crime doloso, não havendo elemento subjetivo específico, bastando a vontade livremente dirigida ao emprego dos meios executivos a fim de afastar ou tentar afastar o licitante, ou pela vantajosa abstenção deste em licitar, no caso do parágrafo único do dispositivo legal.

> **Art. 96.** Fraudar, em prejuízo da Fazenda Pública, licitação instaurada para aquisição ou venda de bens ou mercadorias, ou contrato dela decorrente:
>
> I-elevando arbitrariamente os preços;
>
> II-vendendo como verdadeira ou perfeita, mercadoria falsificada ou deteriorada;
>
> III-entregando uma mercadoria por outra;
>
> IV-alterando substância, qualidade ou quantidade da mercadoria fornecida;
>
> V-tornando, por qualquer modo, injustamente, mais onerosa a proposta ou a execução do contrato.
>
> Pena – detenção de 3 a 6 anos e multa.

Sujeitos do Crime

Sujeito ativo é o licitante ou o contratado. Sujeito passivo é a União, os Estados, o Distrito Federal e o Município, assim como as

---

[20] Nelson Hungria, *ob.cit*. p. 441.

autarquias, empresas públicas, sociedades de economia mista, fundações públicas e outras entidades sob o controle estatal direto ou indireto.

Tipo Objetivo

A conduta básica do dispositivo incriminador é a de fraudar. Agir de maneira ardilosa; valer-se do engodo, de artifício na licitação ou no contrato dela decorrente, para a aquisição de bens ou mercadorias. As condutas previstas nos incisos I a V do artigo são mistas alternativas, sendo que a prática de uma ou de mais de uma delas implica na realização de um só delito.

Para Guilherme de Souza Nucci[21] a redação do tipo é imperfeita, pois mescla, indevidamente, uma conduta pertinente à licitação com outras, relativas ao contrato. A elevação arbitrária de preços (inciso I) somente é pertinente à fase licitatória. Por outro lado, as condutas descritas nos incisos II a V pertencem à execução do contrato (exceto, no contexto do inciso V, a parte relativa à proposta, que é também relativa à licitação).

Também Marçal Justen Filho mostra as imperfeições redacionais no dispositivo legal[22]. Para ele, o verbo "vender" foi mal utilizado e a redação é incorreta. Somente haverá crime quando o particular formular uma proposta cuja execução seja defeituosa. Haverá descompasso entre a proposta e a mercadoria entregue. A Administração receberá mercadoria falsificada ou deteriorada, quando selecionara proposta de mercadoria verdadeira ou perfeita. O crime se aperfeiçoa não por um defeito na formulação da proposta, mas por um descompasso entre a proposta e a execução. Por isso, as hipóteses do inciso II estão abrangidas no inciso III, que possui amplitude maior.

Não haverá o crime do inciso III quando a substituição da mercadoria não assegurar ao contratado vantagem econômica. Assim, se o contrato previa determinado produto, não haverá crime com a entrega de similar mais caro, o mesmo se dá na hipótese do inciso IV.

---

[21] *Ob. cit.* p. 863.

[22] *Ob. Cit.* p. 640.

Trata-se de crime material, exigindo prejuízo para a Fazenda Pública, circunstância que o distingue daquele previsto no art. 90 da Lei n. 8.666/93, onde se faz necessário que a manobra do concorrente frustre ou venha a fraudar o caráter competitivo do procedimento licitatório, contudo, não é preciso demonstrar a ocorrência de prejuízo econômico para a Administração, pois não é ele elemento material do tipo e, assim, basta que se demonstre que o ajuste, a combinação ou outro expediente excluiu eventual candidato ou preordenou o resultado entre os concorrentes. Basta a apresentação da fraude à Administração Pública, para que esteja consumado o crime, pois a finalidade do agente é de lucro com a adjudicação do objeto da licitação.

No art. 96 da Lei n. 8.666/93, é preciso demonstrar o prejuízo sofrido pela Administração Pública para a caracterização do injusto. Isso porque o prejuízo integra o tipo e o crime somente se consuma com o efetivo pagamento ou, no caso de parcelamento, da quitação da primeira parcela.

Conforme orientação do STJ existe a possibilidade de concurso dos crimes previstos no art. 90 e no art. 96, I, da Lei n. 8.666/93. No art. 90, a fraude atinge o caráter competitivo do certame, enquanto no art. 96, I, a fraude à licitação se dá mediante a conduta vinculada de elevação dos preços arbitrariamente. Ou seja, no art. 90, combina-se e exclui-se a concorrência para que empresa predeterminada ganhe a licitação – provavelmente com pagamento de comissão ao vencido –; no art. 96, I, além disso, o ganho ainda advém do superfaturamento[23].

Tipo Subjetivo

Trata-se de crime doloso orientado pelo elemento subjetivo específico de obter lucro abusivo gerando prejuízo para a Fazenda Pública.

> **Art. 97.** Admitir à licitação ou celebrar contrato com empresa ou profissional declarado inidôneo
>
> Pena – detenção de 6 meses a 2 anos e multa.

---

[23] STJ, REsp 1.315.619-RJ, Rel. Min. Campos Marques, Des. conv. do TJ/PR. DJe 30.08.2013., p. 3/77.

Parágrafo único – Incide na mesma pena aquele que, declarado inidôneo, venha a licitar ou a contratar com a Administração.

Sujeitos do Crime

Sujeito ativo é o servidor público na hipótese do *caput* do dispositivo legal e qualquer pessoa quando se tratar do parágrafo único do artigo. Sujeito passivo é a União, os Estados, o Distrito Federal e o Município, assim como as autarquias, empresas públicas, sociedades de economia mista, fundações públicas e outras entidades sob o controle estatal direto ou indireto.

Tipo Objetivo

Inidôneo é o licitante ou contratado que, pela via de procedimento administrativo ou judicial, foi penalizado com a mais grave sanção imposta na via administrativa, podendo ocorrer nas seguintes hipóteses:

a). Declarando inidôneo para licitar ou contratar com a Administração Pública, por inexecução contratual, total ou parcial, que tenha resultado dano ao erário. A sua reabilitação será concedida quando houver o ressarcimento aos cofres públicos dos prejuízos advindos do descumprimento da obrigação. (art. 87, VI da Lei n. 8.666/93);

b). Sofre condenação definitiva em ação de improbidade administrativa, nos casos previstos nos arts. 9º, 10 e 11 da Lei n. 8.429/92, quando independentemente das sanções penais, civis e administrativas, previstas na legislação específica, o responsável pelo ato de improbidade está sujeito às cominações do art. 12 da referida lei, que dispõe sobre a proibição de contratar com o poder público ou receber benefícios ou incentivos fiscais ou creditícios por determinado tempo.

O processo licitatório, na busca pela melhor proposta para a satisfação do interesse público, objetiva também fornecer transparência e proteção para o erário. Neste sentido é importante a tutela oferecida pela norma incriminadora, livrando-se de licitantes ou contratados inidôneos que certamente geraria gastos com a elaboração de novo procedimento licitatório, sem desconsiderar também a preocupação no resguardo dos interesses da população, principal beneficiária da obra contratada ou da prestação dos serviços oferecidos pelas empresas ou profissionais idôneos.

A primeira parte do artigo prevê como conduta incriminada, na sua forma comissiva ou omissiva, a de permitir ou aceitar que participe a pessoa natural ou jurídica, que esteja impedida de contratar com o Poder Público por ter sido reconhecida a sua inidoneidade em licitações ou contratações anteriores. Já a segunda parte dispõe sobre a celebração de contrato com empresa ou profissional declarado inidôneo.[24]

O parágrafo único por sua vez, define a participação daquele declarado inidôneo na licitação ou a sua contratação. Não se deve descurar, que em se tratando de norma incriminadora, onde a explícita delimitação pelo paradigma legislativo exige que os textos normativos sejam interpretados sem ampliações ou equiparações por analogia, pois o tipo, que é sempre de garantia, a partir do principio da legalidade e não pode ser distendido, ao gosto do intérprete, para cobrir hipóteses nele não contidas, a expressão licitante define aquele que se apresenta na oportunidade da sessão pública com os documentos exigidos para a sua participação conforme exigências do edital. Antes deste ato formal, não há de se falar na existência de licitante.

Ainda prevista no parágrafo único do tipo incriminador, a conduta daquele declarado inidôneo e que venha a contratar com a Administração Pública, seja através da assinatura de contrato ou de outro documento que autoriza o fornecimento ou o serviço, nas hipóteses em que o contrato administrativo seja facultativo.[25]

Tipo Subjetivo

Trata-se de crime doloso, não se exigindo elemento subjetivo do tipo específico. Para Marçal Justen Filho para quem o dispositivo

---

[24] De acordo do Costa Junior (*ob.cit.p.61*), admitir à licitação equivale a declarar o concorrente habilitado ou classificado. Celebrar contrato é o mesmo que firmar pacto com empresa ou profissional declarado inidôneo. Licitar é concorrer, é participar de licitação mediante a apresentação de proposta. Contratar é pactuar com a Administração.

[25] Art. 62 da Lei n. 8.666/93: o instrumento de contrato é obrigatório nos casos de concorrência e de tomada de preços, bem como nas dispensas e inexigibilidades cujos preços estejam compreendidos nos limites destas duas modalidades de licitação, e facultativo nos demais em que a Administração puder substituí-lo por outros instrumentos hábeis, tais como carta-contrato, nota de empenho de despesa, autorização de compra ou ordem de execução de serviço.

legal é inconstitucional[26], é imperiosa a ciência da declaração de inidoneidade, devendo-se interpretar que o delito apenas se caracteriza quando houver a intenção de prejudicar a Administração ou de obter vantagens indevidas.

Art. 98. Obstar, impedir ou dificultar, injustamente, a inscrição de qualquer interessado nos registros cadastrais ou promover indevidamente a alteração, suspensão ou cancelamento de registro do inscrito.

Pena – detenção de 6 meses a 2 anos e multa.

Sujeitos do Crime

Sujeito ativo é o servidor público. Sujeito passivo é a União, os Estados, o Distrito Federal e o Município, assim como as autarquias, empresas públicas, sociedades de economia mista, fundações públicas e outras entidades sob o controle estatal direto ou indireto.

Tipo Objetivo

A ação delituosa consiste em negar, impossibilitar ou criar embaraços de qualquer natureza, sem nenhuma justificativa, com o fim de inviabilizar a inscrição de algum interessado no banco de dados de fornecedores, mantido pelo Poder Público, que dele se vale para efetuar a convocação nos processos de licitação[27]. A outra conduta, também

---

[26] Segundo o autor, a regra é inconstitucional por ferir o princípio da isonomia, pois todos aqueles que participassem de uma licitação, tendo consciência de não preencherem os requisitos de habilitação, deveriam ser punidos criminalmente nos mesmos termos. O mesmo teria de ser estatuído quanto à admissão na licitação de particulares não habilitáveis. *(ob. cit. p. 641).*

[27] Art. 34 da Lei 8.666/93: Para os fins desta Lei, os órgãos e entidades da Administração Pública que realizem frequentemente licitações manterão registros cadastrais para efeito de habilitação, na forma regulamentar, válidos por, no máximo, um ano.

§ 1º O registro cadastral deverá ser amplamente divulgado e deverá estar permanentemente aberto aos interessados, obrigando-se a unidade por ele responsável a proceder, no mínimo anualmente, através da imprensa oficial e de jornal diário, a chamamento público para a atualização dos registros existentes e para o ingresso de novos interessados.

definida no tipo penal, é a de provocar alguma modificação ou interromper, provisória ou definitivamente, sem justa causa, o registro do inscrito. O banco de dados, consistente em arquivos que documentam a situação jurídica, técnica, financeira e fiscal das empresas que regularmente participam de licitações, permite que a Administração, de maneira rápida e segura, obtenha importantes informações sobre os fornecedores de bens ou serviços que ela pretende licitar.

Tipo Subjetivo

Trata-se de crime doloso, não se exigindo elemento subjetivo do tipo específico, sendo indispensável a intenção de prejudicar o licitante ou de obter vantagem, para si ou para outrem. Pondera, no entanto Marçal Justen Filho, que o tipo penal não abrange a hipótese de condicionar a inscrição ou a alteração do registro a uma vantagem indevida (o que configuraria o crime de concussão). O tipo se diferencia porque o agente não visa obter vantagem, mas acarretar prejuízo ao particular ou a beneficiar terceiros, trazendo potencial prejuízo para a Administração[28].

> **Art. 99.** A pena de multa cominada nos arts. 89 a 98 desta Lei consiste no pagamento de quantia fixada na sentença e calculada em índices percentuais, cuja base corresponderá ao valor da vantagem efetivamente obtida ou potencialmente auferível pelo agente.
>
> § 1º – os índices a que se refere este artigo não poderão ser inferiores a 2% (dois por cento) nem superiores a 5% (cinco por cento) do valor do contrato licitado ou celebrado com dispensa ou inexigibilidade de licitação.
>
> § 2º – o produto da arrecadação da multa reverterá, conforme o caso, à Fazenda Federal, Estadual ou Municipal.

O direito penal serve simultaneamente para impor limites ao poder de intervenção do Estado e para punir pela prática de um delito. Protege, portanto, o indivíduo de uma repressão descabida do poder constituído, mas protege igualmente a sociedade e seus membros

---

§ 2º É facultado às unidades administrativas utilizarem-se de registros cadastrais de outros órgãos ou entidades da Administração Pública.

28 *Ob. cit.* p. 642.

dos abusos de algumas pessoas. Estes dois componentes – o correspondente ao Estado de Direito e protetor da liberdade individual, e o correspondente ao Estado Social e preservador do interesse social mesmo à custa do sofrimento das pessoas –, implicam características opostas para o cumprimento de sua missão. Para cumprir o desiderato sancionador, a legislação prevê como espécies de pena, a privação da liberdade, a restrição de direitos e a multa.

As penas pecuniárias tem velha ascendência. Foram empregadas em Roma, como medida penal, sob a forma de confisco dos bens ou multa. No Direito germânico, onde se praticava com frequência a confiscação, a multa era uma das parcelas do pagamento com que o réu dava cumprimento à decisão condenatória e, assim era muito utilizada.

Com o passar do tempo, a pena pecuniária perdeu muito de sua importância, sendo substituída por sanções mais gravosas, como a pena privativa de liberdade. No entanto, vem ganhando, nos tempos atuais, maior aplicação, sobretudo depois que as penas corporais de curta duração se tornaram um problema grave para o sistema prisional, tanto que a Lei 9.099/95, que instituiu os Juizados Especiais Criminais para as infrações penais de menor potencial ofensivo, além de revitalizar as vias de conciliação, praticamente aboliu a pena de prisão.

A pena de multa, que vem gradativamente subindo de importância, possui vantagens evidentes. Para Aníbal Bruno, ela não exclui o condenado do seio da família ou do meio social em que ele atua, não lhe impede o trabalho, não o degrada, nem lhe impõe o regime desmoralizante e corruptor da prisão, além de arrecadar recursos para o Estado, em vez de importar-lhe, como a pena detentiva, o encargo de criar e manter estabelecimentos penitenciários.[29]

Há ainda de se considerar que atingir uma pessoa no patrimônio significa muitas vezes ocasionar-lhe sofrimento maior do que aquele que lhe pode provocar uma pena detentiva.

Os seus opositores, no entanto, ponderam que ela não intimida na mesma intensidade das penas de prisão, não resguardando convenientemente a sociedade e não servindo, senão indiretamente e de maneira menos eficiente, ao fim educativo da medida penal. Por isso,

---

[29] *Direito Penal*, tomo 3º, 4ª ed., Forense, RJ, 1978, p. 74.

o seu campo de incidência não pode ser alargado em demasia. Tem de limitar-se aos fatos puníveis menos graves, a que correspondem as penas curtas de prisão, ou, em certos casos, figurar em concorrência com uma pena privativa de liberdade, como feito na Lei n. 8.666/93.

Nos termos do art. 49 do Código Penal, a pena de multa consiste no pagamento ao fundo penitenciário da quantia fixada na sentença e calculada em dias-multa. Será, no mínimo de 10 (dez) e, no máximo, de 360 (trezentos e sessenta) dias-multa. O valor do dia-multa deve ser também fixado pelo juiz na sentença, não podendo ser inferior a um trigésimo do maior salário mínimo mensal vigente ao tempo do fato, nem superior a 5 (cinco) vezes esse salário (art. 49, § 1º).

O critério do dia-multa do Código Penal, não foi o adotado pela Lei de Licitações, que preferiu tratar do tema com percentual variável sobre o valor do contrato licitado ou celebrado com dispensa ou inexigibilidade de licitação, segundo uma base de cálculo que leva em consideração o valor da vantagem obtida ou potencialmente auferível pelo agente do delito.

Ao adotar baliza própria para estabelecer o valor da pena de multa, a Lei n. 8.666/93, o fez com autorização expressa do art. 12 do Código Penal, já que o Direito Penal fora da codificação não representa um corpo estranho em relação ao próprio estatuto penal. Entre as leis penais especiais e as regras contidas na Parte Geral do Código Penal, permeia um vínculo bastante estreito. O texto legal evidencia a realidade dessa união colocando em destaque os dois princípios que estão logicamente conectados: de um lado está o principio da primazia do preceito da lei penal especial quando colide com as regras do Código Penal; de outro, o princípio da supletividade das normas gerais do Código Penal, que os estendem às leis penais especiais se estas se mostram silentes e nada dispõem a respeito.

LEI N. 12.846, DE 1° DE AGOSTO DE 2013

Dispõe sobre a responsabilização administrativa e civil das pessoas jurídicas pela prática de atos contra a Administração Pública, nacional ou estrangeira, e dá outras providências.

Capitulo I

Disposições Gerais

Art. 1º Esta lei dispõe sobre a responsabilização objetiva administrativa e civil de pessoas jurídicas pela prática de atos contra a administração pública, nacional ou estrangeira.

Parágrafo único Aplica-se o disposto nesta lei às sociedades empresárias e às sociedades simples, personificadas ou não, independentemente da forma de organização ou modelo societário adotado, bem como a quaisquer fundações, associações de entidades ou pessoas, ou sociedades estrangeiras, que tenham sede, filial ou representação no território brasileiro, constituídas de fato ou de direito, ainda que temporariamente.

Art. 2º As pessoas jurídicas serão responsabilizadas objetivamente, nos âmbitos administrativo e civil, pelos atos lesivos previstos nesta Lei praticados em seu interesse ou beneficio, exclusivo ou não.

Art. 3º A responsabilização da pessoa jurídica não exclui a responsabilidade individual de seus dirigentes ou administradores ou de qualquer pessoa natural, autora, coautora ou participe do ato ilícito.

§1º A pessoa jurídica será responsabilizada independentemente da responsabilização individual das pessoas naturais referidas no *caput*.

§2º Os dirigentes ou administradores somente serão responsabilizados por atos ilícitos na medida da sua culpabilidade.

Art. 4º Subsiste a responsabilidade da pessoa jurídica na hipótese de alteração contratual, transformação, incorporação, fusão ou cisão societária.

§1º Nas hipóteses de fusão e incorporação, a responsabilidade da sucessora será restrita à obrigação de pagamento de multa e reparação integral do dano causado, até o limite do patrimônio transferido, não lhe sendo aplicáveis as demais sanções previstas nesta Lei decorrentes de atos e fatos ocorridos antes da data da fusão ou incorporação, exceto no caso de simulação ou evidente intuito de fraude, devidamente comprovados.

§2º As sociedades controladoras, controladas, coligadas ou, no âmbito do respectivo contrato, as consorciadas serão solidariamente responsáveis pela prática dos atos previstos nesta Lei, restringindo-se tal responsabilidade à obrigação de pagamento de multa e reparação integral do dano causado.

Com vigência a partir de 29 de janeiro de 2014, a Lei n. 12.846/13 constitui mais um conjunto de normas a integrar um sistema que tem por objeto estabelecer punição para aqueles que causem danos à administração pública, de que faz parte o Código Penal, a Lei de Licitações (Lei n. 8.666/93), a Lei n. 12.529/11, que estrutura o Sistema Brasileiro de Defesa da Concorrência, e a Lei de Improbidade Administrativa (Lei n. 8.429/92).

A Lei n. 12.529, de 30 de novembro de 2011, estruturou o Sistema Brasileiro de Defesa da Concorrência – SBDC e dispôs sobre a prevenção e a repressão às infrações contra a ordem econômica, orientada pelos princípios constitucionais da liberdade de iniciativa, livre concorrência, função social da propriedade, defesa dos consumidores e repressão ao abuso do poder econômico.

O SBDC é formado pelo Conselho Administrativo de Defesa Econômica – CADE e pela Secretaria de Acompanhamento Econômico do Ministério da Fazenda.

O CADE é entidade judicante com jurisdição em todo o território nacional, que se constitui em autarquia federal, vinculada ao Ministério da Justiça, com sede e foro no Distrito Federal, que através de seu

Tribunal Pleno decide sobre a existência de infração à ordem econômica aplicando penalidades, bem como aprecia processos administrativos de atos de concentração econômica, fixando, quando entender conveniente e oportuno, acordos de controle nesses atos (art. 9º).

A Secretaria de Acompanhamento Econômico, dentre outras atividades listadas no art. 19 da lei, tem a incumbência de promover a concorrência em órgãos de governo e perante a sociedade, cabendo-lhe, especialmente opinar sobre propostas de alterações de atos normativos de interesse geral dos agentes econômicos, de consumidores ou usuários dos serviços prestados submetidos à consulta pública pelas agencias reguladoras e, quando entender pertinente, sobre os pedidos de revisão de tarifas, possuindo, ainda, legitimidade para propor a revisão das leis, regulamentos e outros atos normativos da Administração Pública Federal, Estadual, Municipal e do Distrito Federal que afetem ou possam afetar a concorrência nos diversos setores econômicos do país.

A Lei de Improbidade Administrativa veio regulamentar o comando constitucional do art. 37, § 4º, quando dispôs que os atos de improbidade administrativa importarão a suspensão dos direitos políticos, a perda da função pública, a indisponibilidade dos bens e o ressarcimento ao erário, na forma e gradação previstas em lei, sem prejuízo da ação penal cabível.

Assim, a Lei n. 8.429/92 regulamentou as sanções aplicáveis aos agentes públicos nos casos de enriquecimento ilícito no exercício do mandato, cargo, emprego ou função na administração pública direta, indireta ou fundacional.

Em seu art. 1º, ela enumera os sujeitos ativo e passivo da relação improba enunciando que os atos de improbidade praticados por qualquer agente público, servidor ou não, contra a administração direta, indireta ou fundacional de qualquer dos Poderes da União, dos Estados, do Distrito Federal, dos Municípios, de Território, de empresa incorporada ao patrimônio público ou de entidade para cuja criação ou custeio o erário haja concorrido ou concorra com mais de cinquenta por cento do patrimônio ou da receita anual, serão punidos na forma desta lei.

Prossegue em seu Parágrafo Único afirmando que estão também sujeitos às penalidades desta Lei os atos de improbidade praticados contra o patrimônio de entidade que receba subvenção, benefício ou incentivo fiscal ou creditício, de órgão público, bem como daquelas para cuja criação ou custeio o erário haja concorrido ou concorra com menos de cinquenta por cento do patrimônio ou de receita anual, limitando-se, nestes casos, a sanção patrimonial à repercussão do ilícito sobre a contribuição dos cofres públicos.

Desta forma, o que se percebe com a nova legislação, denominada por alguns como Lei Anticorrupção, é o seu propósito de suprimir lacuna existente no sistema jurídico brasileiro no que diz respeito à responsabilização de pessoas jurídicas pela prática de atos ilícitos contra a administração pública, em especial por atos de corrupção, bem como tutelar a administração pública estrangeira, a fim de atender aos tratados internacionais de combate à corrupção dos quais o Brasil é signatário.

A lei estabelece a responsabilidade objetiva, administrativa e civil das pessoas jurídicas por atos lesivos à administração pública, nacional ou estrangeira. O seu campo de incidência é bastante abrangente, já que aplicável às sociedades empresariais e às sociedades simples personificadas ou não, independentemente da forma de organização ou modelo societário adotado, bem como a quaisquer fundações, associações de entidades ou pessoas, ou sociedades estrangeiras, que tenham sede, filial ou representação no território brasileiro, constituídas de fato ou de direito, ainda que temporariamente.

Moacyr Lobato de Campos Filho[1], apoiado em Bulgarelli[2] afirma que a definição do que representa o instituto jurídico da empresa é tarefa ainda não realizada. Segundo ele, a dificuldade maior reside na tentativa de transposição do fenômeno socioeconômico para o plano jurídico, fundamentalmente, em três aspectos. O primeiro refere-se à ideia do fenômeno econômico social, que ora passa pela noção econômica, relativa à organização da atividade econômica, ora passa pelo aspecto sociológico, que se refere a um conjunto social, vivo e dinâmico, hierarquizado e orientado; o segundo passa pela importância de valorar juridicamente o fenômeno da empresa, se ele deve ficar

---

1 *Falência e Recuperação*, Del Rey, BH, 2007, p. 23.

2 Bulgarelli, Waldirio, *Tratado de Direito Empresarial*, v. 3, Atlas, SP, 1997, p. 51.

subordinado à noção de ato de comércio ou de atividade, ou se lhe deve ser conferido um lugar destaque no plano jurídico, dada sua importância na realidade socioeconômica; e, por fim, o terceiro aspecto que dificulta essa transposição, que diz respeito à forma de transpor esse fenômeno para o plano jurídico.

Talvez por isso, no Brasil, a legislação ainda não se ocupou em conceituar a empresa, havendo distintos enfoques para o seu significado. No Direito do Trabalho, pelo art. 2º, *caput,* da CLT, ela é o próprio empregador, equiparando-se a verdadeiro sujeito de direitos e obrigações. Já a lei da sociedade por ações a considera simples atividade desempenhada pela sociedade que a titulariza, podendo ser objeto da companhia qualquer empresa de fim lucrativo (art. 2º, *caput*, da Lei n. 6.404/76). Assim, independente de ser tida por sujeito ou objeto, foi dado um tratamento à atividade empresarial, bem como àquele que dela se ocupa, ao definir como empresário quem exerce profissionalmente atividade econômica organizada para a produção ou circulação de bens ou de serviços (art. 966 do Código Civil). No entanto, o Código Civil de 2002, pretendendo unificar os institutos até então esparsos na legislação civil e comercial, dedicou o seu Livro II, da Parte Especial, ao "Direito de Empresa", revogando, assim, os arts. 1º a 456 do Código Comercial de 1850.

O Código Civil dividiu as sociedades em dois grupos: aquelas não personificadas, do qual faz parte a sociedade em comum (art. 986 a 990) e a sociedade em conta de participação (art. 991 a 996); e as sociedades personificadas, compostas pelas sociedades simples, sociedade em nome coletivo, sociedade em comandita simples, sociedade em comandita por ações, sociedade anônima e sociedade limitada.

Estabeleceu inicialmente que, salvo as exceções expressas, considera-se empresária a sociedade que tem por objeto o exercício de atividade própria de empresário sujeito a registro; e, simples, as demais. Assinalou, ainda que, independente de seu objeto, considera-se empresária a sociedade por ações; e simples, a cooperativa (art. 982 do Código Civil).

As sociedades empresárias são sempre personalizadas, distintas, pois, de seus sócios que titularizam seus próprios direitos e obrigações e se dividem em sociedade em nome coletivo, sociedade em comandita simples, sociedade em comandita por ações, sociedade anônima e sociedade limitada (art. 1.039 a 1.092 do Código Civil).

A sociedade de natureza simples é aquela que explora atividades econômicas específicas e sua disciplina jurídica se aplica subsidiariamente à das sociedades empresariais e às cooperativas. Divide-se em sociedade simples pura (art. 997 a 1.038 do Código Civil) e sociedade simples limitada (art. 1.052 a 1.087 do Código Civil), tendo os seus atos de constituição, alteração e extinção registrados no Cartório Civil das Pessoas Jurídicas.

Na sociedade simples pura os sócios respondem ilimitadamente pelas dívidas contraídas pela empresa e na simples limitada, respondem limitadamente ao valor do capital social, desde que totalmente integralizado.

Qualquer que seja a natureza da empresa envolvida, nos termos da Lei n. 12.843/13, ela poderá ser punida por uma conduta ilegal praticada por seus administradores, empregados ou representantes que causem prejuízo ao patrimônio público nacional ou estrangeiro, ainda que com esta não tenha colaborado. De acordo com o seu art. 2º, "as pessoas jurídicas serão responsabilizadas objetivamente, nos âmbitos administrativo e civil, pelos atos lesivos previstos nesta Lei praticados em seu benefício, exclusivo ou não". Com tal dicção, a aplicação das sanções dispensa a prova de culpa da empresa, sendo suficiente a existência de lesão ao patrimônio público causado por ato praticado em seu interesse ou benefício.

César Fiuza[3], em seu Curso de Direito Civil, sustenta que existem duas teorias que procuram explicar a razão de ser da responsabilidade. A primeira é a teoria subjetiva, aplicada como regra pelo Código Civil, parte do elemento subjetivo culpabilidade para fundamentar o dever de reparar. Assim, só seria responsável pela reparação do dano aquele cuja conduta de provasse culpável. Não havendo culpa ou dolo, não há falar em indenização. A segunda teoria tem como fundamento o elemento objetivo do dano para que sobrevenha o dever de reparar. Ela se justifica pelo alto risco de determinadas atividades e pela impossibilidade prática de se provar a culpabilidade em certas

[3] *Direito Civil (curso completo),* 9ª Ed. Del Rey, BH, 2006, p. 737.

circunstâncias, sendo aplicada, excepcionalmente, em virtude de disposição expressa em lei (art.932 e 933 do Código Civil). Para o autor, embora excepcional, a legislação ampliou a sua esfera de aplicabilidade a todos os casos em que a natureza da atividade do autor implica riscos para as demais pessoas, seja a titulo de culpa *in vigilando*, seja por culpa *in elegendo*.

Prevê o art. 37, § 6º da Constituição Federal[4], a responsabilidade civil do Estado – obrigação de compor o dano causado a terceiros, por agentes públicos ou prestadores de serviços públicos, no desempenho de suas funções ou a pretexto de exercê-las –, também com a aplicação da teoria objetiva, aqui baseada na teoria do risco administrativo. Tal teoria pressupõe risco que a atividade pública gera para os administrados e a possibilidade de acarretar danos a certos membros da comunidade, não incidentes sobre os demais. Assim, se no desempenho de uma atividade benéfica para a coletividade, o Estado causa danos a um indivíduo, injusto que ele suporte sozinho, já que todos serão destinatários do benefício, todos devem concorrer para a reparação através dos cofres públicos. A teoria objetiva aqui se funda no risco e na solidariedade social.

Como se vê, a responsabilidade objetiva das pessoas físicas ou jurídicas e do próprio Estado, com as suas consequências pecuniárias, não é novidade no Direito Brasileiro, e nem de todo um mal. A questão da nova legislação, que parece danosa, é a escala da punição que poderá conduzir a aplicação de sanções que representem o fechamento da empresa, sem que seja possível discutir em contraditório a sua efetiva contribuição para o ilícito, como é o caso de um empregado, *sponte sua*, sem conhecimento da empresa oferece suborno ao servidor público.

Não é mistério que todas as infrações penais ocorrem no cenário do mundo exterior através da conduta humana. Sem ela, diz Paulo José da Costa Jr.[5] o crime se desvanece. Geralmente não basta a ação

---

4 Art. 37, § 6º da CF: "As pessoas jurídicas de direito público e as de direito privado prestadoras de serviços públicos responderão pelos danos que seus agentes, nessa qualidade, causarem a terceiros, assegurado o direito de regresso contra o responsável nos casos de dolo e culpa".

5 Comentários *ao Código Penal*, vol. 1, Saraiva, SP, 1986, p. 29.

ou omissão para que se complete o ciclo objetivo da infração. Necessário se faz, quase sempre, um resultado dela derivado: um evento naturalístico que altera a realidade exterior. Entre ambos, conduta e evento, estabelece-se um elo, que junge os termos numa relação de causa e efeito, o nexo causal. A soma destas três componentes (conduta, evento e nexo causal) constitui o "fato", que é o aspecto objetivo do crime.

A conduta não é apenas um fato físico, como também, não se resume num psíquico. Todo comportamento é a soma desses dois elementos. A componente física e a psíquica integram-se e completam-se. Mesmo que a representação física da ação seja diferente daquele retratado na omissão, o coeficiente psicológico é o mesmo. Numa e noutra modalidade de conduta há a vontade, como o aspecto psíquico constante.

O Código Penal, em seu art. 13 colocou em relevo a ação ou omissão como as duas formas básicas do comportamento humano. Se o crime consiste em uma ação humana, positiva ou negativa (*nullum crimen sine actione)*, o destinatário da norma penal é todo aquele que realiza a ação proibida ou omite a ação determinada, desde que em face das circunstâncias lhe incumba o dever de participar o ato ou abster de fazê-lo.

Assim, nada mais natural do que dispor a Lei n. 12.846/13, em seu art. 3º, que a responsabilização da pessoa jurídica não exclui a responsabilidade individual de seus dirigentes ou administradores ou de qualquer pessoa natural, autora, coautora ou participe do ato ilícito que responderão na medida de sua culpabilidade. Conectou, assim, a nova lei, a responsabilidade da pessoa jurídica, que é objetiva, com a responsabilidade subjetiva, relativamente àqueles que atuaram em seu nome.

No caso de pluralidade de pessoas – e os delitos societários integram esse fenômeno –, o principio constitucional da individualização da pena, impõe a identificação de cada conduta delituosa. Trata-se de saber quem praticou a ação que constitui o crime e quem nela tomou parte, sem a executar. A autoria e a participação são definidas a partir da conduta típica. Autor é quem realiza, no todo ou em parte, a ação incriminada que configura o delito, em seu aspecto objetivo e subjetivo, já a participação (instigação e a cumplicidade), é necessariamente acessória porque está em função da conduta típica realizada por outrem[6].

---

6 Heleno Fragoso, *ob. cit.* p. 253.

Quem, de qualquer modo, concorre para o crime incide nas penas a este cominadas, na medida de sua culpabilidade, diz o art. 29 do Código Penal, comando que foi seguido pela nova lei. A escala penal será a mesma aplicável a todos os que concorrem no crime, mas a pena a ser fixada para cada um, em concreto, depende da culpabilidade individualmente revelada. Se a participação for de menor importância, a pena pode ser diminuída de um sexto a um terço. Se algum dos concorrentes quis participar de crimes menos grave, ser-lhe-á aplicada a pena deste; essa pena será aumentada até metade, na hipótese de ter sido previsível o resultado mais grave.

A lei deixa claro que perdurará a responsabilidade da pessoa jurídica, ainda que de forma parcial, na hipótese de alteração contratual, transformação, incorporação, fusão ou cisão societária.

Com a economia globalizada, há uma tendência de concentração de capitais e segmentos de produtos por grupos empresariais. Esta tendência ocorre em função da concorrência de mercado e da necessidade de redução nos custos operacionais na empresa, como forma de manter o produto competitivo no mercado consumidor. Para manter a competitividade de seus produtos e serviços, e ampliar a distribuição dos mesmos, muitas empresas utilizam-se de estratégias econômicas como a incorporação, a fusão e a cisão, com regulamentação nos artigos 223 a 234 da Lei n. 6.404/76.

A incorporação é a operação pela qual uma ou mais sociedades são absorvidas por outra, que lhes sucede em todos os direitos e obrigações. Na incorporação a sociedade incorporada deixa de existir, mas a empresa incorporadora continuará com a sua personalidade jurídica.

A fusão é a operação pela qual se unem duas ou mais sociedades para formar sociedade nova, que lhes sucederá em todos os direitos e obrigações. Na fusão, todas as sociedades fusionadas se extinguem para dar lugar à formação de uma nova sociedade com personalidade jurídica distinta daquelas.

A cisão é a operação pela qual a companhia transfere parcelas do seu patrimônio para uma ou mais sociedades, constituídas para esse fim ou já existentes, extinguindo-se a companhia cindida, se houver versão de todo o seu patrimônio, ou dividindo-se o seu capital, se parcial a cisão.

Nas hipóteses de fusão e incorporação, a responsabilidade da sucessora será restrita à obrigação de pagamento de multa e reparação integral do dano causado, até o limite do patrimônio transferido, não lhe sendo aplicáveis as demais sanções previstas na Lei n. 12.846/13, se decorrentes de atos e fatos ocorridos antes da data da fusão ou incorporação, exceto no caso de simulação ou evidente intuito de fraude, devidamente comprovados. As sociedades controladoras, controladas, coligadas ou, no âmbito do respectivo contrato, as consorciadas serão solidariamente responsáveis pela prática dos atos previstos na referida lei, restringindo-se tal responsabilidade à obrigação de pagamento de multa e reparação integral do dano causado.

Capítulo II

Dos Atos Lesivos À Administração Pública Nacional ou Estrangeira

> Art. 5º Constituem atos lesivos à administração pública nacional ou estrangeira, para os fins desta Lei, todos aqueles praticados pelas pessoas jurídicas mencionadas no parágrafo único do art. 1º, que atentem contra o patrimônio público nacional ou estrangeiro, contra princípios da administração pública ou contra os compromissos internacionais assumidos pelo Brasil, assim definidos:
>
> I – prometer, oferecer ou dar, direta ou indiretamente, vantagem indevida a agente público, ou a terceira pessoa a ele relacionada;
>
> II – comprovadamente, financiar, custear, patrocinar ou de qualquer modo subvencionar a prática dos atos ilícitos previstos nesta lei;
>
> III – comprovadamente, utilizar-se de interposta pessoa física ou jurídica para ocultar ou dissimular seus reais interesses ou a identidade dos beneficiários dos atos praticados;
>
> IV – no tocante a licitações e contratos:
>
> a). frustrar ou fraudar, mediante ajuste, combinação ou qualquer outro expediente, o caráter competitivo de procedimento licitatório público;
>
> b). impedir, perturbar ou fraudar a realização de qualquer ato de procedimento licitatório público;
>
> c). afastar ou procurar afastar licitante, por meio de fraude ou oferecimento de vantagem de qualquer tipo;

> d). fraudar licitação pública ou contrato dela decorrente;
>
> e). criar, de modo fraudulento ou irregular, pessoa jurídica para participar de licitação pública ou celebrar contrato administrativo;
>
> f). obter vantagem ou benefício indevido, de modo fraudulento, de modificações ou prorrogações de contratos celebrados com a administração pública, sem autorização em lei, no ato convocatório da licitação pública ou nos respectivos instrumentos contratuais;
>
> g). manipular ou fraudar o equilíbrio econômico-financeiro dos contratos celebrados com a administração pública;
>
> V – dificultar atividade de investigação ou fiscalização de órgãos, entidades ou agentes públicos, ou intervir em sua atuação, inclusive no âmbito das agências reguladoras e dos órgãos de fiscalização do sistema financeiro nacional.
>
> § 1º Considera-se administração pública estrangeira os órgãos e entidades estatais ou representações diplomáticas de país estrangeiro, de qualquer nível ou esfera de governo, bem como as pessoas jurídicas controladas, direta ou indiretamente, pelo poder público de país estrangeiro.
>
> § 2º Para os efeitos desta Lei, equiparam-se à administração pública estrangeira as organizações públicas internacionais.
>
> § 3º Considera-se agente público estrangeiro, para os fins desta Lei, quem, ainda que transitoriamente ou sem remuneração, exerça cargo, emprego ou função pública em órgãos, entidades estatais ou em representações diplomáticas de país estrangeiro, assim como em pessoas jurídicas controladas, direta ou indiretamente, pelo poder público de país estrangeiro ou em organizações públicas internacionais.

O capítulo cuida dos atos lesivos praticados pelas sociedades empresárias, pelas fundações ou associações tendo como objeto jurídico o patrimônio público nacional ou estrangeiro, os princípios da administração pública e os compromissos internacionais assumidos pelo Brasil.

Numa visão mais ampla, patrimônio público é o conjunto de bens e direitos de valor econômico, artístico, histórico e turístico pertencentes a todos os membros da sociedade formando o acervo de uma nação. Numa concepção restrita, é o conjunto de bens e direitos, mensurável financeiramente, que pertence à União, a um Estado, a um Município, a uma autarquia ou empresa pública (art. 1º, § 1º da Lei n. 4.717/65).

Relativamente aos princípios constitucionais da legalidade, moralidade, impessoalidade, publicidade e eficiência com previsão no art. 37, *caput*, da Constituição Federal, deve-se somar, segundo a doutrina administrativista, o da licitação pública, prescritibilidade dos ilícitos administrativos, responsabilidade civil da administração, além do principio da razoabilidade, também denominado de proporcionalidade (art. 37, inc. XXI e § 5º e § 6º, CF).

O princípio da legalidade encontra fundamento constitucional no art. 5, II, quando estabelece que ninguém será obrigado a fazer ou deixar de fazer alguma coisa senão em virtude de lei. A legalidade como principio da administração pública impõe ao administrador, no decorrer de sua atividade funcional, a estrita sujeição às normas legais e às exigências do bem comum, deles não podendo se afastar sob pena de responsabilidade civil, criminal e disciplinar.

Em decorrência do principio da legalidade, o administrador público não pode agir contra a lei ou além dela, somente podendo praticar conduta nos estritos limites legais. Neste sentido, lembra Kildare Gonçalves de Carvalho, que diferentemente do indivíduo, que é livre para agir, podendo fazer tudo o que a lei não proíbe o administrador somente poderá fazer o que a lei manda ou permite[7].

Na jurisprudência, reforçando o principio da legalidade, o Supremo Tribunal Federal editou a Súmula 473 pela qual a administração pode anular seus próprios atos, quando eivados de vícios que os tornem ilegais, porque deles não se originam direitos, ou revogá-los, por motivo de conveniência ou oportunidade, respeitados os direitos adquiridos e ressalvada, em todos os casos, a apreciação judicial.

A moralidade administrativa como princípio constitui a própria *ratio* da validade do ato administrativo. Pela doutrina dominante, o administrador em seu campo de atuação, deverá decidir segundo a moral jurídica, agindo não só entre o legal e o ilegal, o conveniente e

---

[7] GONÇALVES, Kildare Carvalho, *Direito Constitucional Didático*, Del Rey, BH, 2003, p. 301.

o inconveniente, mas também entre o honesto e o desonesto. A ideia de moral administrativa não se vincula às convicções do agente público, mas sim à noção de atuação adequada e ética existente no grupo social. Nesse sentido, o Supremo Tribunal Federal, pelo Ministro Celso de Mello, deixou assentado que a atividade estatal, qualquer que seja o domínio institucional de sua incidência, está necessariamente subordinada à observância de parâmetros ético-jurídicos que se refletem na consagração constitucional do princípio da moralidade administrativa. Esse postulado fundamental, que rege a atuação do Poder Público, confere substância e dá expressão a uma pauta de valores éticos sobre os quais se funda a ordem positiva do Estado. O princípio constitucional da moralidade administrativa, ao impor limitações ao exercício do poder estatal, legitima o controle jurisdicional de todos os atos do Poder Público que transgridam os valores éticos que devem pautar o comportamento dos agentes e órgãos governamentais[8].

A impessoalidade funda-se no postulado da isonomia e tem desdobramentos na Carta de 1988 em seu art. 37, inc. II, que impõe concurso público para o ingresso em cargo ou emprego público e no inciso XXI, quando exige que as licitações públicas assegurem igualdade de condições a todos os concorrentes. O princípio da impessoalidade impõe, ainda, que a administração esteja desvinculada da pessoa do administrador, porque os atos públicos não são praticados em seu nome, e sim pela administração de que ele é parte. Neste particular, o § 1º do art. 37 da Constituição Federal é muito claro ao dispor que a publicidade dos atos, programas, obras, serviços e campanhas dos órgãos deverá ter caráter educativo, informativo ou de orientação social, dela não podendo constar nomes, símbolos ou imagens que caracterizem promoção pessoal de autoridades ou servidores públicos.

O princípio da publicidade consolida o ideal republicano de que todo poder emana do povo, inclusive o de fiscalização das atividades administrativas pelos administrados. Assim, ele visa assegurar transparência no trato com a coisa pública, pois o seu gestor é simples delegatário e não o seu proprietário, tendo por isso, o dever de dar conhecimento pleno de sua gestão. O art. 5º, XXXIII da Constituição Federal assegura ao indivíduo o direito de receber dos órgãos

---

8 ADIn 2.661, DJ 23/08/02.

públicos informações de seu interesse particular, ou de interesse coletivo ou geral, que serão prestadas no prazo legal, sob pena de responsabilidade, ressalvadas aquelas cujo sigilo seja imprescindível à segurança da sociedade e do Estado. A publicação em órgão oficial constitui, também, requisito de eficácia dos atos administrativos que devam produzir efeitos externos ou impliquem oneração do patrimônio público.

O princípio da eficiência, introduzido no cenário constitucional pela Emenda n. 19/98, segundo Kildare Goncalves de Carvalho, relaciona-se com as normas da boa administração no sentido de que a administração pública, em todos os seus setores, deve concretizar suas atividades com vistas a extrair o maior número possível de efeitos positivos ao administrado, sopesando a relação custo-benefício, buscando a excelência de recursos, enfim, dotando de maior eficácia possível as ações do Estado[9].

Para Maria Sylvia Di Pietro, o princípio apresenta dupla necessidade, pois se relaciona com a forma de atuação do agente público, de quem se espera o melhor desempenho possível de suas atribuições, a fim de obter melhores resultados, além de conectar-se ao modo de organizar, estruturar e disciplinar a administração pública, exigindo que ela seja a mais racional possível, no intuito de alcançar melhores resultados na prestação dos serviços públicos[10].

Enquadra-se aos termos do art. 5º da lei todos aqueles atos que atentem contra o patrimônio público nacional ou estrangeiro, contra os princípios da administração pública ou contra os compromissos internacionais assumidos pelo Brasil, seja subornando agentes públicos (inc. I); subvencionando a prática de ilícitos (inc. II); utilizando "laranjas" para ocultar os beneficiários dos atos (inc. III) ou criando empecilhos à investigação e à fiscalização (inc. V).

Em relação às licitações, justapõem-se ao dispositivo legal os comportamentos que visem frustrar a licitação; obter de modo fraudulento benefício indevido; manipular o equilíbrio econômico-financeiro de

---

9 *Ob. cit.*, p. 303.

10 DI PIETRO, Maria Sylvia Zanella, *Direito Administrativo*, 10ª ed., SP, Atlas, 1998, p. 73.

contrato; criar de modo fraudulento pessoa jurídica para participar de licitação ou celebrar contrato administrativo (inc. IV).

A figura do suborno, inserida no inc. I do art. 5º da lei tem correspondência no art. 333 do Código Penal que descreve o delito de corrupção ativa. O núcleo do tipo é *prometer, oferecer ou dar* direta ou indiretamente vantagem indevida. Os dois primeiros verbos indicam a proposta para que a vantagem seja aceita, pressupondo uma obrigação de dar a vantagem indevida, já o terceiro retrata o próprio recebimento da vantagem oferecida, sendo indispensável que se trate de ato de ofício e que ele se enquadre nas atribuições do agente público. Nas duas primeiras modalidades a infração se consuma com a simples promessa ou oferecimento, ainda que a vantagem seja repelida pelo funcionário ou por terceira pessoa a ele relacionada.

Considera-se também comportamento lesivo à administração pública nacional ou estrangeira, a ação daquele que, comprovadamente financiar; custear; patrocinar ou de qualquer modo subvencionar a pratica dos atos ilícitos previstos na Lei n. 12.846/13, bem como aquele que se utiliza de outra pessoa física ou jurídica para ocultar ou dissimular seus reais interesses ou a identidade dos beneficiários dos atos praticados (inc. II e III, do art. 5º). O patrocinador da atividade ilícita praticada por terceira pessoa, assim como aquele que utiliza interposta pessoa (laranja) para ocultar-se, teve tratamento próprio na legislação, pois até então era considerado coautor das ações praticadas em seu nome ou sujeito do delito de falsidade ideológica do art. 299 do Código Penal.

No tocante às licitações e contratos administrativos, algumas hipóteses de atos lesivos à administração da Lei n. 12.846/13 constituem novidade, como a que prevê a criação, de modo fraudulento ou irregular, de pessoa jurídica para participar de licitação pública ou celebrar contrato administrativo; a que se refere à obtenção de vantagem ou benefício indevido, de modo fraudulento, de modificações ou prorrogações de contratos celebrados com a administração pública, sem autorização em lei, no ato convocatório da licitação pública ou nos respectivos instrumentos contratuais e a que prevê a manipulação ou a fraude no equilíbrio econômico financeiro dos contratos celebrados com a administração pública.

Outras previsões normativas encontram correspondência no rol dos crimes elencados na Lei n. 8.666/93, que institui normas para licitações e contratos da Administração Pública, como a alínea **a; b; c; d** e os arts. **90; 93; 95; 96**, respectivamente[11].

São passíveis de responsabilização civil objetiva as ações das pessoas jurídicas que dificultem as atividades de investigação ou fiscalização de órgãos, entidades ou agentes públicos, ou intervenham em sua atuação, inclusive no âmbito das agências reguladoras e dos órgãos de fiscalização do sistema financeiro nacional (inc. V, do art. 5º).

Ao impor sanções no caso de sonegação indevida de informações; destruição de elementos de provas; criação de obstáculos ao exame de documentos ou a realização de perícias, objetiva a norma, oferecer uma rede de proteção para a atividade fiscalizadora do Estado, em especial para os setores que possui a função de monitorar determinados segmentos, como é o caso do Banco Central relativamente ao mercado financeiro, a Receita Federal na arrecadação dos tributos e o

---

[11] Art. 90. Frustrar ou fraudar, mediante ajuste, combinação ou qualquer outro expediente, o caráter competitivo do procedimento licitatório, com o intuito de obter, para si ou para outrem, vantagem decorrente da adjudicação do objeto da licitação.
Pena – detenção de 2 a 4 anos e multa.
Art. 93 – Impedir, perturbar ou fraudar a realização de qualquer ato de procedimento licitatório.
Pena – detenção de 6 meses a 2 anos e multa.
Art. 95 – Afastar ou procurar afastar licitante, por meio de violência, grave ameaça, fraude ou oferecimento de vantagem de qualquer tipo.
Pena – detenção de 2 a 4 anos e multa, além da pena correspondente à violência.
Parágrafo único – Incorre na mesma pena quem se abstém ou desiste de licitar, em razão da vantagem oferecida.
Art. 96 – Fraudar, em prejuízo da Fazenda Pública, licitação instaurada para aquisição ou venda de bens ou mercadorias, ou contrato dela decorrente:
I-elevando arbitrariamente os preços;
II-vendendo como verdadeira ou perfeita, mercadoria falsificada ou deteriorada;
III-entregando uma mercadoria por outra;
IV-alterando substância, qualidade ou quantidade da mercadoria fornecida;
V-tornando, por qualquer modo, injustamente, mais onerosa a proposta ou a execução do contrato.
Pena – detenção de 3 a 6 anos e multa.

Ministério Público no inquérito civil e na ação civil pública[12]. Nestas hipóteses, se a pessoa jurídica infratora for condenada a multa ou ao perdimento de bens, direitos ou valores, eles serão revertidos preferencialmente em benefício dos órgãos ou entidades lesadas (art. 24 da Lei n. 12.846/2013).

Resta saber se o rol dos atos lesivos à Administração Pública, contido no art. 5º da lei, é exemplificativo, devendo tal regra ser interpretada teleologicamente, para punir todo ato praticado por pessoa jurídica, que atentar conta o patrimônio público nacional ou estrangeiro, ou contra os princípios da administração pública, ou ainda contra os compromissos internacionais assumidos pelo Brasil, ou se é uma relação fechada, estanque, que não pode ser distendida pelo intérprete, tendo em vista o seu caráter sancionatório.

Aníbal Bruno, sem pretender insistir sobre os numerosos critérios propostos com o fim de fixar uma diferença marcante entre o ilícito penal e o ilícito civil, afirma que uma análise mesmo superficial revela a inanidade de todas essas doutrinas, pois nenhuma pôde vencer as criticas e ficar como solução definitiva. É que antes de tudo o problema fora mal formulado: o que se buscava era inexistente, não há diferença em substância entre o ilícito penal e o ilícito civil. O que os

---

12 "O poder de investigação do Estado é dirigido a coibir atividades afrontosas à ordem jurídica e a garantia do sigilo bancário não se estende às atividades ilícitas. A ordem jurídica confere explicitamente poderes amplos de investigação ao Ministério Público no art. 129, incisos VI, VIII, da Constituição Federal, e art. 8º, incisos II e IV, e § 2º, da Lei Complementar n. 75/93. Não cabe ao Banco do Brasil negar ao Ministério Público, informações sobre nomes de beneficiários de empréstimos concedidos pela instituição, com recursos subsidiados pelo erário federal, sob invocação do sigilo bancário, em se tratando de requisição de informações e documentos para instruir procedimento administrativo instaurado em defesa do patrimônio público. Princípio da publicidade, *ut* art. 37 da Constituição. No caso concreto, os empréstimos concedidos eram verdadeiros financiamentos públicos, porquanto o Banco do Brasil os realizou na condição de executor da política creditícia e financeira do Governo Federal, que deliberou sobre sua concessão e ainda se comprometeu a proceder à equalização da taxa de juros, sob a forma de subvenção econômica ao setor produtivo, de acordo com a Lei n. 8.427/92. Mandado de Segurança indeferido. (STF, MS 21729, relator Ministro Marco Aurélio, relator para o acórdão Ministro Néri da Silveira, DJU 19.10.2001, p. 33).

distingue é antes questão de grau que de essência. Todo ilícito é uma contradição à lei, uma rebelião contra a norma, expressa na ofensa ou ameaça a um bem ou interesse por esta tutelado. A importância social atribuída a esse bem ou interesse jurídico é, em grande parte, o que determina a natureza da sanção[13].

Para Cretella Júnior, no campo do Direito, o ilícito alça-se à altura de categoria jurídica e, como entidade categorial é revestida de unidade ôntica, diversificada em penal, civil, administrativa, apenas para efeito de integração, neste ou naquele ramo, evidenciando-se a diferença quantitativa ou em grau, não a diferença de substância. Deste modo, o ilícito administrativo caminha em plano menos elevado do que o ilícito penal. É um *minus* em relação a este, separando-os o matiz de oportunidade e conveniência, avaliado pelo critério axiológico, possível na esfera discricionária do administrador e do magistrado, contingente ao tempo e às áreas geográficas[14].

No Direito Penal, como bem considera Reale Júnior, se a Parte Geral do Código Penal decorre do princípio da legalidade, fixando diretrizes comuns de eficácia das normas incriminadoras, é evidente que, também, as estruturas normativas que a compõem devem estar revestidas de caráter típico, sendo um enunciado de dados elementares, cuja presença é de se verificar na realidade, constatando-se a congruência do abstrato e do concreto [15].

O princípio da legalidade, base estrutural do próprio Estado de Direito, é também a pedra angular de todo o Direito Penal que aspire à segurança jurídica, compreendida não apenas na acepção da previsibilidade da intervenção do poder punitivo do estado, que lhe confere Roxin[16]., mas também na perspectiva subjetiva do sentimento de segurança jurídica, que postula Zafaroni[17]. Além de assegurar a possibilidade do prévio conhecimento dos crimes e das penas, o princípio

---

13 *Ob. cit*. p. 294.

14 CRETELLA JR, José, Prática do Processo Administrativo, SP, RT, 1988, p. 118.

15 Reale Júnior, Miguel, *Parte Geral do Código Penal*, S.P., Ed. RT, 1988, p. 25.

16 Roxin, *Iniciación al derecho penal de hoy*, Trad. M. Conde e L. Peña, Sevilha, 1981, p. 98.

17 Zaffaroni, E. Raúl, *Manual de derecho penal,* B. Aires, 1986, Ed. Ediar, 5ª ed., p. 49.

garante que o cidadão não será submetido à coerção penal distinta daquela predisposta na lei. O princípio da legalidade está inscrito na Declaração Universal dos Direitos do Homem, na Convenção Americana sobre Direitos Humanos e na Constituição da República Federativa do Brasil. Tal não se dá nos ilícitos civis ou administrativos.

A doutrina aponta no sentido de que os ilícitos penais são típicos e os ilícitos administrativos são atípicos. Tal fato encontra a sua base na discricionariedade de que é dotada parte do poder estatal. Segundo esse posicionamento, basta que a lei defina genericamente a infração, para que a autoridade administrativa aplique a pena, usando nessa aplicação, de uma larga margem de poder discricionário[18].

Também pela atipicidade do ilícito disciplinar, Di Prietro[19], para quem são muito poucas as infrações descritas na lei, como ocorre com o abandono de cargo. A maior parte delas fica sujeita à discricionariedade administrativa diante de cada caso concreto; é a autoridade julgadora que vai enquadrar o ilícito como 'falta grave'; 'procedimento irregular'; 'ineficiência no serviço'; 'incontinência pública', ou outras infrações previstas de modo indefinido na legislação estatutária. Para esse fim, deve ser levada em consideração a gravidade do ilícito e as consequências para o serviço público.

Não obstante as abalizadas opiniões, o Direito Administrativo sancionador, no que se refere à previsão da conduta ilícita e das penas cabíveis, possui natureza de Direito Penal, enquanto objetiva inibir determinadas condutas prejudiciais à administração pública, o que leva necessariamente a lei a oferecer aos acusados garantia de objetividade, no procedimento para a apuração das faltas disciplinares, até porque, com a tendência jurisdicionalizante do processo disciplinar, há uma sensível diminuição do poder discricionário das autoridades.

Adotando uma posição crítica sobre a indeterminação conceitual dos tipos disciplinares, por representar agressão ao princípio da segurança jurídica, Heleno Taveira Tôrres pondera que um Direito será definido como 'seguro' quando dele possa decorrer previsibilidade,

---

18 CAVALCANTI, Themistocles Brandão, *Direito e Processo Disciplinar*, 2ª ed., RJ, FGV, 1996, p. 72.

19 DI PRIETRO, Maria Sylvia Zanella, *Direito Administrativo*, 19ª ed., SP, Atlas, 2006, p. 515.

pela certeza, legalidade, respeito à hierarquia normativa e publicidade, e quando fique garantida a isonomia, a irretroatividade do fato não favorável, e a interdição da arbitrariedade. Com isso, figuram como inteiramente incompatíveis atuações discricionárias da administração, bem como o uso de conceitos indeterminados[20].

Com precisão o Ministro Gilmar Mendes afirma que o princípio da segurança jurídica, elemento fundamental do Estado de Direito, exige que as normas restritivas sejam dotadas de clareza e precisão, permitindo que o eventual atingido possa identificar a nova situação jurídica e as consequências que dela decorrem. Portanto, clareza e determinação significam cognoscibilidade dos propósitos do legislador[21].

Assim, percebe-se na atualidade, uma preocupação no sentido da limitação da discricionariedade na decisão da autoridade julgadora em matéria administrativa punitiva, para a preservação de caras garantias constitucionais, como a que estabelece o devido processo legal material.

O Supremo Tribunal Federal já proclamou que o Estado, em tema de punições disciplinares ou de restrição de direitos, qualquer que seja o destinatário de tais medidas, não pode exercer a sua autoridade de maneira abusiva ou arbitrária, desconsiderando, no exercício de sua atividade, o postulado da plenitude de defesa, pois o reconhecimento da legitimidade ético-jurídica de qualquer medida estatal que importe em punição disciplinar ou em limitação de direitos exige, ainda que se cuide de procedimento meramente administrativo (CF, art. 5º, LVI), a fiel observância do princípio do devido processo legal[22].

A jurisprudência da Suprema Corte tem reafirmado a essencialidade desse princípio, nele reconhecendo uma insuprimível garantia, que, instituída em favor de qualquer pessoa ou entidade, rege e condiciona o exercício, pelo poder público, de sua atividade, ainda que em sede materialmente administrativa, pena de nulidade do próprio ato punitivo ou da medida restritiva de direitos.

---

20 TÔRRES, Heleno Taveira, *Limites do Planejamento Tributário*, SP, Dialética, 2001, p. 133.

21 MENDES, Gilmar Ferreira, *Direitos Fundamentais e Controle de Constitucionalidade. Estudos de Direito Constitucional*, SP, Celso Bastos Editor, 1999, p. 39.

22 Agravo de Instrumento n. 241.201.

Não obstante tenha o Direito Administrativo sancionador vinculação com outras áreas do Direito, sem dúvida que a sua aproximação com o Direito Penal é notória, já que espécies do mesmo gênero; Direito Público com carga punitiva. Esse estreito vínculo se dá, de maneira especial, na natureza dos ilícitos e, portanto, na necessidade de adoção dos mesmos princípios constitucionais, notadamente o da legalidade, a fim de evitar que a autoridade incorra em arbitrariedade e abuso de poder. Essa é a razão fundamental para não se considerar como meramente exemplificativo o rol dos atos lesivos à Administração Pública, contido no art. 5º da Lei n. 12.846/2013. Trata-se de matéria de direito estrito e, assim, não pode comportar aplicação analógica. Ali não há uma enumeração exemplificativa, mas taxativa. Fosse exemplificativa não haveria necessidade de se elencarem todas aquelas hipóteses.

A lei considerou como administração pública estrangeira os órgãos e entidades estatais ou representações diplomáticas de país estrangeiro, de qualquer nível ou esfera de governo, bem como as pessoas jurídicas controladas, direta ou indiretamente, pelo poder público de país estrangeiro. Equiparou, também, à administração pública estrangeira as organizações públicas internacionais, e, considerou como agente público estrangeiro aquele que, mesmo transitoriamente ou sem remuneração, exerça cargo, emprego ou função pública em órgãos, entidades estatais ou em representações diplomáticas de país estrangeiro, assim como as pessoas jurídicas controladas, direta ou indiretamente, pelo poder público de país estrangeiro ou em organizações públicas internacionais.

Capítulo III

Da Responsabilização Administrativa

> Art. 6º Na esfera administrativa serão aplicadas às pessoas jurídicas consideradas responsáveis pelos atos lesivos previstos nesta Lei as seguintes sanções:
>
> I- multa, no valor de 0,1% (um décimo por cento) a 20% (vinte por cento) do faturamento bruto do último exercício anterior ao

da instauração do processo administrativo, excluídos os tributos, a qual nunca será inferior à vantagem auferida, quando for possível sua estimação; e

II-publicação extraordinária da decisão condenatória.

§1º as sanções serão aplicadas fundamentadamente, isolada ou cumulativamente, de acordo com as peculiaridades do caso concreto e com a gravidade e natureza das infrações.

§2º a aplicação das sanções previstas neste artigo será precedida da manifestação jurídica elaborada pela Advocacia Pública ou pelo órgão de assistência jurídica, ou equivalente, do ente público.

§3º a aplicação das sanções previstas neste artigo não exclui, em qualquer hipótese, a obrigação da reparação integral do dano causado.

§4º na hipótese do inciso I do *caput*, caso não seja possível utilizar o critério do valor do faturamento bruto da pessoa jurídica, a multa será de R$ 6.000,00 (seis mil reais) a R$ 60.000,00 (sessenta mil reais).

§5º a publicação extraordinária da decisão condenatória ocorrerá na forma de extrato de sentença, a expensas da pessoa jurídica, em meios de comunicação de grande circulação na área da prática da infração e de atuação da pessoa jurídica ou, na sua falta, em publicação de circulação nacional, bem como por meio de afixação de edital, pelo prazo mínimo de 30 (trinta) dias, no próprio estabelecimento ou no local de exercício da atividade, de modo visível ao público, e no sítio eletrônico na rede mundial de computadores.

Art. 7º Serão levados em consideração na aplicação das sanções:

I.a gravidade da infração;

II.a vantagem auferida ou pretendida pelo infrator;

III.a consumação ou não da infração;

IV.o grau de lesão ou perigo de lesão;

V. o efeito negativo produzido pela infração;

VI. a situação econômica do infrator;

VII. a cooperação da pessoa jurídica para a apuração das infrações;

VIII. a existência de mecanismos e procedimentos internos de integridade, auditoria e incentivo à denúncia de irregularidades e a aplicação efetiva de códigos de ética e de conduta no âmbito da pessoa jurídica;

IX. o valor dos contratos mantidos pela pessoa jurídica com o órgão ou entidade pública lesados.

Parágrafo único. Os parâmetros de avaliação de mecanismos e procedimentos previstos no inciso VIII do *caput* serão estabelecidos em regulamento do Poder Executivo federal.

Quanto à relação das condutas ilícitas nada de novo, pois, a maioria delas já constava nas Leis de Improbidade[23], Licitações[24], CADE[25] ou Código Penal[26]. No entanto, a novidade é que ela permite, em qualquer caso, a punição da empresa, o que não se dá na Lei de Licitações e no Código Penal, onde as penas têm como destinatários as pessoas físicas. E mais, ela prevê a responsabilização de uma empresa por ato lesivo à administração pública, sem a participação de um agente público, o que não é possível pela Lei de Improbidade, que objetiva especialmente a punição destes e somente de forma indireta a dos particulares que se beneficiarem do ato.

A pessoa jurídica cujo empregado ou administrador praticar qualquer dos atos lesivos constantes do art. 5º, sem prejuízo de ressarcir o erário, poderá sofrer punição na esfera administrativa e judicial, com multa de até 20% do faturamento bruto; obrigação de publicar a decisão condenatória; perdimento de bens, direitos ou valores que representem vantagem ou proveito direta ou indiretamente obtido da infração; suspensão ou interdição parcial de suas atividades; dissolução compulsória da pessoa jurídica ou proibição de receber incentivos, subsídios, subvenções, doações ou empréstimos de órgãos ou entidades públicas e de instituições financeiras públicas ou controladas pelo poder público, pelo prazo de até cinco anos.

A busca por novas formas de controle social é um desafio a partir da crise que se abateu sobre a pena privativa de liberdade. Novas

---

23 Lei n. 8.429/92 – arts. 9º; 10 e 11.

24 Lei n. 8.666/93 – arts. 89 até 99.

25 Lei n. 12.529/2011 – art. 36.

26 Arts. 317; 333 e 337-B.

ideias surgiram para substituí-la ou diminuir o seu campo de incidência, seja através do princípio da intervenção mínima, com a descriminalização de condutas que possam ser sancionadas pelo direito administrativo com maior eficácia, seja pela despenalização de delitos com menor potencial ofensivo. A pena de perda de bens e valores, prevista na Constituição Federal e regulamentada pela Lei n. 9.714/98, surge nesse cenário como alternativa penal adequada para coibir delitos econômicos e patrimoniais, além daqueles praticados por pessoas jurídicas, entre outros, tendo em vista que impõe uma consequência jurídica semelhante à lesão praticada, com perda patrimonial correspondente à vantagem obtida.

Alceu Corrêa Junior, em excelente trabalho,[27] afirma que o perdimento de bens por enriquecimento ilícito na função pública pode ser imposto como efeito da condenação criminal, incluído no efeito genérico previsto no art. 91, II, *b* do CP, ou como sanção administrativa que deve ser cominada e aplicada em caso de infração de natureza também administrativa, ou seja, prevista em normas de Direito Administrativo. Lembra que o perdimento de bens como sanção administrativa encontra, tradicionalmente, previsão legal no ordenamento jurídico nacional, inclusive com amparo constitucional.

De fato, a sanção administrativa de perdimento de bens foi prevista em algumas Constituições no Brasil, com tratamento diferente em relação à pena de confisco que algumas vedavam, levando Pontes de Miranda a traçar uma distinção clara entre a pena de confisco e o perdimento de bens na Constituição de 1946, afirmando que ela proibia o confisco como sanção penal, mas não o perdimento de bens no caso de enriquecimento injustificado no exercício da função pública[28].

Entretanto, pondera o autor que, ao contrário de suas antecessoras, a Constituição de 1988 não especificou que o perdimento de bens, como sanção administrativa, tem como meta as hipóteses de dano ao erário ou de enriquecimento ilícito na função pública, bem como deixou de prever o perdimento de bens juntamente com a sanção penal de confisco, não distinguindo com isso a sanção administrativa

---

27 *Confisco Penal,* IBCCRIM, SP, 2006, p. 42.

28 *Comentários à Constituição de 1946*, 2ª ed., SP, Max Limonad, 1953, v. 4, p. 420.

da sanção penal ou do efeito da condenação criminal[29]. Ressalte-se que a previsão do perdimento de bens em conjunto com as sanções penais também não seria adequada na atual Carta, visto que o constituinte reservou capítulo próprio para tratar da Administração Pública (Capítulo VII, Título III), além de dispositivo constitucional específico para as sanções aplicáveis às infrações desta natureza (art. 37, § 4º). A única referência ao mencionado perdimento de bens na Constituição Federal encontra-se no art. 5º, XLV, onde se consagra o princípio da personalidade da pena e ressalva que a obrigação de reparar o dano e a decretação do perdimento de bens não se submetem à restrição da intranscendência da sanção[30].

Tratada no Código Penal em seu art. 45, § 3º, a perda de bens e valores pertencentes aos condenados dar-se-á, ressalvada a legislação especial, em favor do Fundo Penitenciário Nacional, e seu valor terá como teto – o que for maior – o montante do prejuízo causado ou do provento obtido pelo agente ou por terceiro, em consequência da prática do crime. É punição decorrente da prática do ilícito penal, que incide sobre o direito de propriedade, com perda patrimonial em favor do Estado, de bens e valores adquiridos licitamente pelo condenado. Está relacionada entre as penas restritivas de direitos, caracterizando-se como sanção autônoma que não pode ser aplicada conjuntamente com a privação da liberdade, já que existe para substituí-la, podendo, no entanto, ser cumulada com a pena de multa, sendo aplicável a muitas espécies de delitos, desde que verificado o prejuízo econômico ou o proveito de igual natureza ao seu autor ou a terceiro.

Embora no Brasil a pena privativa de liberdade constitua a regra, mesmo nos chamados delitos econômicos, observa-se pela sistemática de sua substituição do art. 44 do Código Penal, que o encarceramento nas infrações penais de médio potencial ofensivo, cedeu terreno para as medidas alternativas, as quais são aplicáveis obrigatoriamente quando a pena fixada não é superior a quatro anos.

---

29 *Ob. cit.* p. 45.

30 Art. 5º, XLV, CF: Nenhuma pena passará da pessoa do condenado, podendo a obrigação de reparar o dano e a decretação do perdimento de bens ser, nos termos da lei, estendidas aos sucessores e contra eles executadas, até o limite do valor do patrimônio transferido.

Assim é que a Lei n. 9.613/98, ao estabelecer os crimes de lavagem de capitais com pena privativa de liberdade variando de 3 a 10 anos de reclusão e multa, admite a substituição quando a pena aplicada fique próxima do mínimo legal, não ultrapassando a 4 anos. Tratando-se de delito em que o autor obtém proveito econômico ou possibilita que terceiro o obtenha, pois as condutas típicas referem-se a transações econômicas realizada com recursos ilícitos, na hipótese de aplicação do art. 44 do Código Penal, os bens submetidos ao confisco seriam aqueles adquiridos de forma lícita pelo condenado, ou seja, bens ou valores constituídos de seu patrimônio legalmente constituído. Por outro lado, adverte Alceu Corrêa Junior, independente da pena a ser efetivamente aplicada, substituída ou não a prisão, a lei estabelece como efeito da condenação criminal a perda, em favor da União, dos bens, direitos e valores que sejam objeto de crime, ressalvado o direito do lesado ou de terceiro de boa-fé (art. 7º, I). Tais bens, direitos ou valores, para que sejam confiscados, devem caracterizar-se como provenientes direta ou indiretamente de crime de tráfico de drogas, terrorismo, contrabando ou tráfico de armas, extorsão mediante sequestro, contra a Administração Pública, contra o sistema financeiro nacional, ou praticado por organização criminosa (art. 1º). Dispensa-se, porém, que os bens, direitos ou valores sejam intrinsecamente ilícitos[31].

A Lei n. 7.492/86, que define os crimes contra o sistema financeiro nacional, estabelecendo pena privativa de liberdade e multa, em seus diversos tipos penais, também segue a mesma regra. A quantidade da pena de prisão varia de acordo com a importância do bem jurídico protegido, porém em todos os casos de delito contra o sistema financeiro, é possível ocorrer a substituição da pena privativa de liberdade por perda de bens e valores, tendo em vista que os limites mínimos são inferiores a quatro anos e não envolvem violência contra a pessoa, o que também é requisito para a substituição. O mesmo se dá nos crimes contra a propriedade industrial (Lei n. 9.279/96); crimes contra as relações de consumo (Lei n. 8.078/90) e crimes falimentares (Lei n. 11.101/2005).

Em se tratando de responsabilidade penal da pessoa jurídica a Constituição Federal estabeleceu a sua incidência nos delitos ambientais

---

31 *Ob. cit.* p. 169.

(art. 225, § 3º), além de sinalizar a possibilidade também nos crimes contra a ordem econômica e financeira e contra a economia popular (art. 173, § 5º). A Lei n. 9.605/98 regulamentou o dispositivo constitucional e estabeleceu regras para as pessoas jurídicas nos casos de crimes contra o meio ambiente. No entanto, não é possível falar em pena privativa de liberdade como medida sancionadora das condutas delituosas praticadas em nome da pessoa jurídica, razão pela qual além da pena de multa, estabeleceu-se, como possível de ser aplicada, a suspensão parcial ou total das atividades, a interdição temporária de estabelecimento, obra ou atividade e a proibição de contratar com o Poder Público, bem como dele obter subsídios, subvenções ou doações (art. 22). A doutrina, no lastro de alguns países como os Estados Unidos e a França, recomenda o confisco de bens entre as sanções penais para os delitos praticados por pessoa jurídica e sugere que a pena tenha sempre valor superior ao lucro obtido pelo autor da conduta criminosa[32].

No Brasil o confisco (perda de bens) não foi previsto pelo sistema de penas estabelecido na lei de crimes ambientais, ressalta Alceu Corrêa Junior, cuja ausência no aparato normativo impede a imposição desta alternativa penal às pessoas jurídicas[33]. No entanto, o art. 24 da mencionada lei comina pena de liquidação forçada e prescreve uma forma de confisco especial ao estabelecer que o patrimônio da pessoa jurídica, constituída ou utilizada preponderantemente com o fim de permitir, facilitar ou ocultar a prática de crime ambiental, será considerado instrumento do crime e, como tal, perdido em favor do Fundo Penitenciário Nacional.

O confisco patrimonial efetivado pela via da liquidação forçada – que equivale a uma verdadeira pena de morte da pessoa jurídica – possui natureza de sanção penal, não obstante previsto como efeito da condenação e, quando utilizado com estrita observância dos princípios constitucionais que limitam a intervenção estatal, constitui um importante instrumento no combate aos crimes praticados por pessoas jurídicas.

---

32 Sérgio Salomão Shecaira, *Responsabilidade Penal da Pessoa Jurídica*, SP, RT, 1998, p. 110.

33 *Ob. Cit., p. 188.*

Por orientação de seu art. 30, a lei anticorrupção deve ser interpretada sistematicamente com a Lei n. 8.429/92, podendo a pessoa jurídica ficar sujeita, cumulativamente, com a pena de multa, as sanções previstas no art. 12 da lei de Improbidade Administrativa, desde que comprovado o dolo ou a culpa de seus dirigentes ou administradores. Da mesma forma ela deve ser compatibilizada também com a Lei n. 8.666/93 e as demais regras que versem sobre as licitações e contratos administrativos, para que o valor da multa imposta nunca seja inferior à vantagem auferida, mas também que incida outras sanções, em especial o impedimento para licitar e contratar com o Poder Público.

O cálculo da multa, a que se refere o art. 6º, I, da Lei n. 12.846/2013, se inicia com a soma dos valores correspondentes aos seguintes percentuais do faturamento bruto da pessoa jurídica do último exercício anterior ao da instauração do PAR, excluídos os tributos:

- 1% a 2,5% havendo continuidade dos atos lesivos no tempo;
- 1% a 2,5% para tolerância ou ciência de pessoas do corpo diretivo ou gerencial da pessoa jurídica;
- 1% a 4% no caso de interrupção no fornecimento de serviço público ou na execução de obra contratada;
- 1% para a situação do infrator com base na apresentação de índice de solvência geral e de liquidez geral superiores a um e de lucro líquido no último exercício anterior ao da ocorrência do ato lesivo;
- 5% no caso de reincidência, assim definida a ocorrência de nova infração, idêntica ou não à anterior, tipificada como ato lesivo pelo art. 5º da Lei n. 12.846/2013, em menos de cinco anos, contados da publicação do julgamento da infração anterior.

No caso de os contratos mantidos ou pretendidos com o órgão ou entidade lesado, serão considerados, na data da prática do ato lesivo, os seguintes percentuais:

- 1% em contratos acima de um milhão e quinhentos mil reais;
- 2% em contratos acima de dez milhões de reais;
- 3% em contratos acima de cinquenta milhões de reais;
- 4% em contratos acima de duzentos e cinquenta milhões de reais;
- 5% em contratos acima de um bilhão de reais.

Do resultado da soma desses fatores serão subtraídos os valores correspondentes aos seguintes percentuais do faturamento bruto da pessoa jurídica do último exercício anterior ao da instauração do PAR, excluídos os tributos:

- 1% no caso de não consumação da infração;

- 1,5% no caso de comprovação de ressarcimento pela pessoa jurídica dos danos a que tenha dado causa;

- 1% a 1,5% para o grau de colaboração da pessoa jurídica com a investigação ou a apuração do ato lesivo, independentemente do acordo de leniência;

- 2% no caso de comunicação espontânea pela pessoa jurídica antes da instauração do PAR acerca da ocorrência do ato lesivo;

- 1% a 4% para comprovação de a pessoa jurídica possuir e aplicar um programa de integridade.

Na ausência de todos esses fatores o valor da multa corresponderá a um décimo por cento do faturamento bruto do último exercício anterior ao da instauração do PAR, excluídos os tributos. Caso não seja possível utilizar o critério do valor do faturamento bruto da pessoa jurídica, o valor da multa será limitado entre seis mil reais e sessenta milhões de reais.

Outra modalidade de punição prevista na lei e que produz enorme impacto negativo na imagem da empresa, é a publicação do resumo da decisão, feita a expensas da empresa condenada, nos meios de comunicação de grande circulação na área da prática da infração e de atuação da pessoa jurídica ou, na sua falta, em publicação de circulação nacional, bem como por meio de afixação de edital, pelo prazo mínimo de 30 (trinta) dias, no próprio estabelecimento ou no local de exercício da atividade, de modo visível ao público e no sítio eletrônico na rede mundial de computadores.

Dentre os vários critérios que devam ser levados em consideração na aplicação das sanções enumerados no art. 7º da Lei n. 12.846/2013, destaca-se a existência de mecanismos e procedimentos internos de integridade, auditoria e incentivo à denúncia de irregularidades e a aplicação efetiva de códigos de ética e de conduta no âmbito da pessoa jurídica. Esse mecanismo, conhecido como *compliance*, nos âmbitos institucional e corporativo formam o conjunto de disciplinas para fazer cumprir as normas legais e regulamentares, as políticas e as diretrizes estabelecidas para as atividades da instituição ou empresa, bem como evitar, detectar e tratar qualquer desvio que possa ocorrer.

Compliance é muito presente nas instituições e empresas. Originada no mercado financeiro, tem se estendido para as mais diversas organizações privadas e governamentais, especialmente aquelas que estão sujeitas a forte regulamentação e controle[34]. Com as atividades de *compliance*, qualquer possível desvio em relação à política interna é identificado e evitado. Com isso, sócios e investidores têm a segurança de que suas aplicações e orientações serão geridas segundo as diretrizes por eles estabelecidas. A partir de meados da década de 90, a maioria das organizações públicas e privadas adotou o *compliance* como um poderoso instrumento para a transparência de suas atividades, ganhando em credibilidade perante as partes com as quais lidam.

Compliance não é sinônimo de auditoria, pois, enquanto esta efetua seus trabalhos de forma aleatória e temporal, por meio de amostragens para certificar-se do cumprimento das normas e processos instituídos pela empresa, *compliance* executa tais atividades de forma rotineira e permanente, monitorando-as para assegurar, a tempo e modo, que os diversos setores da instituição estejam respeitando as regras aplicáveis de cada atividade, ou seja, cumprindo as normas e processos internos para prevenção e controle dos riscos envolvidos em cada ação empresarial.

---

[34] "O *compliance* nas empresas teve origem nas instituições financeiras, com a criação do Banco Central Americano, em 1913, que objetivou a formação de um sistema financeiro mais flexível, seguro e estável, e, logo após a quebra da Bolsa de Nova York de 1929, foi criada a política intervencionista *New Deal*, em uma tentativa de intervir na economia e corrigir as distorções naturais do capitalismo. Apesar de sua origem e seu avançado desenvolvimento, o conceito e os programas de *compliance* não são exclusivos das instituições bancárias, uma vez que compreendem a busca pela aderência entre a ética individual e coletiva, termo anglo-saxão originário do verbo *to comply*, que significa agir de acordo com uma regra, um pedido ou um comando." Renato Almeida Santos, *Compliance como ferramenta de mitigação e prevenção da fraude organizacional.* WWW. CGU.Gov.br., p. 184.

Para Renato Almeida Santos, discutir *compliance* é compreender a natureza e a dinâmica da corrupção e da fraude nas organizações, independentemente de seu ramo de atividade. Entretanto, para as organizações que possuem suas atividades controladas por órgãos reguladores do poder público, por se tratarem de atividades de prestação de serviço público, como, por exemplo, instituições financeiras, distribuição de energia, comunicação, aviação, dentre outras, há uma série de exigências legais que devem cumprir, sob pena de até mesmo serem impedidas de exercerem suas atividades, sofrerem danos à sua imagem[35].

São diversos os modelos de *compliance*, com maior ou menor abrangência em razão do segmento e da complexidade das atividades empresariais desenvolvidas. Há setores com o foco voltado para assegurar o cumprimento de normas trabalhistas, outros direcionados à regulação tributária, ambiental ou criminal.

A exemplo do que sucede com a Lei de Práticas Corruptas Estrangeiras – Foreign Corrupt Pratices Act (FCPA) – e com a UK Bribery Act, respectivamente leis norte-americanas e britânica anticorrupção, a lei brasileira introduziu a previsão de mitigação das penas para aquelas empresas que, comprovadamente, tenham implantado mecanismos e procedimentos internos de integridade, auditoria e incentivo à denúncia de irregularidades, além da aplicação de código de ética e de conduta. Tais mecanismos são os elementos que compõem os programas de *compliance*, os quais buscam não só garantir o cumprimento de leis e regulamentos, mas também servir como incentivo para o exercício de uma conduta empresarial ética, servindo de instrumento eficiente no combate à corrupção.

De acordo com o Decreto regulamentador da lei anticorrupção, o programa de integridade deve ser estruturado, aplicado e atualizado de acordo com as características e riscos atuais das atividades de cada pessoa jurídica, a qual por sua vez deve garantir o constante aprimoramento e adaptação do referido programa, visando garantir sua efetividade (Parágrafo único do art. 41). Nos termos do decreto[36],

---

35 Monografia cit. p. 185.

36 Art. 42, incisos I a XVI.

o programa será avaliado, quanto a sua existência e aplicação, de acordo com inúmeros parâmetros, dentre os quais, o comprometimento da alta direção da pessoa jurídica, incluídos os conselhos, evidenciado pelo apoio visível e inequívoco do programa; padrões de conduta, código de ética, políticas e procedimentos de integridade, aplicáveis a todos os empregados e administradores, independentemente de cargo ou função exercidos; treinamentos periódicos sobre o programa de integridade; medidas disciplinares em caso de violação do programa de integridade; transparência da pessoa jurídica quanto a doações para candidatos e partidos políticos.

Passados alguns meses de sua entrada em vigor, o Prof. Dalton Sardenberg da Fundação Dom Cabral conduziu uma pesquisa visando identificar o nível de compreensão da lei anticorrupção pelos empresários e executivos das empresas brasileiras, a sua prontidão em adotar práticas pró-conformidade, as principais ações tomadas em decorrência de sua existência, além de identificar o nível de credibilidade quanto à efetividade desta lei no combate à corrupção.[37]

A amostra dos entrevistados, composta por 286 empresas, é bastante significativa em relação à posição de comando, portanto com alta capacidade de julgamento das questões propostas: mais de 75% são acionistas, proprietários ou executivos de 1º nível. Também deve ser ressaltado que cerca de 80% das empresas pesquisadas são de médio, médio-grande e grande porte. Quanto à tipologia de controle, aproximadamente 45% são empresas de controle familiar e 35% são controladas por investidores institucionais. Dentre as empresas pesquisadas, a maioria tem baixa dependência de faturamento do setor público: aproximadamente 90% delas não tem relação comercial ou tem menos de ¼ de sua receita advinda do setor público, o que pode significar maior isenção na análise às questões propostas pela pesquisa.

Dentre os pesquisados, 50% informaram estarem bem familiarizados com a nova lei, os riscos que ela traz e as maneiras de mitiga-los. 70% dos pesquisados acreditam estar preparados para responder às exigências que lhes são impostas pela nova legislação – ainda que

[37] Lei da Empresa Limpa: entendimento e adequação das empresas, dalton@fdc.org.br

parte não a conheça tão bem –, entretanto, das empresas pesquisadas apenas 39,5% possuem programas formais de *compliance*, e a sua adoção é fortemente influenciada pela natureza de controle e porte das empresas: aproximadamente 91% das multinacionais adotam programas de *compliance*, contra apenas 25% das empresas familiares. Ao mesmo tempo, 73% das empresas de grande porte pesquisadas adotam sistemas de *compliance*, e apenas 22,5% das empresas de meio porte o fazem.

Finalmente, um dado bastante positivo ficou evidenciado. É que a nova legislação é vista por 73% dos entrevistados como uma medida essencial no combate à corrupção e que será decisiva para a elevação do padrão ético da relação entre o setor público e privado e na preservação de um ambiente competitivo saudável. Registrou-se ainda, que os Conselheiros de Administração mostraram ser o grupo com a visão mais favorável da lei, enquanto acionistas, proprietários e seus herdeiros parecem necessitar de mais evidências quanto os efeitos positivos para a concorrência e a sociedade.

Chamou a atenção, ainda, o fato de que quanto mais a empresa tem o seu faturamento dependente do setor público, menos ela confia na nova legislação como ferramenta efetiva no combate à corrupção. Excetuando-se a faixa de 50%-74% do faturamento (apenas um respondente em 286) com baixa representatividade estatística, há uma clara correlação entre a receita advinda do faturamento e a credibilidade na atual lei anticorrupção empresarial.

Capítulo IV

Do Processo Administrativo de Responsabilização

Art. 8º A instauração e o julgamento de processo administrativo para apuração da responsabilidade de pessoa jurídica cabem à autoridade máxima de cada órgão ou entidade dos Poderes Executivo, Legislativo e Judiciário, que agirá de ofício ou mediante provocação, observados o contraditório e a ampla defesa.

§ 1º A competência para a instauração do processo administrativo de apuração de responsabilidade da pessoa jurídica poderá ser delegada, vedada a subdelegação.

§ 2º No âmbito do Poder Executivo federal, a Controladoria-Geral da União – CGU terá competência concorrente para instaurar processos administrativos de responsabilização de pessoas jurídicas ou para avocar os processos instaurados com fundamento nesta Lei, para exame de sua regularidade ou para corrigir- lhes o andamento.

Art. 9º Competem à Controladoria-Geral da União – CGU a apuração, o processo e o julgamento dos atos ilícitos previstos nesta Lei, praticados contra a administração pública estrangeira, observado o disposto no art. 4 da Convenção sobre o Combate da Corrupção de Funcionários Públicos Estrangeiros em Transações Comerciais Internacionais, promulgada pelo Decreto n. 3.678, de 30 de novembro de 2000.

Art. 10. O processo administrativo para apuração da responsabilidade de pessoa jurídica será conduzido por comissão designada pela autoridade instauradora e composta por 2 (dois) ou mais servidores estáveis.

§ 1º O ente público, por meio de seu órgão de representação judicial, ou equivalente, a pedido da comissão a que se refere o *caput*, poderá requerer as medidas judiciais necessárias para a investigação e o processamento das infrações, inclusive a busca e apreensão.

§ 2º A comissão poderá, cautelarmente, propor à autoridade instauradora que suspenda os efeitos do ato ou processo objeto da investigação.

§ 3º A comissão deverá concluir o processo no prazo de 180 (cento e oitenta) dias contados da data da publicação do ato que a instituir e, ao final, apresentar relatórios sobre os fatos apurados e eventual responsabilidade da pessoa jurídica, sugerindo de forma motivada as sanções a serem aplicadas.

§ 4º O prazo previsto no § 3º poderá ser prorrogado, mediante ato fundamentado da autoridade instauradora.

Art. 11. No processo administrativo para apuração de responsabilidade, será concedido à pessoa jurídica prazo de 30 (trinta) dias para defesa, contados a partir da intimação.

Art. 12. O processo administrativo, com o relatório da comissão, será remetido à autoridade instauradora, na forma do art. 10, para julgamento.

Art. 13. A instauração de processo administrativo específico de reparação integral do dano não prejudica a aplicação imediata das sanções estabelecidas nesta Lei.

Parágrafo único. Concluído o processo e não havendo pagamento, o crédito apurado será inscrito em dívida ativa da fazenda pública.

Art. 14. A personalidade jurídica poderá ser desconsiderada sempre que utilizada com abuso do direito para facilitar, encobrir ou dissimular a prática dos atos ilícitos previstos nesta Lei ou para provocar confusão patrimonial, sendo estendidos todos os efeitos das sanções aplicadas à pessoa jurídica aos seus administradores e sócios com poderes de administração, observados o contraditório e a ampla defesa.

Art. 15. A comissão designada para apuração da responsabilidade de pessoa jurídica, após a conclusão do procedimento administrativo, dará conhecimento ao Ministério Público de sua existência, para apuração de eventuais delitos.

A Controladoria-Geral da União (CGU) foi criada pela Medida Provisória n° 2.143-31. Inicialmente denominada Corregedoria-Geral da União (CGU/PR), o órgão é vinculado diretamente à Presidência da República. A CGU teve, originalmente, como propósito declarado o de combater, no âmbito do Poder Executivo Federal, a fraude e a corrupção e promover a defesa do patrimônio público. Quase um ano depois, o Decreto n° 4.177, de 28 de março de 2002, integrou a Secretaria Federal de Controle Interno (SFC) e a Comissão de Coordenação de Controle Interno (CCCI) à estrutura da então Corregedoria-Geral da União.

O mesmo Decreto n° 4.177 transferiu para a Corregedoria-Geral da União as competências de Ouvidoria-geral, até então vinculadas ao Ministério da Justiça. A Medida Provisória n° 103, de 1° de janeiro de 2003, convertida na Lei n°10.683, de 28 de maio de 2003, alterou a denominação do órgão para Controladoria-Geral da União.

O Decreto 5.480, de 30 de junho de 2005 e o Decreto n° 5.683, de 24 de janeiro de 2006, alteraram a estrutura da CGU, conferindo maior organicidade e eficácia ao trabalho realizado pela instituição trazendo à Corregedoria-Geral da União uma estrutura para acompanhamento, fiscalização e orientação dos trabalhos correcionais, criando, também a Secretaria de Prevenção da Corrupção e Informações Estratégicas

(SPCI), responsável por desenvolver mecanismos de prevenção à corrupção, agrupando as principais funções exercidas pela CGU – controle, correição, prevenção da corrupção e ouvidoria –, consolidando-as em uma única estrutura funcional.

O Sistema de Correição do Poder Executivo Federal é regulado pelo Decreto nº 5.480/2005. Constitui-se de unidades voltadas às atividades de prevenção e apuração de irregularidades disciplinares, desenvolvidas de forma coordenada e harmônica. A Controladoria-Geral da União integra o sistema na condição de órgão central. Há, ainda, as unidades setoriais, que atuam junto aos Ministérios e são vinculadas técnica e hierarquicamente ao órgão central; as seccionais, que atua e fazem parte dos órgãos que compõem a estrutura dos Ministérios e suas entidades vinculadas (autarquias, fundações, empresas públicas e sociedades de economia mista), com supervisão técnica das respectivas unidades setoriais; e a Comissão de Coordenação de Correição, instância colegiada com funções consultivas, cujo objetivo de atuação é o fomento da integração das diversas unidades, bem como a uniformização de entendimentos adotados no âmbito do Sistema de Correição. Nesse sentido, a correição mostra-se como uma das áreas de atuação fundamental da Controladoria-Geral da União.

Conforme o disposto nos arts. 3º, II, c, 15 e 16 do Decreto 5.683, de 24/01/06, regulamentado pela Portaria/CGU nº. 335, de 30/05/06, suas atividades são desenvolvidas pela Corregedoria-Geral da União/CRG, cuja atuação apresenta natureza preventiva e repressiva. Preventivamente, às unidades da Corregedoria-Geral da União compete orientar os órgãos e entidades supervisionados – não só em questões pontuais, como também por meio de ações de capacitação na área correcional –, e realizar inspeções nas unidades sob sua ingerência – o que permite visualizar, de um modo geral, a qualidade dos trabalhos disciplinares na unidade inspecionada e a estrutura física e de recursos humanos disponíveis. Repressivamente, a Corregedoria-Geral da União realiza atividades ligadas à apuração de possíveis irregularidades disciplinares cometidas por servidores públicos federais e à aplicação das devidas penalidades.

A Lei n. 12.846 trouxe mais uma atribuição para a CGU. Pelo disposto no § 2º do art. 8º e art. 9º, no âmbito do Poder Executivo federal, a Controladoria-Geral da União terá competência concorrente para instaurar processos administrativos de responsabilização de pessoas jurídicas ou para avocar os processos instaurados com fundamento na lei, para exame de sua regularidade ou para corrigir lhes o andamento. Além disso, também foi atribuído à CGU a apuração, o processo e o julgamento dos atos ilícitos previstos na lei anticorrupção, praticados contra a administração pública estrangeira.

Na tarefa da promoção da responsabilização mediante processo administrativo, que deve ser conduzido pela autoridade máxima de cada órgão ou entidade dos Poderes Executivo, Legislativo e Judiciário, conforme expresso no art. 8º da Lei deve atentar-se, sob pena de nulificação dos atos, não somente aos princípios básicos da Administração Pública previstos no artigo 37 da Constituição Federal, bem como aos demais princípios nela acautelados. Desta forma, aos princípios setoriais expressos na Carta Magna somam-se os de caráter mais amplo, ligados aos direitos individuais e aos processuais.

Assim, o princípio do devido processo legal, previsto no art. 5º, inciso LIV, da Constituição Federal, é considerado o princípio fundamental do processo administrativo, eis que se configura a base sobre a qual os demais se sustentam. Representa, ainda, a garantia inerente ao Estado Democrático de Direito de que ninguém será condenado sem que lhe seja assegurado o direito de defesa, bem como o de contraditar os fatos em relação aos quais está sendo investigado. Por esse princípio, nenhuma decisão gravosa a um determinado sujeito poderá ser imposta sem que, antes, tenha sido submetido a um processo cujo procedimento esteja previamente previsto em lei, ou seja, impõe o cumprimento dos ritos legalmente previstos para a aplicação da penalidade.

Nesse sentido, o artigo 143 da lei no. 8112/90: ***"A autoridade que tiver ciência de irregularidade no serviço público*** *é obrigada a promover a sua apuração imediata, mediante sindicância* ***ou processo administrativo disciplinar, assegurada ao acusado ampla defesa.****"*

Da mesma forma, por se tratar de uma garantia constitucional, não pode a Administração Pública desobedecer aos ritos previstos em lei visando uma maior agilidade. Esta eventual desatenção aos ditames legais não pode ocorrer nem mesmo a pedido do acusado, por se tratar de direito indisponível.

Decorrência do devido processo legal disciplinados no art. 5º, inciso LV, da Constituição Federal, o princípio da ampla defesa e do contraditório, encontra tratamento nos arts. 2º, *caput*, e parágrafo único, X, da Lei 9.784, de 29/01/99, facultando ao acusado/indiciado, durante todo o processo, a sua efetiva participação, possibilitando-lhe a utilização de todos os meios de defesa admitidos pelo ordenamento jurídico.

O princípio da ampla defesa significa permitir a qualquer imputado o direito de se utilizar de todos os meios de defesa admissíveis em direito. É imprescindível que ele seja adotado em todos os procedimentos que possam gerar qualquer tipo de prejuízo ao acusado. Portanto, deve ser adotado nos procedimentos que possam ensejar aplicação de qualquer tipo de penalidade.

Em se tratando de processo administrativo disciplinar e, em decorrência dos princípios que são comuns, no processo administrativo a que alude a Lei n. 12.846/2013, para apuração da responsabilidade de pessoa jurídica, o art. 156, da Lei no. 8.112/90 vem detalhar como poderia ser exercida a ampla defesa, assinalando que: ***É assegurado ao servidor o direito de acompanhar o processo pessoalmente ou por intermédio de procurador, arrolar e reinquirir testemunhas, produzir provas e contraprovas e formular quesitos, quando se tratar de prova pericial.***

O princípio do informalismo moderado significa no processo administrativo a dispensa de formas rígidas, mantendo apenas as compatíveis com a certeza e a segurança dos atos praticados, salvo as expressas em lei e relativas aos direitos dos acusados. O princípio do informalismo moderado se traduz na exigência de interpretação flexível e razoável quanto a formas, para evitar que estas sejam vistas como um fim em si mesmo, distante das verdadeiras finalidades do processo. A sua previsão legal está no artigo 22 da lei no. 9.784/99: Os atos do processo administrativo não dependem de forma determinada senão quando a lei expressamente a exigir.

O princípio da verdade real no processo administrativo impõe para a comissão processante o encargo de buscar, na medida do possível, evidências daquilo que de fato teria ocorrido não se contentando apenas com aquelas levada ao processo pelos envolvidos. Desse princípio decorre que a administração tem o poder-dever de produzir provas a qualquer tempo, atuando de ofício ou mediante provocação, de modo a formar sua convicção sobre a realidade fática em apuração. Como decorrência lógica o único efeito da revelia no processo administrativo é o da nomeação de defensor dativo, não se reputando como verdadeiro os fatos imputados ao acusado. É o que decorre do artigo 164 da lei no. 8.112/90: *Considerar-se-á revel o indiciado que, regularmente citado, não apresentar defesa no prazo legal.*

> *§ 1º A revelia será declarada, por termo, nos autos do processo e devolverá o prazo para a defesa.*
>
> *§ 2º Para defender o indiciado revel, a autoridade instauradora do processo designará um servidor como defensor dativo, que deverá ser ocupante de cargo efetivo superior ou de mesmo nível, ou ter nível de escolaridade igual ou superior ao do indiciado.*

O princípio da presunção de inocência, consagrado no artigo 5°, inciso LVII, da Constituição Federal, estabelece que ninguém será considerado culpado até o trânsito em julgado de sentença penal condenatória. Por esse princípio, o imputado durante o processo e enquanto não houver decisão final condenatória deve ser considerado inocente. O ônus de provar a responsabilidade é da administração. Em razão deste princípio não se pode tratar o acusado como condenado, impondo restrições descabidas, ou sem previsão legal.

O princípio da motivação surge como mais um instrumento de garantia da administração e dos administrados quanto ao atendimento do interesse público, revestindo-se, de certo modo, em uma forma de publicidade da vontade da administração estampada nos seus atos. Portanto, a razão e os fundamentos de qualquer decisão administrativa que implique restrições a direitos dos cidadãos devem obrigatoriamente ser explicitados.

Nesse sentido o disposto no artigo 50 da Lei n. 9.784/99: *Os atos administrativos deverão ser motivados, com indicação dos fatos e dos fundamentos jurídicos, quando:*

> I – neguem, limitem ou afetem direitos ou interesses;
>
> II – imponham ou agravem deveres, encargos ou sanções;

III – decidam processos administrativos de concurso ou seleção pública;

IV – dispensem ou declarem a inexigibilidade de processo licitatório;

V – decidam recursos administrativos;

VI – decorram de reexame de ofício;

VII – deixem de aplicar jurisprudência firmada sobre a questão ou discrepem de pareceres, laudos, propostas e relatórios oficiais;

VIII – importem anulação, revogação, suspensão ou convalidação de ato administrativo.

A Controladoria-Geral da União editou em 2013, um alentado Manual de Processo Administrativo Disciplinar, consolidando normas do procedimento punitivo no âmbito da União. Os princípios nele reunidos, pela universalidade de sua aplicação, também deverão servir de referência para reger essa nova atividade da CGU, seja no exercício de sua competência concorrente para instaurar processos administrativos de responsabilização de pessoas jurídicas ou naquela de avocar os processos instaurados com fundamento na Lei n. 12.846/13, que pelo seu art. 8º será iniciado de oficio ou mediante provocação.

A provocação para que a autoridade competente possa dar início ao procedimento administrativo poderá ser feito pela via da denúncia formal ou anônima. Neste caso, a Administração Pública tem o dever de promover a apuração imediata de irregularidades que tiver ciência, não sendo condição indispensável para iniciar a averiguação a devida qualificação do denunciante, pois o que realmente importa é o conteúdo da denúncia, sua relevância e plausibilidade. Nesse contexto, somente se admite sua recusa quando se tratar de denúncia descabida, com total ausência de indícios de materialidade e autoria. Se a denúncia anônima contiver elementos que justifiquem sua apuração ela deverá ser averiguada, sob pena de violação de princípios e normas que tratam como dever de apurar suposta irregularidade de que se tem conhecimento no âmbito da administração pública, o que significa dizer que não é lícito arquivar denúncia plausível sob a simples alegação de que ela é anônima.

No entanto, exige-se da autoridade pública a devida cautela quando se deparar com delação anônima, visto que, nada obstante a necessidade de promover a imediata averiguação, importante verificar a existência de indicativos mínimos de razoabilidade.

A jurisprudência do Superior Tribunal de Justiça e do Supremo Tribunal Federal não deixa dúvida acerca da possibilidade de recepção da denúncia anônima: *"Não enseja a nulidade do processo administrativo disciplinar o simples fato de sua instauração ser motivada por fita de vídeo encaminhada anonimamente à autoridade pública, vez que esta, ao ter ciência de irregularidade no serviço, é obrigada a promover sua apuração"* (STJ – MS 12.429/DF, Rel. Ministro FELIX FISCHER, julgado em 23.05.2007, DJ 29.06.2007 p. 484). No STF, *HC 100042 MC/RO,* Rel. *Ministro CELSO DE MELLO, DJE de 8.10.2009.*

Também a Convenção das Nações Unidas contra a Corrupção, de 31/10/03, promulgada no Brasil pelo Decreto nº 5.687, de 31/01/06, reconhece a denúncia anônima, e o STF, na ADIn nº 1.480, decidiu que tratados, acordos ou convenções internacionais, depois de promulgados por decreto presidencial, situam-se, no sistema jurídico brasileiro, no mesmo plano de validade, de eficácia e de autoridade das leis ordinárias.

A Administração Pública não precisa observar ritualística rígida e fechada, desde que preserve, de forma plena, os ditames do contraditório e ampla defesa. Percebe-se, portanto, que nesta seara ganha maior relevo o princípio do formalismo moderado. Pode, também, a administração se valer, por meio da regra da analogia, de outros diplomas legais que disponham sobre normas de processo administrativo, tais como a Lei n° 9.784/99, a Lei n° 8.112/90.

Em 18 de março de 2015, foi editado o Decreto n. 8.420, regulamentado a responsabilização objetiva administrativa de pessoas jurídicas pela prática de atos contra a administração pública, nacional ou estrangeira, de que trata a lei anticorrupção.

A primeira fase do processo se instrumentaliza com a publicação da portaria pela autoridade instauradora designando os membros para comporem a comissão, dispondo sobre o prazo de conclusão, o processo que contém o objeto de apuração, bem como a possibilidade de serem apurados fatos conexos. Deve-se abster de indicar expressamente quais são os fatos sob apuração, bem como o nome dos investigados, a fim de se evitar limitação inadequada ao escopo apuratório e garantir o respeito à imagem dos envolvidos.

A competência para a instauração e para o julgamento do Processo Administrativo de Responsabilização – PAR, é da autoridade máxima da entidade em face da qual foi praticado o ato lesivo, ou, em caso de órgão da administração direta, de seu Ministro de Estado e será exercida de oficio ou mediante provocação, podendo ser delegada, sendo vedada a subdelegação.

A autoridade competente para a instauração do PAR, ao tomar ciência da possível ocorrência de ato lesivo à administração pública federal, em sede de juízo de admissibilidade e mediante despacho fundamentado, decidirá pela abertura de investigação preliminar; pela instauração do processo administrativo ou pelo arquivamento da matéria. A investigação preliminar terá caráter sigiloso e não punitivo e será destinada à apuração de indícios de autoria e materialidade de atos lesivos à administração pública federal e será conduzida por comissão composta por dois ou mais servidores efetivos. Em entidades da administração pública federal cujos quadros funcionais não sejam formados por servidores estatutários, a comissão de investigação será composta por dois ou mais empregados públicos.

O prazo para a conclusão da investigação preliminar não excederá sessenta dias e poderá ser prorrogado por igual período, mediante solicitação justificada do presidente da comissão à autoridade instauradora. Ao final da investigação, serão enviadas à autoridade competente as peças de informação obtidas, acompanhadas de relatório conclusivo acerca da existência de indícios de autoria e materialidade de atos lesivos à administração pública federal, para decisão sobre a instauração do PAR. (art. 4º do Decreto 8.420/2015).

A segunda fase é dividida nas subfases de instrução, defesa e relatório. Na instrução, a comissão promove a busca de provas necessárias ao esclarecimento da verdade material, dentre aquelas permitidas pelo ordenamento jurídico, como a documental e a testemunhal, além de possibilitar o exercício da defesa técnica. A última subfase do procedimento é a produção, pela comissão, de relatório final conclusivo quanto à existência ou não do fato imputado e de sua autoria, apresentando, para tanto, as razões e justificativas para a sua conclusão. Ressalte-se que é na fase de instrução e relatório que se concentra a atuação da comissão, podendo encaminhar cópia do seu trabalho ao conhecimento do Ministério Público para a propositura de eventual ação penal.

No ato da instauração do Processo Administrativo de Responsabilização, a autoridade designará comissão, composta por dois ou mais servidores estáveis, que avaliará fatos e circunstâncias conhecidos e intimará a pessoa jurídica para, no prazo de trinta dias, apresentar defesa escrita e especificar eventuais provas que pretende produzir. Em entidades da administração pública federal cujos quadros funcionais não sejam formados por servidores estatutários, a comissão será composta por dois ou mais empregados públicos, preferencialmente com no mínimo três anos de tempo de serviço na entidade (art. 5º do Decreto 8.420/2015).

Na hipótese de deferimento de pedido de produção de novas provas ou de juntada de provas julgadas indispensáveis pela comissão, a pessoa jurídica poderá apresentar alegações finais no prazo de dez dias, contado da data do deferimento ou da intimação de juntada das provas pela comissão. Serão recusadas, mediante decisão fundamentada, provas propostas pela pessoa jurídica que sejam ilícitas, impertinentes, desnecessárias, protelatórias ou intempestivas.

Existem provas que podem ser coletadas diretamente pela comissão e outras que exigem a intervenção judicial já que importa em quebra de sigilo fiscal ou de dados. O ordenamento jurídico abarca, mediante observância ao princípio da ampla defesa e ao do devido processo legal, a confecção de todos os meios de provas lícitos, bem como os moralmente legítimos, em prol dos interesses a serem defendidos, garantindo, assim, a efetiva participação das partes no processo. Nesse contexto, o Código de Processo Penal e o Código de Processo Civil disciplinam, a partir da garantia constitucional do art. 5º, LV, CF, a instrução probatória, seguidos pelas legislações específicas, como é o caso da Lei nº 12.846/13, em seus art. 10 e 11.

A prova tem como objetivo claramente definido no processo a reconstituição dos fatos investigados. No entanto, a veracidade da pretensão, com a busca da construção da verdade, não contempla a introdução de provas cujos meios de produção não atentem ao limite imposto pela Constituição Federal – os direitos e as garantias fundamentais. Assim preconiza o art. 5º, LVI, CF, "São inadmissíveis, no processo, as provas obtidas por meios ilícitos". Tal regra se aplica a todos os procedimentos judiciais e administrativos. O mesmo tema está disposto no art. 157, Código de Processo Penal, bem como na Lei nº 9.784/99, que regula o processo administrativo no âmbito da Administração Pública Federal.

A título de exemplo, são provas ilícitas as obtidas por violação de domicílio, ou de correspondências, confissões alcançadas com a utilização de torturas e interceptações telefônicas sem observância ao procedimento legal específico. Em decorrência, a vedação a tais provas pela Carta Magna tutela não só a qualidade do material probatório a ser valorado nos autos, mas também direitos e garantias individuais, sobretudo o direito à intimidade, à privacidade, à imagem, previstos no art. 5º, X, bem como direito à inviolabilidade do domicílio, art. 5º, XI, e sigilo das correspondências e das comunicações telegráficas, art. 5º, XII.

Além disso, há normas de direito material e de direito processual. As primeiras estabelecem direitos, obrigações e responsabilidades, a exemplo do Código Civil, Código Penal, dentre outras. As segundas referem-se ao direito processual, que preconiza o rito, o procedimento persecutório no processo, como o Código de Processo Penal, o Código de Processo Civil.

Dentro do ordenamento jurídico, as provas que, em princípio, são concebidas apenas com afronta a algum preceito estabelecido por uma norma de direito processual, são denominadas como ilegítimas. Sobre elas, obtidas com inobservância ao procedimento estabelecido pelo rito adequado, recairá uma sanção processual que poderá repercutir na declaração de nulidade absoluta e insanável ou na nulidade relativa e sanável. A valoração dessas provas no processo, mesmo com prejuízo decorrente da falta da formalidade estabelecida para o feito, não acarretará a exclusão destas do processo.

Já as provas produzidas com afronta a alguma norma de direito material terão o ingresso no processo comprometido desde o momento de sua admissão, uma vez que serão ilícitas. O art. 5º, LVI, CF, refere-se a essas provas específicas, produzidas sem observância aos critérios definidores de direitos, obrigações e responsabilidades, como inadmissíveis no processo.

Para esclarecer como ocorre o procedimento de construção da prova, pode-se descrever as seguintes etapas do percurso de produção da prova:

> a) requerimento: ocorre com a indicação (ou proposta) da necessidade de produção daquela prova específica;
>
> b) admissão: juízo prévio de mera admissibilidade de produção da prova pela autoridade (judicial ou administrativa);
>
> c) produção: introdução da prova no processo. Ex.: oitiva de testemunha, perícia, dentre outras;
>
> d) valoração: avaliação do conteúdo da prova, juízo de mérito pela autoridade responsável.

Nesse contexto, quando o art. 5º, LVI, CF, estabelece que são inadmissíveis no processo as provas obtidas por meios ilícitos, está inviabilizando a prova no segundo momento de sua produção, uma vez que veda a prova ilícita no momento do juízo de sua admissibilidade pela autoridade administrativa ou judicial.

A teoria dos frutos da árvore envenenada, cuja origem se atribui à jurisprudência norte-americana, também constitui um princípio da inadmissibilidade das provas ilícitas. Por essa teoria, entende-se que a prova derivada exclusivamente de prova ilícita também estaria contaminada pela ilicitude, mesmo que o processo de construção da nova prova fosse isento de qualquer mácula – sem afronta às garantias constitucionais. Ocorre aqui a comunicabilidade das provas ilícitas com todas aquelas que dela derivarem nos termos do art. 157 do Código de Processo Penal:

> § 1º. São também inadmissíveis as provas derivadas das ilícitas, salvo quando não evidenciado o nexo de causalidade entre umas e outras, ou quando as derivadas puderem ser obtidas por uma fonte independente das primeiras.

> *§ 2º. Considera-se fonte independente aquela que por si só, seguindo os trâmites típicos e de praxe, próprios da investigação e da instrução criminal, seria capaz e conduzir ao fato.*

A contaminação da prova derivada depende, sobretudo, da sua obtenção a cuja existência somente se teria chegado a partir da prova ilícita, uma vez que, podendo haver outros meios de se chegar a ela de forma secundária (provas lícitas), razão não há para aquela ser tida como prova ilícita por derivação.

O entendimento preponderante na doutrina e na jurisprudência é o de que as provas ilícitas e as suas derivadas, não obstante sua inadmissibilidade no processo não tem o poder de anulá-lo; devem, pois, ser desentranhadas dos autos, permanecendo válidos atos e provas já produzidos sem a mácula da contaminação. O STF afastou a nulidade processual, apesar de a prova ilícita ter facilitado as investigações, sem ser, contudo, indispensável ao contexto probatório:

> Escuta Telefônica
>
> Indeferido habeas corpus impetrado sob alegação de haver sido o paciente condenado com base em provas ilícitas (informações provenientes de escuta telefônica autorizada por juiz antes da Lei 9296/96). A Turma entendeu que essas informações, embora houvessem facilitado a investigação - iniciada, segundo a polícia, a partir de denúncia anônima - não foram indispensáveis quer para o flagrante, quer para a condenação. (STF -HC nº 74.152-SP, Relator Ministro Sydney Sanches, de 20/08/96.)

Ainda nesse sentido, o mesmo tribunal decidiu que descabe concluir pela nulidade do processo quando o decreto condenatório repousa em outras provas que exsurgem independentes, ou seja, não vinculadas à que se aponta como ilícita (STF 2ª T. HC nº 75.8976/RJ, Relator Ministro Marco Aurélio, Diário da Justiça, Seção I, 17 de abril de 1998).

O ordenamento jurídico forma um sistema intercomunicante, nele convivendo valores dispostos em sentidos distintos de modo que, em alguns casos, um princípio se sobrepõe a outro mais relevante para o caso concreto.

A Constituição Federal, em seu art. 5º, à medida que declara os direitos e estabelece as garantias, consagra bens primorosos na esfera do indivíduo e da coletividade; essas garantias não podem, no entanto, ser utilizadas como pressuposto para a prática de atividades ilícitas, nem para afastar ou diminuir a responsabilidade civil ou penal por atos criminosos.

Dessa forma, a doutrina penalista dispõe acerca do aproveitamento de prova cuja ilicitude foi excluída, em razão de causas de justificação. Se ocorrer no caso concreto situações que justifiquem o afastamento da ilicitude da prova, como a legítima defesa, o estado de necessidade, o estrito cumprimento de dever legal e o exercício regular de direito, razão não há para que a produção daquela prova infringisse normas do Direito Material. Nesse sentido, o Supremo Tribunal Federal decidiu que:

> [...] é lícita a gravação de conversa telefônica feita por um dos interlocutores, ou com sua autorização, sem ciência do outro, quando há investida criminosa deste último. É inconsistente e fere o senso comum falar-se em violação do direito à privacidade quando interlocutor grava diálogo com sequestradores, estelionatários ou qualquer tipo de chantagista. (1ª T. HC nº 75.3388/RJ, Relator Ministro Nelson Jobim, Decisão de 11 de março de 1998.)

À Administração Pública atribui-se a observância aos princípios de legalidade, impessoalidade, moralidade, publicidade e eficiência, consagrados no art. 37 da CF, cabendo ao agente público atuar em conformidade com eles. Daí se conclui que, em face da diferença de valores a ser analisada no caso concreto, ponderando-se os princípios constitucionais, o interesse público sobressairá ao privado; não pode, então, o agente público, no exercício de sua função, alegar inviolabilidade da vida pessoal em detrimento da coisa pública. Setores da doutrina e da jurisprudência falam em relativização dos direitos e das garantias individuais e coletivas diante da probidade administrativa.

A Constituição Federal discrimina a proteção às liberdades públicas, como o direito à vida, à intimidade, à privacidade, à honra, à imagem (inciso X, art. 5º), bem como ao sigilo da correspondência e das comunicações telegráficas, de dados (primeira parte do inciso XII, art.5º). Entretanto, essas garantias não são absolutas, a exemplo das exceções contidas no próprio texto constitucional, como é o caso do sigilo das comunicações telefônicas (parte final do inciso XII, art. 5º), e da inviolabilidade de domicílio (inciso XI, art. 5º), dentre outras.

Pode-se dizer, com isso, que no sistema constitucional brasileiro não existem direitos absolutos e em situações fáticas poderá haver o confronto entre dois ou mais valores protegidos pela Constituição, cabendo um juízo de proporcionalidade para a solução desse conflito, como assentou o Supremo Tribunal Federal no MS nº 23.452:

> Mandado de Segurança nº 23.452: "Não há, no sistema constitucional brasileiro, direitos ou garantias que se revistam de caráter absoluto, mesmo porque razões de relevante interesse público ou exigências derivadas do princípio de convivência das liberdades legitimam, ainda que excepcionalmente, a adoção, por parte dos órgãos estatais, de medidas restritivas das prerrogativas, individuais ou coletivas, desde que respeitados os termos estabelecidos pela própria Constituição."

Nesse contexto, a legislação pertinente possibilita o afastamento das cláusulas de reserva de sigilo das comunicações telefônicas (art. 5, XII, CF e Lei nº 9.296/06), do sigilo fiscal (art. 198 do CTN, modificado pela Lei Complementar nº 104/2001) do sigilo bancário (Lei Complementar 105/2001), tendo em vista a necessidade de aparelhar o Estado com informações que auxiliem no combate a ilícitos administrativos e penais, em que deve prevalecer o interesse público. Em razão de se tratar de garantias constitucionais, o afastamento do sigilo só ocorrerá em situações excepcionais, diante da existência de fundados indícios de grave irregularidade, devendo os dados solicitados serem utilizados de forma restrita, de acordo com a finalidade que justificou o afastamento do sigilo. Dessa maneira, cabe aos agentes públicos a preservação do sigilo em relação às pessoas estranhas ao processo.

O inciso XI do art. 5º da CF diz que *a casa é asilo inviolável do indivíduo, ninguém nela podendo penetrar sem consentimento do morador, salvo em caso de flagrante delito ou desastre ou para prestar socorro, ou, durante o dia, por determinação judicial.* Logo, se no curso da apuração houver necessidade de ser colhida prova com diligências à casa do servidor ou do empresário, a busca desse material depende de sua autorização. Caso esta não ocorra, ou quando a requisição dessa autorização possa frustrar a coleta da prova (como a destruição da mesma, por exemplo), é necessário obter autorização judicial. Para isso, a Comissão poderá solicitar a Advocacia-Geral da União ou a Procuradoria do órgão ou entidade responsável pela apuração do feito, que requeira a busca e apreensão junto ao juízo competente, a fim de que seja realizada pelos órgãos judiciários.

A busca e apreensão restringe-se às provas que instruam o processo em curso, não incluindo aqui as que extrapolam esse objeto e que invadam a intimidade ou vida privada do servidor ou do empresário, em afronta ao inciso IX do art. 5º da CF.

O inciso XII do art. 5º da CF estabelece a vedação à interceptação de atos de correspondência ou de comunicação telegráfica ou de dados e das comunicações telefônicas, ressalvado para estas últimas a permissão de afastamento do sigilo por ordem judicial, nas hipóteses e na forma que a lei estabelecer, para fins de investigação criminal ou instrução processual penal.

Considerou o legislador constitucional a necessidade de no caso das comunicações telefônicas a prova ser colhida no momento da conversa entre os dois interlocutores, em prol de interesses mais relevantes do que o próprio direito à intimidade e à privacidade. Assim, previu a prova obtida mediante a interceptação telefônica, na forma e para os fins determinados na lei. Nesse sentido, a Corte Suprema se manifestou no Recurso Extraordinário nº 219.780:

> Recurso Extraordinário nº 219.780: Passa-se, aqui, que o inciso XII não está tornando inviolável o dado da correspondência, da comunicação, do telegrama. Ele está proibindo a interceptação da comunicação dos dados, não dos resultados. Essa é a razão pela qual a única interceptação que se permite é a telefônica, pois é a única a não deixar vestígios, ao passo que nas comunicações por correspondência telegráfica e de dados é proibida a interceptação porque os dados remanescem; eles não são rigorosamente sigilosos, dependem da interpretação infraconstitucional para poderem ser abertos. O que é vedado de forma absoluta é a interceptação da comunicação da correspondência, do telegrama. Por que a Constituição permitiu a interceptação da comunicação telefônica? Para manter os dados, já que é a única em que, esgotando-se a comunicação, desaparecem os dados. Nas demais, não se permite porque

os dados remanescem, ficam no computador, nas correspondências, etc.

A regulamentação da parte final do inciso XII, art. 5º, CF, veio com a edição da Lei nº 9.296/96, que tornou válida a interceptação telefônica para fins de instrução exclusivamente em sede penal, podendo ser determinada de ofício pelo juiz ou requerida por autoridade policial ou pelo Ministério Público Federal (art. 3º), autorizada por ordem judicial, seguido os trâmites estabelecidos naquele diploma legal regulamentador.

Ainda nos termos dos arts. 1º e 2º da Lei nº 9.296/96, a prova válida se refere à gravação de conversa telefônica (o ato em que duas pessoas conversam ao telefone) feita por terceiro, sem conhecimento dos dois interlocutores, sob segredo de justiça, com indícios razoáveis da autoria ou participação em infração penal punida com pena de reclusão, bem como que a prova do crime não possa ser feita por outros meios.

Em razão de a decretação de quebra do sigilo telefônico requerer a existência de investigação criminal ou instrução penal em curso, não há que se falar na autorização da violação da garantia à intimidade da comunicação telefônica no processo administrativo disciplinar. Diante de tal situação, havendo investigação criminal ou instrução penal com o compartilhamento do teor de conversa telefônica, a sede disciplinar, ao considerar a real necessidade de utilização dessa prova (não existindo outros meios de prova que a substitua), poderá se utilizar desse meio probatório como prova emprestada. Assim salientou o Ministro Cezar Peluso, no MS nº 26.249/DF:

(..) não é disparatado sustentar-se que nada impedia nem impede, noutro procedimento de interesse substancial do mesmo Estado, agora na vertente da administração pública, o uso da prova assim produzida em processo criminal.

*(**STF – MS** nº 26.249/DF -medida cautelar – Rel. Min. Cezar Peluso, Diário da Justiça, Seção I, 14 de mar.2007, p. 32.)*

Conforme decisão do Superior Tribunal de Justiça, no Mandado de Segurança nº 17.732, a disponibilização do registro histórico das ligações (originadas ou recebidas) de uma linha telefônica, bem como o registro de dados, de horários e de duração das chamadas, fornecidas pelas operadoras de telefonia, não estão incluídas nos permissivos do inciso XII do art. 5º da CF e na Lei nº 9.296/96, no entanto, esses dados também estão protegidos por sigilo, e a sua disponibilização depende de autorização judicial:

> ***(...) a quebra do sigilo dos dados telefônicos contendo os dias, os horários, a duração e os números das linhas chamadas e recebidas não se submete à disciplina das interceptações telefônicas regidas pela Lei 9.296/96 (...) (STJ – Mandado de Segurança nº 17.732).***

A interceptação telefônica que não atenda aos requisitos da Lei nº 9.296/96 constituirá crime, mediante previsão de seu art. 10: *constitui crime realizar interceptação de comunicações telefônicas, de informática ou telemática, ou quebrar segredo da Justiça, sem autorização judicial ou com objetivos não autorizados em lei.*

Necessário ressalvar que, no caso de telefone de propriedade da Administração não há que se falar em sigilo dos dados telefônicos, uma vez que se trata de instrumento de trabalho. Insta destacar, contudo, que nesses casos não serão obtidos o conteúdo dos diálogos, mas tão somente os registros das ligações realizadas. Desse modo, tratando-se de telefone funcional, cedido ao servidor, a Comissão poderá solicitar ao setor responsável os extratos das contas telefônicas, independente de autorização judicial.

O correio eletrônico ou *e-mail* institucional utilizado pelos servidores também é um utensilio de trabalho disponibilizado pela Administração Publica que poderá, ou não, ter seu uso discriminado em normas internas do órgão. Assim, da ponderação do interesse público sobre o privado, não constitui afronta à primeira parte do Art. 5º, XII, CF o uso das informações contidas no *e-mail* institucional do servidor, haja vista fundados indícios de irregularidades, para fins de apuração que dependam exclusivamente desse meio de prova, uma vez que descabe, nesse caso, a alegação de preservação de intimidade. Isso se justifica em razão de o e-mail corporativo ter seu uso restrito a fins do trabalho, o que confere à administração o acesso a ele ou o seu monitoramento, sem que seja necessária autorização judicial.

Diferente é o no caso do e-mail de uso particular do servidor, fornecido por provedor comercial de acesso à internet, a intimidade de suas informações está assegurada constitucionalmente, sendo seus dados invioláveis pela administração. Havendo necessidade de utilização de informações nele constantes, a disponibilização desses dados depende da autorização judicial, conforme previsão da Lei nº 9.296/96, que no parágrafo único do art. 1º, estende o compartilhamento do sigilo à interceptação do fluxo das comunicações em sistemas de informática (a exemplo do *e-mail* pessoal) e telemática (como modem e fac-símile). Daí ser aceito o mesmo procedimento discriminado para as comunicações telefônicas para o compartilhamento do sigilo desses fluxos de dados.

Caso a pessoa jurídica apresente em sua defesa informações e documentos referentes à existência e ao funcionamento de programa de integridade - nos termos do art. 41 do Decreto 8.420/2015, programa de integridade consiste, no âmbito de uma pessoa jurídica, no conjunto de mecanismos e procedimentos internos de integridade, auditoria e incentivo à denúncia de irregularidades e na aplicação efetiva de códigos de ética e de conduta, políticas e diretrizes com objetivo de detectar e sanar desvios, fraudes, irregularidades e atos ilícitos praticados contra a administração pública, nacional ou estrangeira –, a comissão processante deverá examiná-lo para a dosimetria das sanções a serem aplicadas.

As intimações serão feitas por meio eletrônico, via postal ou por qualquer meio que assegure a certeza da ciência da pessoa jurídica acusada, cujo prazo para apresentação de defesa será contado a partir da data da cientificação oficial. Frustradas qualquer dessas modalidades de intimação ela será feita por meio de edital publicado na imprensa oficial, em jornal de grande circulação no Estado da federação em que a pessoa jurídica tenha sede, e no sítio eletrônico do órgão ou entidade responsável pela apuração do PAR, contando-se o prazo para apresentação da defesa a partir da última data de publicação do edital.

O prazo para a conclusão do PAR não excederá cento e oitenta dias, admitida prorrogação por meio de solicitação do presidente da comissão à autoridade instauradora, que decidirá de forma fundamentada.

Concluídos os trabalhos de apuração e análise, a comissão elaborará relatório a respeito dos fatos apurados e da eventual responsabilidade administrativa da pessoa jurídica, no qual sugerirá, de forma motivada, as sanções a serem aplicadas, a dosimetria da multa ou o arquivamento do processo (§ 3º do art. 9º do Decreto 8.420/2015). O relatório final será encaminhado à autoridade competente para julgamento, o qual será precedido de manifestação técnica elaborada pelo setor jurídico.

Verificada a ocorrência de eventuais ilícitos a serem apurados em outras instâncias, o relatório da comissão será encaminhado, pela autoridade julgadora, ao Ministério Público, à Advocacia-Geral da União e seus órgãos vinculados, no caso de órgãos da administração pública direta, autarquias e fundações federais, ou ao órgão de representação judicial ou equivalente nos demais casos de órgãos ou entidades da administração pública.

Da decisão administrativa sancionadora cabe pedido de reconsideração com efeito suspensivo, no prazo de dez dias, contado da data da publicação da decisão (art. 11 do Decreto 8.420/2015), após o que será concedido à pessoa jurídica o prazo de 30 dias para cumprimento das sanções que lhe foram impostas.

Capítulo V
Do Acordo de Leniência (Redação determinada pela Medida Provisória nº 703 de 18.12.2015).

Art. 16. A União, os Estados, o Distrito Federal e os Municípios poderão, no âmbito de suas competências, por meio de seus órgãos de controle interno, de forma isolada ou em conjunto com o Ministério Público ou com a Advocacia Pública, celebrar acordo de leniência com as pessoas jurídicas responsáveis pela prática de atos e pelos fatos investigados e previstos nesta Lei que colaborem efetivamente com as investigações e com o processo administrativo, de forma que dessa colaboração resulte:

I-a identificação dos demais envolvidos na infração, quando couber;

II-a obtenção de informações e documentos que comprovem a infração noticiada ou sob investigação.

III-a cooperação da pessoa jurídica com as investigações, em face de sua responsabilidade objetiva; e

IV-o comprometimento da pessoa jurídica na implementação ou na melhoria de mecanismos internos de integridade.

§ 1º O acordo de que trata o *caput* somente poderá ser celebrado se preenchidos, cumulativamente os seguintes requisitos:

I-a pessoa jurídica cesse completamente seu envolvimento na infração investigada a partir da data de propositura do acordo;

II-a pessoa jurídica, em face de sua responsabilidade objetiva, coopere com as investigações e com o processo administrativo, comparecendo, sob suas expensas, sempre que solicitada, a todos os atos processuais, até seu encerramento; e;

III-a pessoa jurídica se comprometa a implementar ou a melhorar os mecanismos internos de integridade, auditoria, incentivo às denúncias de irregularidades e à aplicação efetiva de código de ética e de conduta.

§ 2º O acordo de leniência celebrado pela autoridade administrativa:

I-isentará a pessoa jurídica das sanções previstas no inciso II do *caput* do art. 6º e das sanções restritivas ao direito de licitar e contratar previstas na Lei nº 8.666, de 21 de junho de 1993, e em outras normas que tratam de licitações e contratos;

II-poderá reduzir a multa prevista no inciso I do *caput* do art. 6º em até dois terços, não sendo aplicável à pessoa jurídica qualquer outra sanção de natureza pecuniária decorrente das infrações especificadas no acordo; e

III-no caso de a pessoa jurídica ser a primeira a firmar o acordo de leniência sobre os fatos investigados, a redução poderá chegar até a sua completa remissão, não sendo aplicável à pessoa jurídica qualquer outra sanção de natureza pecuniária decorrente das infrações especificadas no acordo.

§ 3º O acordo de leniência não exime a pessoa jurídica da obrigação de reparar integralmente o dano causado.

§ 4º O acordo de leniência estipulará as condições necessárias para assegurar a efetividade da colaboração e o resultado útil do processo administrativo e quando estipular a obrigatoriedade de reparação do dano poderá conter cláusulas sobre a forma de amortização, que considerem a capacidade econômica da pessoa jurídica.

§ 5º Os efeitos do acordo de leniência serão estendidos às pessoas jurídicas que integram o mesmo grupo econômico, de fato e de direito, desde que firmem o acordo em conjunto, respeitadas as condições nele estabelecidas.

§ 6º A proposta de acordo de leniência somente se tornará pública após a efetivação do respectivo acordo, salvo no interesse das investigações e do processo administrativo.

§ 7º Não importará em reconhecimento da prática do ato ilícito investigado a proposta de acordo de leniência rejeitada.

§ 8º Em caso de descumprimento do acordo de leniência, a pessoa jurídica ficará impedida de celebrar novo acordo pelo prazo de 3 (três) anos contados do conhecimento pela administração pública do referido descumprimento.

§ 9º A formulação da proposta de acordo de leniência suspende o prazo prescricional em relação aos atos e fatos objeto de apuração previstos nesta Lei e sua celebração o interrompe.

§ 10º A Controladoria-Geral da União – CGU é o órgão competente para celebrar os acordos de leniência no âmbito do Poder Executivo federal, bem como no caso de atos lesivos praticados contra a administração pública estrangeira.

§ 11 O acordo de leniência celebrado com a participação das respectivas Advocacias Públicas impede que os entes celebrantes ajuízem ou prossigam com as ações de que tratam o art. 19 desta Lei e o art. 17 da Lei n. 8.429, de 2 de junho de 1992, ou de ações de natureza civil.

§ 12 O acordo de leniência celebrado com a participação da Advocacia Pública e em conjunto com o Ministério Público impede o ajuizamento ou o prosseguimento da ação já ajuizada por qualquer dos legitimados às ações mencionadas no § 11.

§ 13 Na ausência do órgão de controle interno no Estado, no Distrito Federal ou no Município, o acordo de leniência previsto no *caput* somente será celebrado pelo chefe do respectivo Poder em conjunto com o Ministério Público.

§ 14 O acordo de leniência depois de assinado será encaminhado ao respectivo Tribunal de Contas, que poderá, nos termos do inciso II do art. 71 da Constituição Federal, instaurar procedimento administrativo contra a pessoa jurídica celebrante, para apurar prejuízo ao erário, quando entender que o valor constante do acordo não atende ao disposto no § 3º.

Art. 17. A administração pública poderá também celebrar acordo de leniência com a pessoa jurídica responsável por atos e fatos investigados previstos em normas de licitações e contratos administrativos com vistas à isenção ou à atenuação das sanções restritivas ou impeditivas ao direito de licitar e contratar.

> Art. 17-A. Os processos administrativos referentes a licitações e contratos em curso em outros órgãos ou entidades que versem sobre o mesmo objeto do acordo de leniência deverão, com a celebração deste, ser sobrestados e, posteriormente, arquivados, em caso de cumprimento integral do acordo pela pessoa jurídica.
>
> Art. 17-B. Os documentos porventura juntados durante o processo para elaboração do acordo de leniência deverão ser devolvidos à pessoa jurídica quando não ocorrer a celebração do acordo, não permanecendo cópias em poder dos órgãos celebrantes.

Mais de dois anos depois da Lei Anticorrupção, a presidente Dilma Rousseff editou a medida provisória alterando as normas para negociação, conclusão e eventuais benefícios concedidos por acordos de leniência. Tal acordo, firmado entre a empresa infratora e o Poder Público, é uma espécie de delação premiada de pessoa jurídica, por meio da qual a empresa se compromete a colaborar na investigação dos ilícitos em troca da extinção ou redução da pena aplicável.

O acordo de leniência, com origem no Direito norte americano, é o mecanismo de manutenção da ordem concorrencial com o propósito de coibir a prática de infração à ordem econômica. Foi introduzido no Brasil pela Lei n. 10.149, de 21.12.2000, permitindo que um participante de cartel ou de outra prática anticoncorrencial coletiva denuncie a prática às autoridades antitruste e coopere com as investigações recebendo, por isso, imunidade administrativa e criminal, ou redução das penalidades aplicáveis.

A Secretaria de Direito Econômico (SDE) é a autoridade competente para agir em nome da União, negociando e assinando o acordo de leniência com as pessoas físicas ou jurídicas autoras de infração contra a ordem econômica, permitindo ao infrator colaborar nas investigações, no próprio processo administrativo, apresentando provas novas e suficientes para a condenação dos demais envolvidos na infração. Em contrapartida, o signatário do acordo tem como benefício a extinção da ação punitiva da administração pública, ou redução da penalidade imposta pelo Conselho Administrativo de Defesa Econômica (CADE).

O programa tem sido importante para os esforços de combate aos carteis, tendo sido assinados mais de 10 acordos desde 2003, e outros estão sendo negociados atualmente, incluindo membros de carteis internacionais. Como reflexo disso, o número de mandados de busca e apreensão tem aumentado significativamente: de 2003 a 2005, 11 mandados foram cumpridos e 2 pessoas foram temporariamente presas, em 2006, 19 mandados foram cumpridos, e, em 2007, 84 mandados foram cumpridos e 30 pessoas foram temporariamente presas por suspeita de participação no ilícito de cartel.

Um escândalo nas obras e no fornecimento de vagões para o metrô de São Paulo constitui apenas mais um dos que integram o rol do programa de leniência brasileiro. No episódio, o Ministério Público paulista ofereceu cinco denúncias criminais contra 30 executivos de 12 empresas por formação de cartel e fraude às licitações no setor metroferroviário do Estado entre 1998 e 2008. A denúncia tem base em acordo de leniência firmado pela empresa alemã Siemens com o CADE, e apurações complementares pelo Ministério Público Especializado em Repressão aos Delitos Econômicos. No total, 12 executivos da Siemens foram denunciados, em sua maioria diretores e gerentes, alguns deles da matriz alemã da multinacional. Os seis executivos que firmaram o acordo de leniência não foram acusados pela promotoria tendo em vista a proteção dada pela lei aos colaboradores. Além da Siemens, foram denunciados 3 funcionários da Alstom, 1 da CAF, 2 da Bombardier, 3 da T. Trans, 1 da Mitsui, 2 da MGE, 2 da Temoinsa, 1 da Tejiofran, 1 da Balfour Beatty, 1 da Hundai-Roten e 1 da Daimler-Chrysler. Todos os executivos foram denunciados por três crimes, sendo um de formação de cartel e dois tipos distintos de fraude a licitação.

No plano geral, o acordo de leniência também se aplica ao Direito Penal na forma de delação premiada, regulamentada pela Lei n. 9.807/99, a qual concede benefícios àqueles que voluntariamente tenham prestado efetiva colaboração à investigação policial e ao processo criminal.

É notório que a legislação brasileira vem se adequando aos padrões internacionais anticoncorrência e anticorrupção. Visando proteger as práticas competitivas a Lei n. 12.259/2011, reforçou a estrutura de amparo do mercado, criando o Sistema Brasileiro de Defesa da Concorrência (SBDC), dotando de maior poder o CADE que o integra.

Através da Medida Provisória 703/2015, o governo autorizou a celebração de acordo de leniência com a administração pública, tal qual prevê a Lei do CADE. Trata-se, também de um ajuste que permite à empresa obter uma atenuação das sanções, e até mesmo a isenção total da multa, no caso de ser a primeira empresa a assinar a leniência com o governo. Para a celebração do acordo, não há necessidade que a empresa admita sua participação no ilícito nem que seja a primeira a se manifestar, bastando que a empresa coopere com as investigações e cesse seu envolvimento, além de comprometer na adoção ou na melhoria de seus mecanismos de integridade.

Para comprovar cooperação plena e permanente com as investigações e o processo administrativo, a empresa que propõe o acordo deverá comparecer a todos os atos processuais, sempre que solicitada.

A celebração do acordo de leniência isentará a empresa da obrigação de publicar na imprensa o extrato da decisão condenatória. Também poderá reduzir em até dois terços o valor da multa aplicável, caso não seja a primeira a firmar o acordo para se beneficiar da isenção. Entretanto, o acordo não exime a empresa da obrigação de reparar integralmente o dano causado.

O acordo de leniência isentará a pessoa jurídica das sanções restritivas do direito de contratar e licitar com o Poder Público previstas na Lei nº 8.666/93 e em normas de licitações e contratos.

A formalização da proposta do acordo de leniência suspende o prazo prescricional dos atos e fatos previstos na Lei n. 12.846/2013, não obstante, apenas a efetiva celebração do acordo é capaz de interromper a prescrição. Essa interrupção acarreta a extinção do lapso temporal até ali decorrido para começar a fluir um novo hiato que novamente será interrompido conforme o disposto no art. 117 do Código Penal. Em caso de descumprimento do acordo, reinicia-se a contagem do prazo prescricional, atendendo-se aos prazos fixados no art. 109 do Código Penal, ficando impedida a pessoa jurídica de celebrar novo acordo pelo prazo de 3 anos contados do conhecimento pela administração pública do referido descumprimento.

O texto da medida provisória fortalece a ação da Controladoria Geral da União, ao mesmo tempo em que inclui o Tribunal de Contas e o Ministério Público em um número maior de etapas da negociação e assinatura dos acordos.

A competência para firmar o acordo é do órgão de controle interno dos Poderes da União, dos Estados, do Distrito Federal e dos Municípios, de forma isolada ou em conjunto com o Ministério Público ou com a Advocacia Pública. Na ausência do órgão de controle interno, o acordo de leniência somente será celebrado pelo chefe do respectivo Poder em conjunto com o Ministério Público.

A medida provisória também disciplinou a participação do Tribunal de Contas quando houver celebração de acordo de leniência ao prever que depois de assinado o acordo, ele será encaminhado ao respectivo Tribunal de Contas para que este apure eventual prejuízo ao erário, quando entender que o valor constante do acordo não seja suficiente para promover o integral ressarcimento do dano. Mas os tribunais perdem a chance de declarar a inidoneidade das empresas, uma das principais punições que costumavam adotar.

A medida provisória estabeleceu regras impeditivas aos entes celebrantes de ajuizarem ou prosseguirem com qualquer ação judicial de natureza civil contra as empresas que celebrem acordo de leniência, desde que expressamente previsto no acordo e desde que sua celebração seja feita com a participação das respectivas Advocacias Públicas. Além disso, se o acordo for celebrado com a participação da Advocacia Pública e em conjunto com o Ministério Público, nenhum dos legitimados a impetrar ações na esfera civil (e não apenas os entes celebrantes) poderá ajuizar ou prosseguir com tais ações. Dentre as ações judiciais de natureza civis expressamente afetadas pela regra, destaca-se a ação civil prevista na Lei Anticorrupção e a ação de improbidade administrativa da Lei n. 8.429/92.

Além de interferir nos processos judiciais da esfera cível, a celebração de acordo de leniência também reflete sobre processos que tramitam na esfera administrativa. Com a sua celebração, eventuais processos administrativos referentes a licitações e contratos em curso em outros órgãos ou entidades que versem o mesmo objeto do acordo devem ser sobrestados e, posteriormente, arquivados, em caso de cumprimento integral do acordo pela pessoa jurídica.

Com as alterações efetuadas na Lei Anticorrupção, e com o mesmo objetivo de incentivar a assinatura de novos acordos, a fim de que os lenientes possam continuar participando de licitações, impulsionando a atividade econômica, a medida provisória também revogou expressamente o dispositivo da Lei n. 8.429/92 (art. 17,§ 1º) que vedava a transação, acordo ou conciliação nas ações de improbidade administrativa.

Somente o tempo ditará a permanência das regras trazidas pela MP nº 703/2015 no ordenamento jurídico brasileiro. A atenção se voltará agora para o Poder Legislativo que deverá apreciá-la, sem se esquecer do Poder Judiciário que, eventualmente, poderá examiná-la sob a ótica da constitucionalidade, tendo em vista que o novo regramento disciplinou matérias relativas do direito processual civil (alterações na Lei de Improbidade), o que é vedado pela Constituição Federal (art. 62, § 1º, I, b), além de bulir no funcionamento do Tribunal de Contas, tema que somente poderia ser tratado em lei de iniciativa do próprio Tribunal (CF, art. 73 c/c art. 96, II).

Capítulo VI

Da Responsabilização Judicial (Redação determinada pela Medida Provisória nº 703 de 18.12.2015).

> Art.18. Na esfera administrativa, a responsabilidade da pessoa jurídica não afasta a possibilidade de sua responsabilização na esfera judicial, exceto quando expressamente previsto na celebração de acordo de leniência, observado o disposto no § 11, no § 12 e no § 13 do art. 16.
>
> Art. 19. Em razão da prática de atos previstos no art. 5º desta Lei, a União, os Estados, o Distrito Federal e os Municípios, por meio das respectivas Advocacias Públicas ou órgãos de representação judicial, ou equivalentes, e o Ministério Público, poderão ajuizar ação com vistas à aplicação das seguintes sanções às pessoas jurídicas infratoras:
>
> I-perdimento dos bens, direitos ou valores que representem vantagem ou proveito direta ou indiretamente obtidos da infração, ressalvado o direito do lesado ou de terceiro de boa-fé;
>
> II-suspensão ou interdição parcial de suas atividades;
>
> III-dissolução compulsória da pessoa jurídica;
>
> IV-proibição de receber incentivos, subsídios, subvenções, doações ou empréstimos de órgãos ou entidades públicas e de instituições

financeiras públicas ou controladas pelo poder público, pelo prazo mínimo de 1 (um) e máximo de 5 (cinco) anos.

§ 1º A dissolução compulsória da pessoa jurídica será determinada quando comprovado:

I-ter sido a personalidade jurídica utilizada de forma habitual para facilitar ou promover a prática de atos ilícitos; ou

II-ter sido constituída para ocultar ou dissimular interesses ilícitos ou a identidade dos beneficiários dos atos praticados.

§ 2º As sanções poderão ser aplicadas de forma isolada ou cumulativa.

§ 3º O Ministério Público ou a Advocacia Pública ou órgão de representação judicial, ou equivalente, do ente público poderá requerer a indisponibilidade de bens, direitos ou valores necessários à garantia do pagamento da multa ou da reparação integral do dano causado, conforme previsto no art. 7º, ressalvado o direito do terceiro de boa-fé.

Art. 20. Nas ações ajuizadas pelo Ministério Público, poderão ser aplicadas asa sanções previstas no art. 6º, sem prejuízo daquelas previstas neste Capítulo, desde que constatada as omissão das autoridades competentes para promover a responsabilização administrativa.

Parágrafo Único. A proposta do acordo de leniência poderá ser feita mesmo após eventual ajuizamento das ações cabíveis.

Art. 21. Nas ações de responsabilização judicial, será adotado o rito previsto na Lei n. 7.347, de 24 de julho de 1985.

Parágrafo único. A condenação torna certa a obrigação de reparar, integralmente, o dano causado pelo ilícito, cujo valor será apurado em posterior liquidação, se não constar expressamente da sentença.

Um determinado fato pode dar ensejo a diversas formas de repercussões e, ainda, que cada uma dessas pode incidir numa determinada instância. A segurança e garantia aos cumpridores do nosso ordenamento vem determinada pelo princípio da independência das instâncias. Assim, uma determinada conduta pode caracterizar um ilícito civil, administrativo e penal ao mesmo tempo. Nesse caso, não há violação do *ne bis in idem*, que estabelece que ninguém poderá ser responsabilizado mais de uma vez pela prática de um determinado crime.

Nesse sentido são as decisões do Supremo Tribunal Federal ao utilizar do princípio em questões cíveis, penais e administrativas, atribuindo independência a cada uma delas.

> STF, Pleno, Informativo 250 (MS 23.625-DF)
>
> A rejeição de denúncia por insuficiência de provas não impede a responsabilização pelos mesmos fatos em instância administrativa, uma vez que as instâncias penal e administrativa são independentes. Com esse entendimento, o Tribunal indeferiu mandado de segurança impetrado por ex-prefeito, que teve rejeitada a denúncia contra ele apresentada por crime de peculato, mediante o qual se pretendia o arquivamento da tomada de contas especial do TCU sobre os mesmos fatos, Precedente citado: MS 21.708-DF (DJU de 18.5.2001).

Ao decidir que havendo insuficiência de provas na esfera criminal, tal ocorrência não inviabiliza a instauração de processo administrativo visando a responsabilização dos mesmos fatos que deram causa à rejeição penal, o STF entendeu que deve ser aplicado o principio da independência das instâncias permitindo que as esferas atuem juntas, sem, contudo, afetarem-se de modo que obste a punição devida pelo ato ilícito, sendo penal ou administrativo.

Excepcionalmente prevê a lei casos de vinculação das instâncias. São as hipóteses de absolvição penal porque ficou provada a inexistência do fato imputado ou quando provado que o réu não concorreu para a infração penal (artigo 386, incisos I e IV do Código de Processo Penal). Essa é a orientação adotada pelo STJ.

> STJ, Segunda Turma, REsp 1199083/SP
>
> (...) Prevalece no direito brasileiro a regra da independência das instâncias penal, civil e disciplinar, ressalvadas algumas exceções, v.g., em que a decisão proferida no juízo penal fará coisa julgada na seara cível e administrativa. Nesse sentido, a responsabilidade administrativa do servidor será afastada no caso de absolvição criminal que negue a existência do fato ou sua autoria (...).

Atento a esse princípio da independência das instâncias, a Lei 12.846/2013 prevê a responsabilização dos atos lesivos descritos no art. 5º em duas esferas, a administrativa e a judicial, exceto quando expressamente previsto na celebração de acordo de leniência. Ambas as formas são independentes e complementares (arts. 18 e 20), cabendo ao Ministério Público ou a Advocacia Pública ou órgão de representação judicial, ou equivalente, do ente público requerer a indisponibilidade de bens, direitos ou valores necessários à garantia do pagamento da multa ou da reparação integral do dano causado, conforme previsto no art. 7º, ressalvado o direito do terceiro de boa-fé.

A respeito do Ministério Público pontua Eugenio Pacceli, uma vez demonstrada a inconveniência do modelo acusatório privado que se desenvolveu na Antiguidade, e já a partir do século XVIII, após o período da inquisição eclesiástica, evoluiu-se para a elaboração de uma Justiça Penal Pública, a cargo do Poder Público, surgindo a figura do Ministério Público, como órgão do Estado responsável pela promoção da persecução penal, retirando do juiz quaisquer funções de natureza pré-processual (ou investigatórias), desde que atinentes à apuração dos fatos e à formulação da acusação a fim de preservá-lo em sua imparcialidade. Para o processualista mineiro, no Brasil, a instituição de um modelo essencialmente acusatório somente veio a lume com a Constituição da República de 1988, com uma completa redefinição do papel do Ministério Público na ordem jurídica, contemplado, além da titularidade *privativa* da ação penal pública, com inúmeras e relevantes funções na defesa jurídica, do regime democrático e dos interesses sociais e individuais indisponíveis (arts. 127 e 129, CF).[38]

O Ministério Público possui ferramentas - inquérito civil e a ação civil pública - para exercer a defesa e garantia do patrimônio público e social, do meio ambiente e de outros interesses difusos. Através deles, ele pode promover a investigação dos atos de corrupção, coletando elementos de autoria e materialidade, buscando a responsabilização e a reparação dos danos causados.

---

[38] Eugênio Pacelli de Oliveira, *Curso de Processo Penal, 15ª ed., Editora Lumen Juris, RJ, 2011, p. 460.*

Em razão dessas novas funções constitucionais do Ministério Público, notadamente a de defensor do regime democrático, exigindo transparência da administração pública e controlando a execução orçamentária, a lei anticorrupção atribuiu-lhe, independente de ação da Advocacia Pública da União, dos Estados, do Distrito Federal e dos Municípios, a possibilidade de ajuizar ação com vistas à aplicação de penalidades às pessoas jurídicas infratoras (art. 19). Essa legitimidade *ad causam* é concorrente e disjuntiva, isto é, qualquer um dos legitimados pode propor a ação, sem a autorização do outro, mas a ajuizamento por um não exclui o ingresso do outro na relação jurídica. O Ministério Público, quando não tiver ajuizado a ação civil pública, atuará como fiscal da lei (art. 5º, § 1º, da Lei 7.347/85) e quando ele ajuizar a ação poderá o ente federativo legitimado habilitar-se como litisconsorte (art. 5º, § 2º, da Lei 7.347/85).

Assim, constatada omissão total ou parcial da autoridade administrativa na imposição das punições que lhe cabem, dispostas na lei, caberá o Ministério Público ajuizar ação civil pública para promover a responsabilização administrativa da pessoa jurídica infratora (art. 20 c/c art. 30 da Lei 12.846/2013).

O art. 21 da Lei, ao submeter o procedimento da ação de responsabilização da pessoa jurídica àquele previsto na Lei 7.347/85, admitiu a utilização de técnicas processuais específicas, como a obrigatoriedade do Ministério Público atuar como fiscal da lei, quando não for parte, a habilitação do ente público lesado como litisconsorte do Ministério Público, a regra da competência funcional absoluta do foro onde acontecer ou deva ocorrer o dano, prevenção do juízo para processar e julgar ações posteriores com a mesma causa de pedir ou o mesmo objeto, inexistência da regra do efeito suspensivo às apelações, coisa julgada *erga omnes*, previsão expressa acerca da possibilidade de cautelar visando a indisponibilidade de bens.

A dissolução compulsória da pessoa jurídica, sanção extremada que será determinada quando comprovado que ela foi utilizada de forma habitual para facilitar ou promover a prática de atos ilícitos ou de ter sido constituída para ocultar ou dissimular interesses ilícitos ou a identidade dos beneficiários dos atos praticados, é o encerramento da existência de uma firma individual ou sociedade.

A dissolução da pessoa jurídica tal como regulamentada pela Lei 6.404/1976 (Lei da S.A.) ocorre de pleno direito, por decisão judicial ou por decisão da autoridade administrativa competente, nos casos previstos em lei, conservando a sua personalidade até a extinção, com o fim de proceder à liquidação. A dissolução não extingue a personalidade jurídica de imediato, pois a pessoa jurídica continua a existir até que se concluam as negociações pendentes, procedendo-se à liquidação de seus haveres, conforme disposto no art. 51 do Código Civil. Como consequência, a pessoa jurídica será tributada até findar-se sua liquidação, ou seja, embora interrompida a normalidade da vida empresarial pela paralisação compulsória de sua atividade, deverá manter a escrituração de suas operações, levantar balanços periódicos, apresentar declarações, pagar os tributos exigidos e cumprir todas as demais obrigações previstas na legislação tributária.

Eduardo Cambi, integrante do Ministério Público no Estado do Paraná, tratando da dissolução da pessoa jurídica na Lei 12.846/2013, em excelente artigo[39], sustenta que ela não viola o preceito constitucional de que nenhuma pena será passada da pessoa do condenado já que a nova lei não trata da responsabilidade penal da pessoa jurídica, embora tal tema não seja estranho ao direito brasileiro, pois a Constituição Federal, expressamente, permite tal responsabilização para crimes praticados contra a ordem econômica e financeira (art. 173, § 5º) e para os crimes ambientais (art. 225, § 3º). A nova lei anticorrupção responsabiliza objetivamente a pessoa jurídica independentemente da responsabilização subjetiva, isto é, sem a demonstração do dolo ou da culpa dos dirigentes ou de qualquer pessoa natural, autora, coautora ou partícipe do ato ilícito (art. 3º). Não se pode afirmar que a responsabilização objetiva da pessoa jurídica implicaria a penalização dos sócios, pois estes são atingidos apenas pelos efeitos fáticos e jurídicos da condenação. A responsabilização civil e administrativa objetiva da pessoa jurídica não exclui a responsabilidade individual de seus dirigentes que serão responsabilizados na medida de sua culpabilidade (art. 29 do Código Penal).

---

39 *A Atuação do Ministério Público no Combate à Corrupção na Lei 12.846/2013, Revista do CNMP, n. 4, ano 2014, p. 17/19.*

O autor pondera que a lei admite a aplicação da teoria da desconsideração da personalidade jurídica quando a pessoa jurídica for utilizada com abuso do direito para facilitar, encobrir ou dissimular a prática dos atos ilícitos ou para provocar confusão patrimonial, sendo estendidos todos os efeitos das sanções aplicadas à pessoa jurídica aos seus administradores e sócios e conclui afirmando que essa teoria está voltada a corrigir os desvios de finalidade da pessoa jurídica, permitindo que o Poder Judiciário repare os atos emulativos causados por aqueles que se serviram da autonomia e da capacidade do ente moral para obter vantagens ilícitas.

Capítulo VII
Disposições Finais (Redação determinada pela Medida Provisória nº 703 de 18.12.2015).

Art. 22. Fica criado no âmbito do Poder Executivo federal o Cadastro Nacional de Empresas Punidas – CNEP, que reunirá e dará publicidade às sanções aplicadas pelos órgãos ou entidades dos Poderes Executivo, Legislativo e Judiciário de todas as esferas de governo com base nesta Lei.

§ 1º Os órgãos e entidades referidos no *caput* deverão informar e manter atualizados, no CNEP, os dados relativos às sanções por eles aplicadas.

§ 2º O CNEP conterá, entre outras, as seguintes informações acerca das sanções aplicadas:

I-razão social e número de inscrição da pessoa jurídica ou entidade no Cadastro Nacional da Pessoa Jurídica – CNPJ;

II-tipo de sanção; e

III-data da aplicação e data final da vigência do efeito limitador ou impeditivo da sanção, quando for o caso.

§ 3º As autoridades competentes, para celebrarem acordos de leniência previstos nesta Lei, também deverão prestar e manter atualizadas no CNEP, após a efetivação do respectivo acordo, as informações acerca do acordo de leniência celebrado, salvo se esse procedimento vier a causar prejuízo às investigações e ao processo administrativo.

§ 4º Caso a pessoa jurídica não cumpra os termos do acordo de leniência, além das informações previstas no § 3º, deverá ser incluída no CNEP referência ao respectivo descumprimento.

§ 5º Os registros das sanções e acordos de leniência serão excluídos depois de decorrido o prazo previamente estabelecido no ato sancionador ou do cumprimento integral do acordo de leniência e da reparação do eventual dano causado, mediante solicitação do órgão ou entidade sancionadora.

Art. 23. Os órgãos ou entidades dos Poderes Executivo, Legislativo e Judiciário de todas as esferas de governo deverão informar e manter atualizados, para fins de publicidade, no Cadastro Nacional de Empresas Inidôneas e Suspensas – CEIS, de caráter público, instituído no âmbito do Poder Executivo federal, os dados relativos às sanções por eles aplicadas, nos termos do disposto nos arts. 87 e 88 da Lei n. 8.666, de 21 de junho de 1993.

Art. 24. A multa e o perdimento de bens, direitos ou valores aplicados com fundamento nesta Lei serão destinados preferencialmente aos órgãos ou entidades públicas lesadas.

Art. 25. Prescrevem em 5 (cinco) anos as infrações previstas nesta Lei, contados da data da ciência da infração ou, no caso de infração permanente ou continuada, do dia em que tiver cessado.

§ 1º Na esfera administrativa ou judicial, a prescrição será interrompida com a instauração de processo que tenha por objeto a apuração da infração.

§ 2º Aplica-se o disposto no *caput* e no § 1º aos ilícitos previstos em normas de licitações e contratos administrativos.

Art. 26. A pessoa jurídica será representada no processo administrativo na forma do seu estatuto ou contrato social.

§ 1º As sociedades sem personalidade jurídica serão representadas pela pessoa a quem couber a administração de seus bens.

§ 2º A pessoa jurídica estrangeira será representada pelo gerente, representante ou administrador de sua filial, agência ou sucursal aberta ou instalada no Brasil.

Art. 27. A autoridade competente que, tendo conhecimento das infrações previstas nesta Lei, não adotar providências para a apuração dos fatos será responsabilizada penal, civil e administrativamente nos termos da legislação específica aplicável.

Art. 28. Esta Lei aplica-se aos atos lesivos praticados por pessoa jurídica brasileira contra a administração pública estrangeira, ainda que cometidos no exterior.

> Art. 29. O disposto nesta Lei não exclui as competências do Conselho Administrativo de Defesa Econômica, do Ministério da Justiça e do Ministério da Fazenda para processar e julgar fato que constitua infração à ordem econômica.
>
> § 1º Os acordos de leniência celebrados pelos órgãos de controle interno da União, dos Estados, do Distrito Federal e dos Municípios contarão com a colaboração dos órgãos a que se refere o *caput* quando os atos e fatos apurados acarretarem simultaneamente a infração ali prevista.
>
> § 2º Se não houver concurso material entre a infração prevista no *caput* e os ilícitos contemplados nesta Lei, a competência e o procedimento para celebração de acordos de leniência observarão o previsto na Lei n. 12.529, de 30 de novembro de 2011, e a referida celebração contará com a participação do Ministério Público.
>
> Art. 30. Ressalvada a hipótese de acordo de leniência que expressamente as inclua, a aplicação das sanções previstas nesta Lei não afeta os processos de responsabilização e aplicação de penalidades decorrentes de:
>
> I-ato de improbidade administrativa nos termos da Lei n. 8.429, de 1992;
>
> II-atos ilícitos alcançados pela Lei nº 8.666, de 1993, ou por outras normas de licitações e contratos da administração pública, inclusive no que se refere ao Regime Diferenciado de Contratações Públicas – RDC, instituído pela Lei nº 12.462, de 2011; e
>
> III- infrações contra a ordem econômica nos termos da Lei nº 12.529, de 2011.

A Lei n. 12.846 estabeleceu, no âmbito do Poder Executivo federal, a criação do Cadastro Nacional de Empresas Punidas – CNEP, que reunirá e dará publicidade às sanções aplicadas pelos órgãos ou entidades dos poderes Executivo, Legislativo e Judiciário e do Cadastro Nacional de Empresas Inidôneas e Suspensas – CEIS, de caráter público, instituído no âmbito do Poder Executivo federal, onde os órgãos ou entidades dos Poderes Executivo, Legislativo e Judiciário de todas as esferas de governo deverão informar e manter atualizados, para fins de publicidade, os dados relativos às sanções por eles aplicadas, nos termos dos artigos 87 e 88 da Lei n. 8.666/93.

O Cadastro Nacional de Empresas Punidas – CNEP conterá informações referentes às sanções impostas com fundamento na lei anticorrupção, a data da aplicação e data final da vigência do efeito limitador ou impeditivo da sanção, quando for o caso. Caso a pessoa jurídica não cumpra os termos do acordo de leniência, deverá ocorrer a inclusão no cadastro da referência ao respectivo descumprimento. As informações sobre os acordos de leniência serão registradas neste cadastro após a sua celebração, exceto de causar prejuízo às investigações ou ao processo administrativo (Parágrafo Único do Decreto n. 8.420/2015).

O Cadastro Nacional de Empresas Inidôneas e Suspensas – CEIS conterá informações referentes às sanções administrativas impostas a pessoas físicas ou jurídicas que impliquem restrição ao direito de participar de licitações ou de celebrar contratos com a administração pública de qualquer esfera federativa, entre as quais:

A exclusão dos dados e informações constantes do CEIS ou do CNEP se dará com o fim do prazo do efeito limitador ou impeditivo da sanção ou mediante requerimento da pessoa jurídica interessada, depois de publicada a decisão de reabilitação da pessoa jurídica sancionada, nas hipóteses dos incisos II e VI do *caput* do art. 43 do Decreto n. 8.420/2015; do cumprimento integral do acordo de leniência; da reparação do dano causado ou da quitação da multa aplicada.

Num Estado de Direito o poder não é absoluto, estando sujeito a princípios e regras garantidoras da segurança, liberdade e legalidade. A maneira pela qual essa garantia se manifesta é pela via dos institutos jurídicos. Um dos institutos que fornece o seu aval desta garantia é a prescrição, que em qualquer setor do Direito, é matéria de ordem pública.

Com referência a seus fundamentos assevera San Tiago Dantas que esta influência do tempo, consumido pela inércia do titular, serve a uma das finalidades supremas da ordem jurídica, que é estabelecer a segurança das relações sociais. Como passou muito tempo sem modificar-se o atual estado de coisas, não é justo que se continue a expor as pessoas à insegurança que o direito de reclamar mantém sobre todos, como uma espada de Dâmocles. A prescrição assegura que, daqui em diante, o inseguro é seguro; quem podia reclamar não mais pode. De modo que, o instituto da prescrição tem suas raízes numa das razões de ser da ordem jurídica: estabelecer a segurança nas relações sociais. Fazer com que o homem possa saber com o que conta e com que não conta[40].

Prescrevem em cinco anos as infrações previstas na lei anticorrupção, contando-se o prazo da data da ciência do fato ou, no caso de infração permanente ou continuada, do dia em que tiver cessado a permanência ou a continuidade. O prazo prescricional será suspenso pela formalização da proposta de acordo de leniência (§ 9º do art. 16) e interrompido com a instauração do processo administrativo de apuração da infração (Parágrafo Único do art. 25).

Nota-se mais uma situação onde foi adotada a prescrição quinquenal em ilícitos praticados contra a Administração Pública, nos moldes da Lei n. 8.112/90, que estabelece prescrição quinquenal para a ação disciplinar que vise punir o servidor com demissão, cassação de aposentadoria, disponibilidade ou destituição de cargo em comissão (art. 142); da Lei n. 8.429/92, que estabelece prescrição quinquenal para aplicação de sanções por improbidade administrativa aos que exercem cargo em comissão ou cargo efetivo no âmbito federal (art. 23) e da Lei n. 9.873/99, que estabelece prescrição quinquenal para a ação punitiva da Administração Pública Federal no exercício do poder de polícia (art. 1º).

Quanto à reparação do dano prevista no § 3º do art. 6 da Lei n. 12.846/2013, não há de se falar em prescrição por sua natureza de ressarcimento aos cofres públicos. Essa modalidade de imprescritibilidade tem amparo no § 5º do art. 37 da Constituição Federal, segundo o qual a lei estabelecerá os prazos de prescrição para ilícitos praticados por qualquer agente, servidor ou não, que causem prejuízos ao erário, ressalvadas as respectivas ações de ressarcimento. O tema já foi decidido pelo Supremo Tribunal Federal que entendeu aplicável a incidência da prescrição apenas quanto à apuração e punição do ilícito, não, porém, o direito da Administração ao

---

[40] *Apud* BARROSO, Luiz Roberto. A prescrição administrativa no direito brasileiro antes e depois da Lei n. 9.873, *Revista Diálogo Jurídico*, Salvador, v. 1, n. 4, 2001.

ressarcimento, à indenização, do prejuízo causado ao erário, sendo uma ressalva constitucional e, pois, inafastável, embora destoante dos princípios jurídicos, que não socorrem quem fica inerte (*dormientibus non sucurrit ius*)[41].

---

41 MS 26.210-9/DF, Rel. Min. Ricardo Lewandowski, j. 04.09.2008, DJE 10.10.2008.

REFERÊNCIAS BIBLIOGRÁFICAS

BARROSO, Luiz Roberto. A prescrição administrativa no direito brasileiro antes e depois da Lei n. 9.873, Revista Diálogo Jurídico, Salvador, v. 1, n. 4, 2001.

BECK, Ulrich, Manifesto Cosmopolita in- MACHADO, Marta Rodriguez de Assis. Sociedade do Risco e Direito Penal. São Paulo: IBCCRIM, 2005.

BRUNO, Aníbal, Direito Penal, Tomo III, 4º ed. Rio de Janeiro: Forense, 1978.

BULGARELLI, Waldirio. Tratado de Direito Empresarial, v. 3. São Paulo: Atlas, 1997.

CAMPOS FILHO, Moacyr Lobato. Falência e Recuperação. Belo Horizonte: Del Rey, 2007.

CAVALCANTI, Themistócles Brandão. Direito e Processo Disciplinar, 2ª ed. Rio de Janeiro: FGV, 1996.

CORRÊA JUNIOR, Alceu. Confisco Penal, São Paulo: IBCCRIM, 2006.

COSTA JUNIOR, Paulo José da. Comentários ao Código Penal, v.1. São Paulo: Saraiva, 1986.

COSTA JUNIOR, Paulo José da. Direito Penal das Licitações, 2º ed. São Paulo: Saraiva, 2004.

CRETELLA JR, José. Prática do Processo Administrativo. São Paulo: RT, 1988.

DI PRIETRO, Maria Sylvia Zanella. Direito Administrativo 19ª ed. São Paulo: Atlas, 2006.

FARIA, Bento de. Código penal Brasileiro Comentado, V.VII. Rio de Janeiro: Editora Record. 1961.

FAZZIO JUNIOR, Waldo. Improbidade Administrativa e Crimes de Prefeitos. 2º. Ed.

FIUZA, César. Direito Civil Curso Completo, 9º ed. Belo Horizonte: Del Rey, 2006.

FRAGOSO, Heleno Cláudio. Lições de Direito Penal, volume II, 1º. ed. Rio de Janeiro: Forense, 1989.

GAMBI, Eduardo. A Atuação do Ministério Público no Combate à Corrupção na Lei 12.846/2013, Revista do Conselho Nacional do Ministério Público, n. 4, ano 2014.

GONÇALVES, Kildare Carvalho. Direito Constitucional Didático. Belo Horizonte: Del Rey, 2003.

HUMBERTO, Cláudio. Saúde firma contrato milionário sem licitação. Publicado no Jornal Hoje em Dia no dia 19/01/2004.

HUNGRIA, Nelson. Comentários ao Código Penal, volume IX, 2º. ed. Rio de Janeiro: Forense, 1958.

JAEGER, Paideia – A Formação do Homem Grego, São Paulo: Martins Fontes, 1979.

JUSTEN FILHO, Marçal. Comentários à Lei de Licitações e Contratos Administrativos, São Paulo: Dialética, 2001.

MEIRELLES, Hely Lopes. Licitações e Contratos Administrativos, 10º ed. São Paulo: RT, 1991.

MELLO, Celso Antônio Bandeira de. Curso de Direito Administrativo. São Paulo: Malheiros, 1993.

MENDES, Gilmar Ferreira. Direitos Fundamentais e Controle de Constitucionalidade. Estudos de Direito Constitucional, São Paulo: Celso Bastos Editor, 1999.

MUKAI, Toshio. Licitações e Contratos Públicos, 5º ed. São Paulo: Saraiva, 1999.

NIEBUHR, Joel de Menezes. Licitação Pública e Contrato Administrativo, 2º ed. Belo Horizonte: Fórum. 2011.

NORONHA, Edgard Magalhães, Direito Penal, v. 4, 17ª ed. São Paul: Saraiva, 1986.

NUCCI, Guilherme de Souza. Leis Penais e Processuais Penais Comentadas 4º ed. São Paulo: Ed. RT, 2009.

NUNES, Silvério Carvalho. Legalidade Justa e Moralidade Administrativa. Belo Horizonte: Decálogo Editora, 2005.

Operação Lavajato texto disponível em www.lavajato.mpf.mp.br

ORTIZ, Mariana Tranchesi, Concurso de Agentes nos Delitos Especiais, São Paulo: IBCCrim, 2011.

PACCELLI DE OLIVEIRA, Eugênio. Curso de Processo Penal, 15ª ed. Rio de Janeiro: Lumen Juris, 2011.

PONTES DE MIRANDA, Francisco Cavalcanti. Comentários à Constituição de 1946, 2ª ed. v. 4. São Paulo: Max Limonad, 1953.

RAMOS, Beatriz Vargas, Do Concurso de Pessoas, Belo Horizonte: Del Rey, 1996.

REALE JUNIOR, Miguel. Parte Geral do Código Penal, São Paulo: RT, 1988.

ROXIN, CLAUS. Iniciación al Derecho Penal de Hoy, tradução Francisco Muñoz Conde e Luzon Peña. Sevilha: Secretariado de Publicaciones, 1981.

SANTOS, Renato Almeida. Compliance como ferramenta de mitigação e prevenção da fraude organizacional. Disponível em WWW. CGU@gov.br.

SARDENBERG, Dalton. Lei da Empresa Limpa: entendimento e adequação das empresas. Disponível em dalton@fdc.org.br

SILVA, José Afonso. Curso de Direito Constitucional Positivo, 9ºed. São Paulo: Malheiros, 1992.

SCHECAIRA, Sérgio Salomão. Responsabilidade Penal da Pessoa Jurídica, São Paulo: RT, 1998.

SCHILLING, Flávia. Corrupção: Ilegalidade Intolerável. São Paulo: IBCCRIM, 1999.

TÔRRES, Heleno Taveira. Limites do Planejamento Tributário. São Paulo: Dialética, 2001.

VIANA, Eduardo, *Notas à teoria do domínio do fato*, São Paulo, Boletim do IBCCrim, n. 251, outubro/2013.

ZAFFARONI, Eugênio Raúl. Manual de Derecho Penal. Buenos Aires: Ediar, 5ª ed.1986.

ANEXOS

LEI Nº 8.666, DE 21 DE JUNHO DE 1993

Regulamenta o Art. 37, inciso XXI, da Constituição Federal, institui normas para licitações e contratos da Administração Pública e dá outras providências.

CAPÍTULO I
DAS DISPOSIÇÕES GERAIS

Seção I
Dos Princípios

Art. 1º Esta Lei estabelece normas gerais sobre licitações e contratos administrativos pertinentes a obras, serviços, inclusive de publicidade, compras, alienações e locações no âmbito dos Poderes da União, dos Estados, do Distrito Federal e dos Municípios.

- Nos termos do Art. 4º, todos quantos participem de licitação têm direito público subjetivo à fiel observância do procedimento estabelecido nesta Lei, podendo qualquer cidadão acompanhar o seu desenvolvimento, desde que não venha a perturbar ou impedir os trabalhos.

Parágrafo único. Subordinam-se ao regime desta Lei, além dos órgãos da administração direta, os fundos especiais, as autarquias, as fundações públicas, as empresas públicas, as sociedades de economia mista e demais entidades controladas direta ou indiretamente pela União, Estados, Distrito Federal e Municípios.

- A presente lei deixou de aplicar-se às estatais, em razão da seguinte redação dada ao Art. 173, § 1º, da CF:

§ 1º A lei estabelecerá o estatuto jurídico da empresa pública, da sociedade de economia mista e de suas subsidiárias que explorem atividade econômica de produção ou comercialização de bens ou de prestação de serviços, dispondo sobre:

I - ...;

III - licitação e contratação de obras, serviços, compras e alienações, observados os princípios da administração pública;

Art. 2º As obras, serviços, inclusive de publicidade, compras, alienações, concessões, permissões e locações da Administração Pública, quando contratadas com terceiros, serão necessariamente precedidas de licitação, ressalvadas as hipóteses previstas nesta Lei.

- As licitações e contratos para concessões e permissões são regulados pelas Leis nº 8.987, de 13/2/95, e nº 9.074, de 7/7/95.

Parágrafo único. Para os fins desta Lei, considera-se contrato todo e qualquer ajuste entre órgãos ou entidades da Administração Pública e particulares, em que haja um acordo de vontades para a formação de vínculo e estipulação de obrigações recíprocas, seja qual for a denominação utilizada.

Art. 3º A licitação destina-se a garantir a observância do princípio constitucional da isonomia, a seleção da proposta mais vantajosa para a administração e a promoção do desenvolvimento nacional sustentável e será processada e julgada em estrita conformidade com os princípios básicos da legalidade, da impessoalidade, da moralidade, da igualdade, da publicidade, da probidade administrativa, da vinculação ao instrumento convocatório, do julgamento objetivo e dos que lhes são correlatos.

- Redação do Art. 3º, *caput*, dada pela Lei nº 12.349, de 15/12/10.

§ 1º É vedado aos agentes públicos:

I - admitir, prever, incluir ou tolerar, nos atos de convocação, cláusulas ou condições que comprometam, restrinjam ou frustrem o seu caráter competitivo, inclusive nos casos de sociedades cooperativas, e estabeleçam preferências ou distinções em razão da naturalidade, da sede ou domicílio dos licitantes ou de qualquer outra circunstância impertinente ou irrelevante para o específico objeto do contrato, ressalvado o disposto nos §§ 5º a 12 deste artigo e no art. 3º da Lei nº 8.248, de 23 de outubro de 1991;

- Redação do Art. 3º, § 1º, I, dada pela Lei nº 12.349, de 15/12/10.

- Dispõe o Art. 3º da Lei nº 8.248, de 23/10/91, redação dada pela Lei nº 10.176, de 12/1/01:

Art. 3º Os órgãos e entidades da Administração Pública Federal, direta ou indireta, as fundações instituídas e mantidas pelo Poder Público e as demais organizações sob o controle direto ou indireto da União darão preferência, nas aquisições de bens e serviços de informática e automação, observada a seguinte ordem,

I - bens e serviços com tecnologia desenvolvida no País;

II - bens e serviços produzidos de acordo com processo produtivo básico, na forma a ser definida pelo Poder Executivo.

§ 1º (Revogado)

§ 2º Para o exercício desta preferência, levar-se-ão em conta condições equivalentes de prazo de entrega, suporte de serviços, qualidade, padronização, compatibilidade e especificação de desempenho e preço.

§ 3º A aquisição de bens e serviços de informática e automação, considerados como bens e serviços comuns nos termos do parágrafo único do art. 1º da Lei nº 10.520, de 17 de julho de 2002, poderá ser realizada na modalidade pregão, restrita às empresas que cumpram o Processo Produtivo Básico nos termos desta Lei e da Lei nº 8.387, de 30 de dezembro de 1991." (Redação do § 3º dada pela Lei nº 11.077, de 30/12/04).

- Estabeleceu o TCU (Acórdão n.º 2.138/2005-Plenário):

"Não é juridicamente possível afastar a aplicação da regra de preferência de que trata o art. 3º da Lei n.º 8.248/91, alterado pelas Leis nº 10.176/2001 e 11.077/2004, nos procedimentos licitatórios realizados sob a modalidade pregão, cujo objeto seja o fornecimento de bens e serviços comuns de informática e automação, assim definidos pelo art. 1º, parágrafo único, da Lei n.º 10.520/02, estando essas licitações franqueadas a todos os interessados, independente de desenvolverem bens e produtos com tecnologia nacional e cumprirem o Processo Produtivo Básico, definido pela Lei n.º 8.387, de 30 de dezembro de 1991".

- O conceito de "*bens e serviços de informática e automação*" é dado no Art. 5º da Lei nº 10.176, de 12/1/01.

II - estabelecer tratamento diferenciado de natureza comercial, legal, trabalhista, previdenciária ou qualquer outra, entre empresas brasileiras e estrangeiras, inclusive no que se refere a moeda, modalidade e local de pagamentos, mesmo quando envolvidos financiamentos de agências internacionais, ressalvado o disposto no parágrafo seguinte e no Art. 3º da Lei nº 8.248, de 23 de outubro de 1991.

§ 2º Em igualdade de condições, como critério de desempate, será dada preferência, sucessivamente, aos bens e serviços:

I - (Revogado)

- O Art. 3º, §2º, I, foi revogado pela Lei nº 12.349, de 15/12/10.

II - produzidos no país;

III - produzidos ou prestados por empresas brasileiras;

IV - produzidos ou prestados por empresas que invistam em pesquisa e no desenvolvimento de tecnologia no País.

- Redação do Art. 3º, § 2º, III, dada pela Lei nº 11.196, de 21/11/05.

- O Art. 45, § 2º, estabelece:

No caso de empate entre duas ou mais propostas, e após obedecido o disposto no § 2º do Art. 3º desta Lei, a classificação se fará, obrigatoriamente, por sorteio, em ato público, para o qual todos os licitantes serão convocados, vedado qualquer outro processo.

§ 3º A licitação não será sigilosa, sendo públicos e acessíveis ao público os atos de seu procedimento, salvo quanto ao conteúdo das propostas, até a respectiva abertura.

§ 4º (Vetado)

§ 5º Nos processos de licitação previstos no caput, poderá ser estabelecida margem de preferência para produtos manufaturados e para serviços nacionais que atendam a normas técnicas brasileiras.

§ 6º A margem de preferência de que trata o § 5º será estabelecida com base em estudos revistos periodicamente, em prazo *não superior a* 5 (cinco) anos, que levem em consideração:

I - geração de emprego e renda;

II - efeito na arrecadação de tributos federais, estaduais e municipais;

III - desenvolvimento e inovação tecnológica realizados no País;

IV - custo adicional dos produtos e serviços; e

V - em suas revisões, análise retrospectiva de resultados.

*§ 7º Para os produtos manufaturados e se*rviços nacionais resultantes de desenvolvimento e inovação tecnológica realizados no País, poderá ser estabelecido margem de preferência adicional àquela prevista no § 5º.

§ 8º As margens de preferência por produto, serviço, grupo de produtos ou grupo de serviços, a que se referem os §§ 5º e *7º, serão definidas pelo Poder* Executivo federal, não podendo a soma delas ultrapassar o montante de 25% (vinte e cinco por cento) sobre o preço dos produtos manufaturados e serviços estrangeiros.

§ 9º As disposições contidas nos §§ 5º e 7º deste artigo não se aplicam aos bens e aos serviços cuja capacidade de produção ou prestação no País seja inferior:

I - à quantidade a ser adquirida ou contratada; ou

II - ao quantitativo fixado com fundamento no § 7º do art. 23 desta Lei, quando for o caso.

*§ 10. A margem de preferência a que se refe*re o § 5º poderá ser estendida, total ou parcialmente, aos bens e serviços originários dos Estados-Partes do Mercado Comum do Sul - Mercosul.

*§ 11. Os editais de licitação para a contra*tação de bens, serviços e obras poderão, mediante prévia justificativa da autoridade competente, exigir que o contratado promova, em favor de órgão ou entidade integrante da administração pública ou daqueles por ela indicados a partir de processo isonômico, medidas de compensação comercial, industrial, tecnológica ou acesso a condições vantajosas de financiamento, cumulativamente ou não, na forma estabelecida pelo Poder Executivo federal.

§ 12. Nas contratações destinadas à implantação, manutenção e ao aperfeiçoamento dos sistemas de tecnologia de informa*ção e comunicação,* considerados estratégicos em ato do Poder Executivo federal, a licitação poderá ser restrita a bens e serviços com tecnologia desenvolvida no País e produzidos de acordo com o processo produtivo básico de que trata a Lei nº 10.176, de 11 de janeiro de 2001.

*§ 13. Será divulgada na internet, a cada ex*ercício financeiro, a relação de empresas favorecidas em decorrência do disposto nos §§ 5º, 7º, 10, 11 e 12 deste artigo, com indicação do volume de recursos destinados a cada uma delas.

- Redação do Art. 3º, §§ 5º a 13, dada pela Lei nº 12.349, de 15/12/10.

Art. 4º Todos quantos participem de licitação promovida pelos órgãos e entidades a que se refere o Art. 1º têm direito público subjetivo à fiel observância do pertinente procedimento estabelecido nesta Lei, podendo qualquer cidadão acompanhar o seu desenvolvimento, desde que não interfira de modo a perturbar ou impedir a realização dos trabalhos.

Parágrafo único. O procedimento licitatório previsto nesta Lei caracteriza ato administrativo formal, seja ele praticado em qualquer esfera da Administração Pública.

Art. 5º Todos os valores, preços e custos utilizados nas licitações terão como expressão monetária a moeda corrente nacional, ressalvado o disposto no Art. 42 desta Lei, devendo cada unidade da Administração, no pagamento das obrigações relativas ao fornecimento de bens, locações, realização de obras e prestação de serviços, obedecer, para cada fonte diferenciada de recursos, a estrita ordem cronológica das datas de suas exigibilidades, salvo quando presentes relevantes razões de interesse público e mediante prévia justificativa da autoridade competente, devidamente publicada.

- O dispositivo mencionado no Art. 5º estabelece:

Art. 42. Nas concorrências de âmbito internacional, o edital deverá ajustar-se às diretrizes da política monetária e do comércio exterior e atender às exigências dos órgãos competentes.

*§ 1º Quando for permitido ao licitante estrangeiro co*tar preço em moeda estrangeira, igualmente o poderá fazer o licitante brasileiro.

*§ 2º O pagamento feito ao licitante brasileiro eventua*lmente contratado em virtude da licitação de que trata o parágrafo anterior será efetuado em moeda brasileira, à taxa de câmbio vigente no dia útil imediatamente anterior à data do efetivo pagamento.

*§ 3º As garantias de pagamento ao licitante brasil*eiro serão equivalentes àquelas oferecidas ao licitante estrangeiro.

§ 4º Para fins de julgamento da licitação, as propostas apresentadas por licitantes estrangeiros serão acrescidas dos gravames consequentes dos mesmos tributos que oneram exclusivamente os licitantes brasileiros quanto à operação final de venda.

§ 5º ...

§ 6º As cotações de todos os licitantes serão para entrega no mesmo local de destino.

§ 1º Os créditos a que se refere este artigo terão seus valores corrigidos por critérios previstos no ato convocatório e que lhes preservem o valor.

§ 2º A correção de que trata o parágrafo anterior, cujo pagamento será feito junto com o principal, correrá à conta das mesmas dotações orçamentárias que atenderam aos créditos a que se referem.

- Redação do Art. 5º, § 2º, dada pela Lei nº 8.883, de 8/6/94.

§ 3º Observado o disposto no caput, os pagamentos decorrentes de despesas cujos valores não ultrapassem o limite de que trata o inciso II do art. 24, sem prejuízo do que dispõe seu parágrafo único, deverão ser efetuados no prazo de até 5 (cinco) dias úteis, contados da apresentação da fatura.

- Redação do Art. 5º, § 3º, dada pela Lei nº 9.648, de 27/5/98.

Seção II
Das Definições

Art. 6º Para os fins desta Lei considera-se:

I - obra - toda construção, reforma, fabricação, recuperação ou ampliação, realizada por execução direta ou indireta;

II - serviço - toda atividade destinada a obter determinada atividade de interesse para a Administração, tais como: demolição, conserto, instalação, montagem, operação, conservação, reparação, adaptação, manutenção, transporte, locação de bens, publicidade, seguro ou trabalhos técnico-profissionais;

III - compra - toda aquisição remunerada de bens para fornecimento de uma só vez ou parceladamente;

IV - alienação - toda transferência de domínio de bens a terceiros;

V - obras, serviços e compras de grande vulto - aquelas cujo valor estimado seja superior a 25 (vinte e cinco) vezes o limite estabelecido na alínea “c” do inciso I do Art. 23 desta Lei;

VI - seguro-garantia - o seguro que garante o fiel cumprimento das obrigações assumidas por empresas em licitações e contratos;

VII - execução direta - a que é feita pelos órgãos e entidades da Administração, pelos próprios meios;

VIII - execução indireta - a que o órgão ou entidade contrata com terceiros sob qualquer dos seguintes regimes:

- Redação do *caput* do inciso VIII do Art. 6º dada pela Lei nº 8.883, de 8/6/94.

a) empreitada por preço global - quando se contrata a execução da obra ou do serviço por preço certo e total;

b) empreitada por preço unitário - quando se contrata a execução da obra ou do serviço por preço certo de unidades determinadas;

c) (Vetado)

d) tarefa - quando se ajusta mão-de-obra para pequenos trabalhos por preço certo, com ou sem fornecimento de materiais;

e) empreitada integral - quando se contrata um empreendimento em sua integralidade, compreendendo todas as etapas das obras, serviços e instalações necessários, sob inteira responsabilidade da contratada até a sua entrega ao contratante em condições de entrada em operação, atendidos os requisitos técnicos e legais para sua utilização em condições de segurança estrutural e operacional e com as características adequadas às finalidades para que foi contratada;

IX - projeto básico - conjunto de elementos necessários e suficientes, com nível de precisão adequado, para caracterizar a obra ou serviço, ou complexo de obras ou serviços objeto da licitação, elaborado com base nas indicações dos estudos técnicos preliminares, que assegurem a viabilidade técnica e o adequado tratamento do impacto ambiental do empreendimento, e que possibilite a avaliação do custo da obra e a definição dos módulos e do prazo de execução, devendo conter os seguintes elementos:

a) desenvolvimento da solução escolhida de forma a favorecer visão global da obra e identificar todos os seus elementos constitutivos com clareza;

b) soluções técnicas globais e localizadas, suficientemente detalhadas, de forma a minimizar a necessidade de reformulação ou de variantes durante as fases de elaboração do projeto executivo e de realização das obras e montagem;

c) identificação dos tipos de serviços a executar e de materiais e equipamentos a incorporar à obra, bem como suas especificações que assegurem os melhores resultados para o empreendimento, sem frustrar o caráter competitivo para a sua execução;

d) informações que possibilitem o estudo e a dedução de métodos construtivos, instalações provisórias e condições organizacionais para a obra, sem frustrar o caráter competitivo para a sua execução;

e) subsídios para montagem do plano de licitação e gestão da obra, compreendendo a sua programação, a estratégia de suprimentos, as normas de fiscalização e outros dados necessários em cada caso;

f) orçamento detalhado do custo global da obra, fundamentado em quantitativos de serviços e fornecimentos propriamente avaliados;

X - projeto executivo - o conjunto dos elementos necessários e suficientes à execução completa da obra, de acordo com as normas pertinentes da Associação Brasileira de Normas Técnicas - ABNT;

XI - Administração Pública - a administração direta e indireta da União, dos Estados, do Distrito Federal e dos Municípios, abrangendo inclusive as entidades com personalidade jurídica de direito privado sob controle do poder público e das fundações por ele instituídas ou mantidas;

XII - Administração - órgão, entidade ou unidade administrativa pela qual a Administração Pública opera e atua concretamente;

XIII - Imprensa Oficial - veículo oficial de divulgação da Administração Pública, sendo para a União o Diário Oficial da União e, para os Estados, o Distrito Federal e os Municípios, o que for definido nas respectivas leis;

- Redação do inciso XIII do Art. 6º dada pela Lei nº 8.883, de 8/6/94.

XIV - contratante - é o órgão ou entidade signatária do instrumento contratual;

XV - contratado - a pessoa física ou jurídica signatária de contrato com a Administração Pública;

XVI - Comissão - comissão, permanente ou especial, criada pela Administração com a finalidade de receber, examinar e julgar todos os documentos e procedimentos relativos às licitações e ao cadastramento de licitantes;

XVII - produtos manufaturados nacionais - produtos manufaturados, produzidos no território nacional de acordo com o processo produtivo básico ou com as regras de origem estabelecidas pelo Poder Executivo federal;

XVIII - serviços nacionais - serviços prestados no Pa*ís, nas condições estabelecidas* pelo Poder Executivo federal;

XIX - sistemas de tecnologia de informação e comunicação estratégicos - bens e serviços de tecnologia da informação e comunicação cuja descontinuidade provoque dano significativo à administra*ção pública e que envolvam pelo* menos um dos seguintes requisitos relacionados às informa*ções críticas: disponibilidade,* confiabilidade, segurança e confidencialidade.

- Redação do Art. 6º, XVII a XIX, dada pela Lei nº 12.349, de 15/12/10.

Seção III
Das Obras e Serviços

Art. 7º As licitações para a execução de obras e para a prestação de serviços obedecerão ao disposto neste artigo e, em particular, à seguinte sequência:

I - projeto básico;

II - projeto executivo;

III - execução das obras e serviços.

§ 1º A realização de cada etapa será obrigatoriamente precedida da conclusão e aprovação, pela autoridade competente, dos trabalhos relativos às etapas anteriores, à exceção do projeto executivo, o qual poderá ser desenvolvido concomitantemente com a execução das obras e serviços, desde que também autorizado pela Administração.

§ 2º As obras e serviços somente poderão ser licitados quando:

I - houver projeto básico aprovado pela autoridade competente e disponível para exame dos interessados em participar do processo licitatório;

II - existir orçamento detalhado em planilhas que expressem a composição de todos os seus custos unitários;

- A exigência do inciso II é dispensada nas licitações para concessão de serviços com execução prévia de obras em que não for previsto desembolso por parte da Administração Pública concedente (Art. 124, parágrafo único).

III - houver previsão de recursos orçamentários que assegurem o pagamento das obrigações decorrentes de obras ou serviços a serem executados no exercício financeiro em curso, de acordo com o respectivo cronograma;

- A exigência do inciso III é dispensada nas licitações para concessão de serviços com execução prévia de obras em que não for previsto desembolso por parte da Administração Pública concedente (Art. 124, parágrafo único).

IV - o produto dela esperado estiver contemplado nas metas estabelecidas no Plano Plurianual de que trata o Art. 165 da Constituição Federal, quando for o caso.

- A exigência do inciso IV é dispensada nas licitações para concessão de serviços com execução prévia de obras em que não for previsto desembolso por parte da Administração Pública concedente (Art. 124, parágrafo único).

§ 3º É vedado incluir no objeto da licitação a obtenção de recursos financeiros para sua execução, qualquer que seja a sua origem, exceto nos casos de empreendimentos executados e explorados sob o regime de concessão, nos termos da legislação específica.

§ 4º É vedada, ainda, a inclusão, no objeto da licitação, de fornecimento de materiais e serviços sem previsão de quantidades ou cujos quantitativos não correspondam às previsões reais do projeto básico ou executivo.

§ 5º É vedada a realização de licitação cujo objeto inclua bens e serviços sem similaridade ou de marcas, características e especificações exclusivas, salvo nos casos em que for tecnicamente justificável, ou ainda quando o fornecimento de tais materiais e serviços for feito sob o regime de administração contratada, previsto e discriminado no ato convocatório.

§ 6º A infringência ao disposto neste artigo implica a nulidade dos atos ou contratos realizados e a responsabilidade de quem lhes tenha dado causa.

§ 7º Não será ainda computado como valor da obra ou serviço, para fins de julgamento das propostas de preço, a atualização monetária das obrigações de pagamento, desde a data final de cada período de aferição até a do respectivo pagamento, que será calculada pelos mesmos critérios estabelecidos obrigatoriamente no ato convocatório.

§ 8º Qualquer cidadão poderá requerer à Administração Pública os quantitativos das obras e preços unitários de determinada obra executada.

§ 9º O disposto neste artigo aplica-se também, no que couber aos casos de dispensa e inexigibilidade de licitação.

Art. 8º A execução das obras e dos serviços deve programar-se, sempre, em sua totalidade, previstos seus custos atual e final e considerados os prazos de sua execução.

Parágrafo único. É proibido o retardamento imotivado da execução de obra ou serviço, ou de suas parcelas, se existente previsão orçamentária para sua execução total, salvo insuficiência financeira ou comprovado motivo de ordem técnica, justificados em despacho circunstanciado da autoridade a que se refere o Art. 26 desta Lei.

- Redação do parágrafo único do Art. 8º dada pela Lei nº 8.883, de 8/6/94.

- A teor do Art. 26, o retardamento previsto no final do parágrafo único do Art. 8º deverá ser comunicado dentro de 3 dias à autoridade superior, para ratificação e publicação, como condição para eficácia dos atos.

Art. 9º Não poderá participar, direta ou indiretamente, da licitação ou da execução de obra ou serviço e do fornecimento de bens a eles necessários:

I - o autor do projeto, básico ou executivo, pessoa física ou jurídica;

II - empresa, isoladamente ou em consórcio, responsável pela elaboração do projeto básico ou executivo ou da qual o autor do projeto seja dirigente, gerente, acionista ou detentor de mais de 5% (cinco por cento) do capital com direito a voto ou controlador, responsável técnico ou subcontratado;

III - servidor ou dirigente de órgão ou entidade contratante ou responsável pela licitação.

§ 1º É permitida a participação do autor do projeto ou da empresa a que se refere o inciso II deste artigo, na licitação de obra ou serviço, ou na execução, como consultor ou técnico, nas funções de fiscalização, supervisão ou gerenciamento, exclusivamente a serviço da Administração interessada.

§ 2º O disposto neste artigo não impede a licitação ou contratação de obra ou serviço que inclua a elaboração de projeto executivo como encargo do contratado ou pelo preço previamente fixado pela Administração.

§ 3º Considera-se participação indireta, para fins do disposto neste artigo, a existência de qualquer vínculo de natureza técnica, comercial, econômica, financeira ou trabalhista entre o autor do projeto, pessoa física ou jurídica, e o licitante ou responsável pelos serviços, fornecimentos e obras, incluindo-se os fornecimentos de bens e serviços a estes necessários.

§ 4º O disposto no parágrafo anterior aplica-se aos membros da comissão de licitação.

Art. 10. As obras e serviços poderão ser executados nas seguintes formas:

- Redação do *caput* do Art. 10 dada pela Lei nº 8.883, de 8/6/94.

I - execução direta;

II - execução indireta, nos seguintes regimes:

- Redação do *caput* do inciso II do Art. 10 dada pela Lei nº 8.883, de 8/6/94.

a) empreitada por preço global;

b) empreitada por preço unitário;

c) (Vetado)

d) tarefa;

e) empreitada integral.

Parágrafo único. (Vetado)

Art. 11. As obras e serviços destinados aos mesmos fins terão projetos padronizados por tipos, categorias ou classes, exceto quando o projeto padrão não atender às condições peculiares do local ou às exigências específicas do empreendimento.

Art. 12. Nos projetos básicos e projetos executivos de obras e serviços serão considerados principalmente os seguintes requisitos:

I - segurança;

II - funcionalidade e adequação ao interesse público;

III - economia na execução, conservação e operação;

IV - possibilidade de emprego de mão de-obra, materiais, tecnologia e matérias-primas existentes no local para execução, conservação e operação;

V - facilidade na execução, conservação e operação, sem prejuízo da durabilidade da obra ou do serviço;

VI - adoção das normas técnicas, de saúde e de segurança do trabalho adequadas;

- Redação do inciso VI do Art. 12 dada pela Lei nº 8.883, de 8/6/94.

VII - impacto ambiental.

Seção IV
Dos Serviços Técnicos Profissionais Especializados

Art. 13. Para os fins desta Lei, consideram-se serviços técnicos profissionais especializados os trabalhos relativos a:

- O Art. 25, II, considera inexigível a licitação para a contratação de serviços técnicos enumerados no Art. 13, com profissionais ou empresas de notória especialização, exceto para serviços de publicidade e divulgação.

I - estudos técnicos, planejamentos e projetos básicos ou executivos;

II - pareceres, perícias e avaliações em geral;

III - assessorias ou consultorias técnicas e auditorias financeiras ou tributárias;

- Redação do inciso III do Art. 13 dada pela Lei nº 8.883, de 8/6/94.

IV - fiscalização, supervisão ou gerenciamento de obras ou serviços;

V - patrocínio ou defesa de causas judiciais ou administrativas;

VI - treinamento e aperfeiçoamento de pessoal;

VII - restauração de obras de arte e bens de valor histórico.

§ 1º Ressalvados os casos de inexigibilidade de licitação, os contratos para a prestação de serviços técnicos especializados deverão, preferencialmente, ser celebrados mediante a realização de concurso, com estipulação prévia de prêmio ou remuneração.

§ 2º Aos serviços técnicos previstos neste artigo aplica-se, no que couber, o disposto no Art. 111 desta Lei.

- O Art. 111 condiciona a contratação, pagamento, premiação ou recebimento de projeto ou serviço técnico especializado a que o autor ceda os direitos patrimoniais a ele relativos e a Administração possa utilizá-lo de acordo com o previsto no regulamento do concurso ou no ajuste para sua elaboração.

- Estabelece ainda que nos projetos referentes a obra imaterial de caráter tecnológico, insuscetível de privilégio, a cessão de direitos deverá incluir o fornecimento dos dados, documentos e elementos de informação pertinentes à tecnologia de concepção, desenvolvimento, fixação em suporte físico de qualquer natureza e aplicação da obra.

§ 3º A empresa de prestação de serviços técnicos especializados que apresente relação de integrantes de seu corpo técnico em procedimento licitatório ou como elemento de justificação de dispensa ou inexigibilidade de licitação ficará obrigada a garantir que os referidos integrantes realizem pessoal e diretamente os serviços objeto do contrato.

Seção V
Das Compras

Art. 14. Nenhuma compra será feita sem a adequada caracterização de seu objeto e indicação dos recursos orçamentários para seu pagamento, sob pena de nulidade do ato e responsabilidade de quem lhe tiver dado causa.

Art. 15. As compras, sempre que possível, deverão:

I - atender ao princípio da padronização, que imponha compatibilidade de especificações técnicas e de desempenho, observadas, quando for o caso, as condições de manutenção, assistência técnica e garantias oferecidas;

II - ser processadas através de sistema de registro de preços;

- Dispõe a Lei nº 10.191, de 17/7/82:

Art. 11. As compras e contratações de bens e serviços comuns, no âmbito da União, dos Estados, do Distrito Federal e dos Municípios, quando efetuadas pelo sistema de registro de preços previsto no art. 15 da Lei nº 8.666, de 21 de junho de 1993, poderão adotar a modalidade de pregão, conforme regulamento específico.

- Dispõe a Lei nº 10.191, de 14/2/01(redação do Art. 2º-A dada pela Lei nº 10.520, 17/7/82):

Art. 2º O Ministério da Saúde e os respectivos órgãos vinculados poderão utilizar reciprocamente os sistemas de registro de preços para compras de materiais hospitalares, inseticidas, drogas, vacinas, insumos farmacêuticos, medicamentos e outros insumos estratégicos, desde que prevista tal possibilidade no edital de licitação do registro de preços.

§ 1º Os Estados, o Distrito Federal, os Municípios, bem como as respectivas autarquias, fundações e demais órgãos vinculados, também poder*ão utilizar-se dos registros de* preços de que trata o *caput*, desde que expressamente prevista esta possibilidade no edital de licitação.

*§ 2º Sob nenhuma hipótese poderá o edital de lici*tação do registro de preço ser elaborado em desacordo com a legislação vigente.

Art. 2º-A - A União, os Estados, o Distrito Federal e os Municípios poderão adotar, nas licitações de registro de preços destinadas à aquisição de bens e serviços comuns da área de saúde, a modalidade do pregão, inclusive por meio eletrônico, observando-se o seguinte:

I - são considerados bens e serviços comuns da área da saúde aqueles necessários ao atendimento dos órgãos que integram o Sistema Único de Saúde, cujos padrões de desempenho e qualidade possam ser objetivamente definidos no edital, por meio de especificações usuais do mercado;

II - quando o quantitativo total estimado para a contratação ou fornecimento não puder ser atendido pelo licitante vencedor, admitir-se-á a convocação de tantos licitantes quantos forem necessários para o atingimento da totalidade do quantitativo, respeitada a ordem de classificação, desde que os referidos licitantes aceitem praticar o mesmo preço da proposta vencedora;

III - na impossibilidade de atendimento ao disposto no inciso II, excepcionalmente, poderão ser registrados outros preços diferentes da proposta vencedora, desde que se trate de objetos de qualidade ou desempenho superior, devidamente justificada e comprovada a vantagem, e que as ofertas sejam em valor inferior ao limite máximo admitido.

- O sistema de registro de preços é regulamentado, no âmbito da União, pelo Decreto nº 3.931, de 19/9/01, alterado pelo Decreto nº 4.342, de 23/8/02; no âmbito do Estado, pelo Decreto nº 43.652, de 12/11/03.

III - submeter-se às condições de aquisição e pagamento semelhantes às do setor privado;

-Com base no inciso III, a União, através do Decreto nº 3.892, de 20/8/01, dispôs sobre a aquisição de passagem aérea mediante utilização de cartão de crédito corporativo.

IV - ser subdivididas em tantas parcelas quantas necessárias para aproveitar as peculiaridades do mercado, visando economicidade;

V - balizar-se pelos preços praticados no âmbito dos órgãos e entidades da Administração Pública.

§ 1º O registro de preços será precedido de ampla pesquisa de mercado.

§ 2º Os preços registrados serão publicados trimestralmente para orientação da Administração, na imprensa oficial.

§ 3º O sistema de registro de preços será regulamentado por decreto, atendidas as peculiaridades regionais, observadas as seguintes condições:

I - seleção feita mediante concorrência;

II - estipulação prévia do sistema de controle e atualização dos preços registrados;

III - validade do registro não superior a um ano.

- O sistema de registro de preços foi regulamentado, no âmbito da União, pelo Decreto nº 3.931, de 19/9/01.

§ 4º A existência de preços registrados não obriga a Administração a firmar as contratações que deles poderão advir, ficando-lhe facultada a utilização de outros meios, respeitada a legislação relativa às licitações, sendo assegurada ao beneficiário do registro preferência em igualdade de condições.

§ 5º O sistema de controle originado no quadro geral de preços, quando possível, deverá ser informatizado.

§ 6º Qualquer cidadão é parte legítima para impugnar preço constante do quadro geral em razão de incompatibilidade desse com o preço vigente no mercado.

§ 7º Nas compras deverão ser observadas, ainda:

I - a especificação completa do bem a ser adquirido sem indicação de marca;

II - a definição das unidades e das quantidades a serem adquiridas em função do consumo e utilização prováveis, cuja estimativa será obtida, sempre que possível, mediante adequadas técnicas quantitativas de estimação;

III - as condições de guarda e armazenamento que não permitam a deterioração do material.

§ 8º O recebimento de material de valor superior ao limite estabelecido no Art. 23 desta Lei, para a modalidade de convite, deverá ser confiado a uma comissão de, no mínimo, 3 (três) membros.

Art. 16 Será dada publicidade, mensalmente, em órgão de divulgação oficial ou em quadro de avisos de amplo acesso *público, à relação de todas as* compras feitas pela Administração direta ou indireta, de maneira a clarificar a identificação do bem comprado, seu preço unit*ário, a quantidade adquirida, o* nome do vendedor e o valor total da operação, podendo ser aglutinadas por itens as compras feitas com dispensa e inexigibilidade de licitação.

Parágrafo único. O disposto neste artigo não se aplica aos casos de dispensa de licitação previstos no inciso IX do art. 24.

- Redação do Art. 16 dada pela Lei nº 8.883, de 8/6/94.

- A ressalva feita no parágrafo refere-se à possibilidade de comprometimento da segurança nacional, nos casos estabelecidos em decreto do Presidente da República, ouvido o Conselho de Defesa Nacional.

Seção VI
Das Alienações

Art. 17. A alienação de bens da Administração Pública, subordinada à existência de interesse público devidamente justificado, será precedida de avaliação e obedecerá às seguintes normas:

- No caso de alienação de bens imóveis da União, dispõe adicionalmente a Lei nº 9.636, de 15/5/98 (Art. 23):

*§ 1º A alienação ocorrerá quando não houver interesse público, econômic*o ou social em manter o imóvel no domínio da União, nem inconveniência quanto à preservação ambiental e à defesa nacional, no desaparecimento do vínculo de propriedade.

I - quando imóveis, dependerá de autorização legislativa para órgãos da administração direta e entidades autárquicas e fundacionais, e, para todos, inclusive as entidades paraestatais, dependerá de avaliação prévia e de licitação na modalidade de concorrência, dispensada esta nos seguintes casos:

- No caso de bens imóveis da União, a autorização para alienação é do Presidente da República, delegável ao Ministro da Fazenda, e por este subdelegável, por força das seguintes disposições da Lei nº 9.636, de 15/5/98:

Art. 23. A alienação de bens imóveis da União dependerá de autoriza*ção, mediante ato do Presidente* da República, e será sempre precedida de parecer da SPU quanto à sua oportunidade e conveniência.

§ 1º ...

*§ 2º A competência para autorizar a alienação poderá ser delegada ao Ministro de Estad*o da Fazenda, permitida a subdelegação.

-Quanto à modalidade de licitação para alienar bens imóveis da União, dispõe a mesma Lei:

Art. 24. A venda de bens imóveis da União será feita mediante concorrência ou leilão público, observadas as seguintes condições:

I - na venda por leilão público, a publicação do edital observará as mesmas disposições legais aplicáveis *à concorrência pública;*

II - os licitantes apresentarão propostas ou lances distintos para cada imóvel;

III - a caução de participação, quando realizada licitação na modalidade de concorrência, corresponderá a 10% (dez por cento) do valor de avaliação;

IV - no caso de leilão público, o arrematante pagará, no ato do pregão, sinal correspondente a, no mínimo, 10% (dez por cento) do valor da arrematação, complementando o preço no prazo e nas condições previstas no edital, sob pena de perder, em favor da União, o valor correspondente ao sinal e, em favor do leiloeiro, se for o caso, a respectiva comissão;

V - o leilão público será realizado por leiloeiro oficial ou por servidor especialmente designado;

VI - quando o leilão público for realizado por leiloeiro oficial, a respectiva comissão será, na forma do regulamento, de até 5% (cinco por cento) do valor da arrematação e será paga pelo arrematante, juntamente com o sinal;

VII - o preço mínimo de venda será fixado com base no valor de mercado do imóvel, estabelecido em avaliação de precisão feita pela SPU, cuja validade será de seis meses;

VIII - demais condições previstas no regulamento e no edital de licitação.

*§ 1º Na impossibilidade, devidamente justificada, de realização de avali*ação de precisão, será admitida avaliação expedita.

*§ 2º Para realização das avaliações de que trata o inciso VII, poderão ser con*tratados serviços especializados de terceiros, devendo os respectivos laudos, para os fins previstos nesta Lei, ser homologados pela SPU, quanto à observância das normas técnicas pertinentes.

*§ 3º Poderá adquirir o imóvel, em condições de igualdade com o vence*dor da licitação, o cessionário de direito real ou pessoal, o locatário ou arrendatário que esteja em dia com suas obrigações junto à SPU, bem como o expropriado.

§ 4º A venda, em qualquer das modalidades previstas neste artigo, poderá ser parcelada, mediante pagamento de sinal correspondente a, no mínimo, 10% (dez por cento) do valor de aquisição e o restante em até quarenta e oito prestações mensais e consecutivas, observadas as condições previstas nos arts. 27 e 28.

a) dação em pagamento;

b) doação, permitida exclusivamente para outro órg*ão ou entidade da* administração pública, de qualquer esfera de governo, ressalvado o disposto nas alíneas f, h e i;

- Redação da alínea *b* do inciso I do Art. 17 dada pela Lei nº 11.952, de 25/6/08.

c) (Suspenso)

- Determinou o STF (ADIn nº 927-3- DF, DJU de 11/11/94) a suspensão liminar, por inconstitucionalidade, da eficácia do Art. 17, I, *c*.

- O dispositivo tem a seguinte redação original:

c) permuta por outro imóvel que atenda aos requisitos constantes do inciso X do art. 24 desta Lei.

- Em relação a imóveis da União, dispõe o Art. 30, § 2º, da Lei nº 9.636, de 15/5/98:

§ 2º Na permuta, sempre que houver condições de competitividade, deverão ser observados os procedimentos licitatórios previstos em lei.

d) investidura;

e) venda a outro órgão ou entidade da Administração Pública, de qualquer esfera de governo;

- Redação da alínea *e* do inciso I do Art. 17 dada pela Lei nº 8.883, de 8/6/94.

f) alienação, aforamento, concessão de direito real de uso, locação ou permissão de uso de bens imóveis construídos, destinados ou efetivamente utilizados no âmbito de programas habitacionais ou de regularização fundiária de interesse social desenvolvidos por órgãos ou entidades da administração pública;

- Redação da alínea *f* do inciso I do Art. 17 dada pela Lei nº 11.481, de 31/5/07.

g) procedimentos de legitimação de posse de que trata o art. 29 da Lei nº

6.383, de 7 de dezembro de 1976, mediante iniciativa e deliberação dos *órgãos* da Administração Pública em cuja competência legal inclua-se tal atribuição;

- Redação da alínea *g* do inciso I do Art. 17 dada pela Lei nº 11.196, de 21/11/05.

h) alienação gratuita ou onerosa, aforamento, concessão de direito real de uso, locação ou permissão de uso de bens imóveis de uso comercial de *âmbito* local com área de até 250 m² (duzentos e cinquenta metros quadrados) e inseridos no âmbito de programas de regularização fundiária de interesse social desenvolvidos por órgãos ou entidades da administração pública;

- Redação da alínea *h* do inciso I do Art. 17 dada pela Lei nº 11.481, de 31/5/07.

i) alienação e concessão de direito real de uso, gratuita ou onerosa, de terras públicas rurais da União na Amazônia Legal onde incidam ocupações até o limite de 15 (quinze) módulos fiscais ou 1.500ha (mil e quinhentos hectares), para fins de regularização fundiária, atendidos os requisitos legais;

- Redação da alínea *i* do inciso I do Art. 17 dada pela Lei nº 11.952, de 25/6/08.

II - quando móveis, dependerá de avaliação prévia e de licitação, dispensada esta nos seguintes casos:

a) doação, permitida exclusivamente para fins e uso de interesse social, após avaliação de sua oportunidade e conveniência socioeconômica, relativamente à escolha de outra forma de alienação;

b) permuta (*permitida exclusivamente entre órgãos ou entidades da Administração Pública*);

- Determinou o Supremo Tribunal Federal (ADIn nº 927-3-DF, DJU de 11/11/94), liminarmente, a suspensão da eficácia da expressão "*permitida exclusivamente entre órgãos ou entidades da Administração Pública*", contida na alínea *b*, quanto aos Estados, ao Distrito Federal e aos Municípios.

c) venda de ações, que poderão ser negociadas em bolsa, observada a legislação específica;

d) venda de títulos, na forma da legislação pertinente;

e) venda de bens produzidos ou comercializados por órgãos ou entidades da Administração Pública, em virtude de suas finalidades;

f) venda de materiais e equipamentos para outros órgãos ou entidades da Administração Pública, sem utilização previsível por quem deles dispõe.

§ 1º (Suspenso)

- Determinou o STF (ADIn nº 927-3- DF, DJU de 11/11/94) a suspensão liminar, por inconstitucionalidade, da eficácia do § 1º do Art. 17.

-Sua redação original é:

*§ 1º Os imóveis doados com base na alínea «b» do inciso I deste artigo, cess*adas as razões que justificaram a sua doação, reverterão ao patrimônio da pessoa jurídica doadora, vedada a sua alienação pelo beneficiário.

§ 2º A Administração também poderá conceder título de propriedade ou de direito real de uso de imóveis, dispensada licitação, quando o uso destinar-se:

I - a outro órgão ou entidade da Administração Pública, qualquer que seja a localização do imóvel;

- Redação do *caput* e inciso I do § 2º do Art. 17 dada pela Lei nº 11.196, de 21/11/05.

II - a pessoa natural que, nos termos da lei, regulamento ou ato normativo do órgão competente, haja implementado os requisitos mínimos de cultura, ocupação mansa e pacífica e exploração direta sobre área rural situada na Amazônia Legal, superior a 1 (um) módulo fiscal e limitada a 15 (quinze) módulos fiscais, desde que não exceda 1.500ha (mil e quinhentos hectares);

- Redação do inciso II do § 2º do Art. 17 dada pela Lei nº 11.952, de 25/6/08.

- Estabelece o Art. 26 que a dispensa de licitação prevista no § 2º, necessariamente justificada, deverá ser comunicada dentro de três dias à autoridade superior, para ratificação e publicação, como condição para eficácia dos atos.

§ 2º-A As hipóteses do inciso II do § 2º ficam dispensadas de autorização legislativa, porém submetem-se aos seguintes condicionamentos:

- Redação do *caput* do § 2º-A do Art. 17 dada pela Lei nº 11.952, de 25/6/08.

I - aplicação exclusivamente às áreas em que a detenção por particular seja comprovadamente anterior a 1º de dezembro de 2004;

II - submissão aos demais requisitos e impedimentos do regime legal e administrativo da destinação e da regularização fundiária de terras públicas;

III - vedação de concessões para hipóteses de exploração não contempladas na lei agrária, nas leis de destinação de terras *públicas, ou* nas normas legais ou administrativas de zoneamento ecológico-econômico; e

IV - previsão de rescisão automática da concessão, dispensada notificação, em caso de declaração de utilidade, ou necessidade pública ou interesse social.

§ 2º-B A hipótese do inciso II do § 2º deste artigo:

I - só se aplica a imóvel situado em zona rural, não sujeito a vedação, impedimento ou inconveniente a sua exploração mediante atividades agropecuárias;

- Redação dos incisos I a IV do § 2º-A e do *caput* e inciso I do § 2º-B do Art. 17 dada pela Lei nº 11.196, de 21/11/05.

II - fica limitada a áreas de até quinze módulos fiscais, desde que não exceda mil e quinhentos hectares, vedada a dispensa de licitação para *áreas superiores* a esse limite;

- Redação do inciso II do § 2º-B do Art. 17 dada pela Lei nº 11.763, de 1/8/08.

III - pode ser cumulada com o quantitativo de área decorrente da figura prevista na alínea g do inciso I do *caput* deste artigo, até o limite previsto no inciso II deste parágrafo.

- Redação do inciso III do §§ 2º-B do Art. 17 dada pela Lei nº 11.196, de 21/11/05.

§ 3º Entende-se por investidura, para os fins desta Lei:

I - a alienação aos proprietários de imóveis lindeiros de área remanescente ou resultante de obra pública, área esta que se tornar inaproveitável isoladamente, por preço nunca inferior ao da avaliação e desde que esse não ultrapasse a 50% (cinqüenta por cento) do valor constante da alínea "a" do inciso II do Art. 23 desta Lei;

II - a alienação, aos legítimos possuidores diretos ou, na falta destes, ao Poder Público, de imóveis para fins residenciais construídos em núcleos urbanos anexos a usinas hidrelétricas, desde que considerados dispensáveis na fase de operação dessas unidades e não integrem a categoria de bens reversíveis ao final da concessão.

§ 4º A doação com encargo será licitada e de seu instrumento constarão obrigatoriamente os encargos, o prazo de seu cumprimento e cláusula de reversão, sob pena de nulidade do ato, sendo dispensada a licitação no caso de interesse público devidamente justificado.

- Redação dos §§ 3º e 4º do Art. 17 dada pela Lei nº 9.648, de 27/5/98.

- Estabelece o Art. 26 que a dispensa de licitação prevista no § 4º, necessariamente justificada, deverá ser comunicada dentro de três dias à autoridade superior, para ratificação e publicação, como condição para eficácia dos atos.

§ 5º Na hipótese do parágrafo anterior, caso o donatário necessite oferecer o imóvel em garantia de financiamento, a cláusula de reversão e demais obrigações serão garantidas por hipoteca em 2º grau em favor do doador.

*§ 6º Para a venda de bens móveis avalia*dos, isolada ou globalmente, em quantia não superior ao limite previsto no Art. 23, inciso II, alínea "b" desta Lei, a Administração poderá permitir o leilão.

- Redação dos §§ 5º e 6º do Art. 17 dada pela Lei nº 9.648, de 27/5/98.

Art. 18. Na concorrência para a venda de bens imóveis, a fase de habilitação limitar-se-á à comprovação do recolhimento de quantia correspondente a 5% (cinco por cento) da avaliação.

Parágrafo único. (Revogado)

- O parágrafo único do Art. 18 foi revogado pela Lei nº 8.883, de 8/6/94.

Art. 19. Os bens imóveis da Administração Pública, cuja aquisição haja derivado de procedimentos judiciais ou de dação em pagamento, poderão ser alienados por ato da autoridade competente, observadas as seguintes regras:

I - avaliação dos bens alienáveis;

II - comprovação da necessidade ou utilidade da alienação;

III - adoção do procedimento licitatório, sob a modalidade de concorrência ou leilão.

-Redação do inciso III do Art. 19 dada pela Lei nº 9.648, de 27/5/98.

CAPÍTULO II
DA LICITAÇÃO

Seção I
Das Modalidades, Limites e Dispensa

Art. 20. As licitações serão efetuadas no local onde se situar a repartição interessada, salvo por motivo de interesse público, devidamente justificado.

Parágrafo único. O disposto neste artigo não impedirá a habilitação de interessados residentes ou sediados em outros locais.

Art. 21. Os avisos contendo os resumos dos editais das concorrências, das tomadas de preços, dos concursos e dos leil*ões, embora realizados no local da* repartição interessada, deverão ser publicados com antecedência, no mínimo, por uma vez:

I - no Diário Oficial da União, quando se tratar de licitação feita por órgão ou entidade da Administração Pública Federal, e ainda, quando se tratar de obras financiadas parcial ou totalmente com recursos federais ou garantidas por instituições federais;

II - no Diário Oficial do Estado, ou do Distrito Federal, quando se tratar respectivamente de licitação feita por órgão ou entidade da Administração Pública Estadual ou Municipal, ou do Distrito Federal;

III - em jornal diário de grande circulação no Estado e também, se houver, em jornal de circulação no Município onde será realizada a obra, prestado o serviço, fornecido, alienado ou alugado o bem, podendo ainda a Administração, conforme o vulto da licitação utilizar-se de outros meios de divulgação para ampliar a área de competição.

- Redação do *caput* do Art. 21 dada pela Lei nº 8.883, de 8/6/94.

- Nos termos do Art. 38, I, o termo de edital e respectivos anexos integra o processo de licitação; segundo o Art. 38, II, também o comprovante das publicações do edital resumido.

§ 1º O aviso publicado conterá a indicação do local em que os interessados poderão ler e obter o texto integral do edital e todas as informações sobre a licitação.

§ 2º O prazo mínimo até o recebimento das propostas ou da realização do evento será :

I - quarenta e cinco dias para:

a) concurso;

b) concorrência, quando o contrato a ser celebrado contemplar o regime de empreitada integral ou quando a licitação for do tipo melhor técnica ou técnica e preço;

II - trinta dias para:

a) concorrência, nos casos não especificados na alínea "b" do inciso anterior;

b) tomada de preços, quando a licitação for do tipo melhor técnica ou técnica e preço;

III - quinze dias para a tomada de preços, nos casos não especificados na alínea "b" do inciso anterior ou leilão;

IV - cinco dias úteis para convite.

§ 3º Os prazos estabelecidos no parágrafo anterior serão contados a partir da última publicação do edital resumido ou da expedição do convite, ou ainda da efetiva disponibilidade do edital ou do convite e respectivos anexos, prevalecendo a data que ocorrer mais tarde.

- Redação dos incisos I a IV do § 2º e do § 3º do Art. 21 dada pela Lei nº 8.883, de 8/6/94.

§ 4º Qualquer modificação no edital exige divulgação pela mesma forma que se deu o texto original, reabrindo-se o prazo inicialmente estabelecido, exceto quando, inquestionavelmente, a alteração não afetar a formulação das propostas.

- Nos termos do Art. 38, I, as alterações do edital e respectivos anexos integram om processo de licitação; segundo o Art. 38, II, também o comprovante de sua publicação.

Art. 22. São modalidades de licitação:

- Através da Lei nº 10.520, de 17/7/02, foi instituído, como nova modalidade de licitação, o pregão, para aquisição de bens e serviços comuns, e dá outras providências.

- O Decreto nº 3.555, de 8/8/00, regulamenta o pregão. O Decreto nº 5.450, de 31/5/05, regulamenta o pregão por meio da utilização de recursos de tecnologia da informação.

I - concorrência;

II - tomada de preços;

III - convite;

IV - concurso;

V - leilão.

§ 1º Concorrência é a modalidade de licitação entre quaisquer interessados que, na fase inicial de habilitação preliminar, comprovem possuir os requisitos mínimos de qualificação exigidos no edital para execução de seu objeto.

§ 2º Tomada de preços é a modalidade de licitação entre interessados devidamente cadastrados ou que atenderem a todas as condições exigidas para cadastramento até o terceiro dia anterior à data do recebimento das propostas, observada a necessária qualificação.

- No caso de licitantes não cadastrados, estabelece o § 9º que a Administração somente poderá deles exigir os documentos, previstos nos Arts. 27 a 31, que comprovem habilitação compatível com o objeto da licitação.

§ 3º Convite é a modalidade de licitação entre interessados do ramo pertinente ao seu objeto, cadastrados ou não, escolhidos e convidados em número mínimo de 3 (três) pela unidade administrativa, a qual afixará, em local apropriado, cópia do instrumento convocatório e o estenderá aos demais cadastrados na correspondente especialidade que manifestarem seu interesse com antecedência de até 24 (vinte e quatro) horas da apresentação das propostas.

- Se existirem na praça mais de três possíveis interessados, determina o § 6º que a cada novo convite realizado para objeto idêntico ou assemelhado se convide pelo menos mais um, enquanto existirem cadastrados não convidados nas últimas licitações.

- Se não for possível obter, por limitações do mercado ou manifesto desinteresse dos convidados, o número mínimo de licitantes exigido, recomenda o § 7º que tais circunstâncias sejam justificadas no processo, sob pena de repetição do convite.

Nos termos do Art. 38, I, o termo do convite e respectivos anexos integram o processo de licitação.

§ 4º Concurso é a modalidade de licitação entre quaisquer interessados para escolha de trabalho técnico, científico ou artístico, mediante a instituição de prêmios ou remuneração aos vencedores, conforme critérios constantes do edital publicado na imprensa oficial com antecedência mínima de 45 (quarenta e cinco) dias.

- Nos termos do Art. 52, o concurso deve ser precedido de regulamento próprio.

§ 5º Leilão é a modalidade de licitação entre quaisquer interessados para a venda de bens móveis inservíveis para a Administração ou de produtos legalmente apreendidos ou penhorados, ou para a alienação de bens imóveis prevista no Art. 19, a quem oferecer o maior lance, igual ou superior ao da avaliação.

- Redação do § 5º do Art. 22 dada pela Lei nº 8.883, de 8/6/94.

- A alienação de que trata o Art. 19 refere-se a bens imóveis cuja aquisição haja derivado de procedimentos judiciais ou de dação em pagamento.

§ 6º Na hipótese do § 3º deste artigo, existindo na praça mais de três possíveis interessados, a cada novo convite realizado para objeto idêntico ou assemelhado *é obrigatório o convite a, no mínimo*, mais um interessado, enquanto existirem cadastrados não convidados nas últimas licitações.

- Redação do § 6º do Art. 22 dada pela Lei nº 8.883, de 8/6/94.

§ 7º Quando, por limitações do mercado ou manifesto desinteresse dos convidados, for impossível a obtenção do número mínimo de licitantes exigidos no § 3º deste artigo, essas circunstâncias deverão ser devidamente justificadas no processo, sob pena de repetição do convite.

§ 8º É vedada a criação de outras modalidades de licitação ou a combinação das referidas neste artigo.

- A vedação do § 8º foi parcialmente revista pela Lei nº 10.520, de 27/7/02, que instituiu como nova modalidade de licitação, o pregão.

§ 9º Na hipótese do § 2º deste artigo, a Administração somente poderá exigido licitante não cadastrado os documentos previstos nos Arts. 27 a 31, que comprovem habilitação compatível com o objeto da licitação, nos termos do edital.

- Redação do § 9º do Art. 22 dada pela Lei nº 8.883, de 8/6/94.

Art. 23. As modalidades de licitação a que se referem os incisos I a III do artigo anterior serão determinadas em função dos seguintes limites, tendo em vista o valor estimado da contratação:

I - para obras e serviços de engenharia:

a) convite: até R$150.000,00 (cento e cinquenta mil reais);

- Redação da alínea *a* do inciso I do Art. 23 dada pela Lei nº 9.648, de 27/5/98.

Nos termos do Art. 120, o valor supra poderá ser anualmente revisto pelo Poder Executivo Federal.

- O Art. 24, I, considera dispensável a licitação para obras e serviços de engenharia de valor até 10% do limite previsto na presente alínea, desde que não se refiram a parcelas de uma mesma obra ou serviço.

b) tomada de preços: até Cr$1.500.000,00 (um milhão e quinhentos mil reais);

- Redação da alínea *b* do inciso I do Art. 23 dada pela Lei nº 9.648, de 27/5/98.

- Nos termos do Art. 120, o valor supra poderá ser anualmente revisto pelo Poder Executivo Federal.

c) concorrência: acima de Cr$1.500.000,00 (um milhão e quinhentos mil reais);

Redação da alínea *c* do inciso I do Art. 23 dada pela Lei nº 9.648, de 27/5/98.

- Nos termos do Art. 120, o valor supra poderá ser anualmente revisto pelo Poder Executivo Federal.

- O Art. 6º, V, classifica como obra, serviço ou compra de grande vulto aquela cujo valor estimado seja superior a 25 vezes o limite estabelecido na presente alínea.

- Se o valor estimado para uma licitação, ou para um conjunto de licitações simultâneas ou sucessivas, for superior a 100 vezes o limite previsto na presente alínea, determina o Art. 39 que o processo licitatório seja iniciado com uma audiência pública, divulgada pelos mesmos meios previstos para a publicidade da licitação.

II - para compras e serviços não referidos no inciso anterior:

a) convite: até Cr$80.000,00 (oitenta mil reais);

- Redação da alínea *a* do inciso II do Art. 23 dada pela Lei nº 9.648, de 27/5/98.

- Nos termos do Art. 120, o valor supra poderá ser anualmente revisto pelo Poder Executivo Federal.

- Determina o Art. 15, § 8º, que o recebimento de material de valor superior ao limite estabelecido nesta alínea deve ser confiado a uma comissão de, no mínimo, 3 membros.

- O limite a que se refere esta alínea serve de referência, ainda:

a) cálculo do valor da alienação, a proprietários de imóveis lindeiros, de área remanescente ou resultante de obra pública, que se tornar inaproveitável isoladamente, por preço nunca inferior ao da avaliação e desde que esse não ultrapasse a 50% do valor constante da presente alínea (Art. 17, § 3º, I);

b) O Art. 24, II, considera dispensável a licitação para outros serviços e compras de valor até 10% do limite previsto na presente alínea, desde que não se refiram a parcelas de um mesmo serviço ou compra de maior vulto que possa ser realizada de uma só vez;

c) O Art. 24, XVIII considera dispensável a licitação, até o limite previsto na presente alínea, para compra ou contratação de serviços para o abastecimento de navios, embarcações, unidades aéreas ou tropas e seus meios de deslocamento, quando em estada eventual de curta duração em portos, aeroportos ou localidades diferentes de suas sedes, em movimentação operacional ou de adestramento, se a exiguidade dos prazos puder comprometer a normalidade e o propósito das operações;

d) O Art. 60, parágrafo único, considera nulo e de nenhum efeito o contrato verbal com a Administração, salvo o de pequenas compras de pronto pagamento, assim entendidas aquelas de valor não superior a

5% do limite previsto na presente alínea, feitas em regime de adiantamento;

e) o Art. 74, III, permite dispensar o recebimento provisório no caso de obras e serviços de valor até o limite previsto na presente alínea, desde que não se componham de aparelhos, equipamentos e instalações sujeitos à verificação de funcionamento e produtividade.

b) tomada de preços: até Cr$650.000,00 (seiscentos e cinquenta mil reais);

- Redação da alínea *b* do inciso II do Art. 23 dada pela Lei nº 9.648, de 27/5/98.

- Nos termos do Art. 120, o valor supra poderá ser anualmente revisto pelo Poder Executivo Federal.

- Para venda de bens móveis avaliados, isolada ou globalmente, em quantia não superior ao limite previsto na presente alínea, o Art. 17, § 6º, faculta à Administração proceder a leilão.

c) concorrência: acima de Cr$650.000,00 (seiscentos e cinqüenta mil reais).

- Redação da alínea *c* do inciso II do Art. 23 dada pela Lei nº 9.648, de 27/5/98.

- Nos termos do Art. 120, o valor supra poderá ser anualmente revisto pelo Poder Executivo Federal.

§ 1º As obras, serviços e compras da Administraç*ão serão divididas em tantas* parcelas quantas se comprovarem técnica e economicamente viáveis, procedendo- se à licitação com vistas ao melhor aproveitamento dos recursos disponíveis no mercado e à ampliação da competitividade sem perda da economia de escala.

§ 2º Na execução de obras e serviços e nas compras de bens, parceladas nos termos do parágrafo anterior, a cada etapa ou conjunto de etapas da obra, serviço ou compra há de corresponder licitação distinta, preservada a modalidade pertinente para a execução do objeto em licitação.

§ 3º A concorrência é a modalidade de licitação cabível, qualquer que seja o valor de seu objeto, tanto na compra ou alienaç*ão de bens* imóveis, ressalvado o disposto no Art. 19, como nas concessões de direito real de uso e nas licitações internacionais, admitindo-se neste último caso, observados os limites deste artigo, a tomada de preços, quando o órgão ou entidade dispuser de cadastro internacional de fornecedores, ou o convite, quando não houver fornecedor do bem ou serviço no País.

- Redação dos §§ 1º ao 3º do Art. 23 dada pela Lei nº 8.883, de 8/6/94.

§ 4º Nos casos em que couber convite, a Administração poderá utilizar a tomada de preços e, em qualquer caso, a concorrência.

§ 5º É vedada a utilização da modalidade convite ou tomada de preços, conforme o caso, para parcelas de uma mesma obra ou serviço, ou ainda para obras e serviços da mesma natureza e no mesmo local que possam ser realizadas conjunta e concomitantemente, sempre que o somatório de seus valores caracterizar o caso de tomada de preços ou concorrência, respectivamente, nos termos deste artigo, exceto para as

parcelas de natureza específica que possam ser executadas por pessoas ou empresas de especialidade diversa daquela do executor da obra ou serviço.

*§ 6º As organizações industriais da Administr*ação Federal direta, em face de suas peculiaridades, obedecerão aos limites estabelecidos no inciso I deste artigo também para suas compras e serviços em geral, desde que para a aquisição de materiais aplicados exclusivamente na manutenção, reparo ou fabricação de meios operacionais bélicos pertencentes à União.

- Redação dos §§ 5º e 6º do Art. 23 dada pela Lei nº 8.883, de 8/6/94.

§ 7º Na compra de bens de natureza divisível e desde que não haja prejuízo para o conjunto ou complexo, é permitida a cotação de quantidade inferior à demandada na licitação, com vistas a ampliação da competitividade, podendo o edital fixar quantitativo mínimo para preservar a economia de escala.

- Redação do § 7º do Art. 23 dada pela Lei nº 9.648, de 27/5/98.

- Determina o Art. 45, § 6º, que na presente hipótese sejam selecionadas tantas propostas quantas necessárias até que se atinja a quantidade demandada na licitação.

§ 8º No caso de consórcios públicos, aplicar-se-á o dobro dos valores mencionados no *caput* deste artigo quando formado por até 3 (três) entes da Federação, e o triplo, quando formado por maior número.

- Redação do § 8º do Art. 23 dada pela Lei nº 11.107, de 6/4/05.

Art. 24. É dispensável a licitação:

- Estabelece o Art. 26 que a dispensa de licitação prevista nos incisos III a XXIV do presente artigo, necessariamente justificada, deverá ser comunicada dentro de três dias à autoridade superior, para ratificação e publicação, como condição para eficácia dos atos.

- Em qualquer dos casos de dispensa de licitação previstos neste artigo, se comprovado superfaturamento, respondem solidariamente pelo dano causado o fornecedor ou o prestador de serviços e o agente público responsável (Art. 25, § 2º).

- A teor do § 4º do Art. 49, a autoridade que tiver dispensado licitação, assegurado o contraditório e a ampla defesa, poderá revogar seu ato por razões de interesse público decorrente de fato superveniente, pertinente e suficiente para justificar tal conduta, devendo anulá-lo por ilegalidade, mediante parecer escrito e devidamente fundamentado. Terá, neste caso, o dever de indenizar o contratado pelo que houver executado até a anulação ou revogação e por outros prejuízos comprovados, desde que a causa da anulação não lhe seja imputável, promovendo-se a responsabilidade de quem lhe deu causa.

- A teor do Art. 62, o instrumento de contrato é obrigatório nos casos de dispensa de licitação cujos preços estejam compreendidos nos limites de concorrência e de tomada de preços, e facultativo nos demais casos em que a Administração puder substituí-lo por outros instrumentos hábeis, tais como carta-contrato, nota de empenho de despesa, autorização de compra ou ordem de execução de serviço. Exceção (§ 4º do mesmo artigo): casos de compra com entrega imediata e integral dos bens adquiridos, dos quais não resultem obrigações futuras, inclusive assistência técnica, nos quais é facultada a substituição prevista neste artigo, a critério da Administração e independentemente de seu valor.

I - para obras e serviços de engenharia de valor até 10% (dez por cento) do limite previsto na alínea "a" do inciso I do artigo anterior, desde que não se refiram a parcelas de uma mesma obra ou serviço ou ainda para obras e serviços da mesma natureza e no mesmo local que possam ser realizadas conjunta e concomitantemente;

II - para outros serviços e compras de valor até 10% (dez por cento) do limite previsto na alínea"a" do inciso II do artigo anterior e para alienações, nos casos previstos nesta Lei, desde que não se refiram a parcelas de um mesmo serviço, compra ou alienação de maior vulto que possa ser realizada de uma só vez;

- Redação dos incisos I e II do Art. 24 dada pela Lei nº 9.648, de 27/5/98.

- Determina o Art. 5º, § 3º, que, obedecida a ordem cronológica das datas de suas exigibilidades, os pagamentos de despesas que não ultrapassem o limite de que trata o inciso II deverão ser efetuados no prazo de até 5 dias úteis, contados da apresentação da fatura.

III - nos casos de guerra ou grave perturbação da ordem;

IV - nos casos de emergência ou de calamidade pública, quando caracterizada urgência de atendimento de situação que possa ocasionar prejuízo ou comprometer a segurança de pessoas, obras, serviços, equipamentos e outros bens, públicos ou particulares, e somente para os bens necessários ao atendimento da situação emergencial ou calamitosa e para as parcelas de obras e serviços que possam ser concluídas no prazo máximo de 180 (cento e oitenta) dias consecutivos e ininterruptos, contados da ocorrência da emergência ou calamidade, vedada a prorrogação dos respectivos contratos;

V - quando não acudirem interessados à licitação anterior e esta, justificadamente, não puder ser repetida sem prejuízo para a Administração, mantidas, neste caso, todas as condições preestabelecidas;

VI - quando a União tiver que intervir no domínio econômico para regular preços ou normalizar o abastecimento;

VII - quando as propostas apresentadas consignarem preços manifestamente superiores aos praticados no mercado nacional, ou forem incompatíveis com os fixados pelos órgãos oficiais competentes, casos em que, observado o parágrafo único do Art. 48 desta Lei e persistindo a situação, será admitida a adjudicação direta dos bens ou serviços, por valor não superior ao constante do registro de preços ou dos serviços;

- Em lugar do parágrafo único do Art. 48, em razão da alteração feita pela Lei nº 9.648, de 27/5/98, deve ser mencionado o § 3º do mesmo artigo. O dispositivo em questão autoriza a Administração, se todos os licitantes forem inabilitados ou todas as propostas desclassificadas, a fixar aos licitantes prazo de 8 dias úteis (ou 3 no caso de convite) para apresentarem nova documentação ou outra proposta escoimada das causas da inabilitação ou desclassificação.

- Portanto, se ocorrer a hipótese do inciso VII, a Administração deve primeiro abrir o prazo aos licitantes e só depois, se for o caso, contratar diretamente.

VIII - para a aquisição, por pessoa jurídica de direito público interno, de bens produzidos ou serviços prestados por órgão ou entidade que integre a Administração Pública e que tenha sido criado para esse fim específico em data anterior *à vigência desta Lei, desde que o preço contratado seja compatível com o praticado* no mercado;

- Redação do inciso VIII do Art. 24 dada pela Lei nº 8.883, de 8/6/94.

IX - quando houver possibilidade de comprometimento da segurança nacional, nos casos estabelecidos em decreto do Presidente da República, ouvido o Conselho de Defesa Nacional;

- Dispositivo regulamentado pelo Decreto Federal nº 2.295, de 4/8/97.

- O Art. 16, parágrafo único, dispensa as aquisições feitas nos termos do inciso IX da publicidade mensal da relação das compras feitas pela Administração.

X - para a compra ou locação de imóvel destinado ao atendimento das finalidades precípuas da Administração, cujas necessidades de instalação e localização condicionem a sua escolha, desde que o preço seja compatível com o valor de mercado, segundo avaliação prévia;

- Redação do inciso X do Art. 24 dada pela Lei nº 8.883, de 8/6/94.

- O Supremo Tribunal Federal (ADIn nº 927-3- DF, DJU de 11/11/94) determinou a suspensão liminar, por inconstitucionalidade, da eficácia do Art. 17, I, c, que permitia a dispensa de licitação no caso de alienação de bens imóveis pela Administração, mediante "*permuta, por outro imóvel que atenda aos requisitos constantes do inciso X do art. 24 desta Lei*".

XI - na contratação de remanescente de obra, serviço ou fornecimento, em consequência de rescisão contratual, desde que atendida a ordem de classificação da licitação anterior e aceitas as mesmas condições oferecidas pelo licitante vencedor, inclusive quanto ao preço, devidamente corrigido;

XII - na compra de hortifrutigranjeiros, pão e outros gêneros perecíveis, no tempo necessário para a realização dos processos licitatórios correspondentes, realizadas diretamente com base no preço do dia;

XIII - na contratação de instituição brasileira incumbida regimental ou estatutariamente da pesquisa, do ensino ou do desenvolvimento institucional, ou de instituição dedicada à recuperação social do preso, desde que a contratada detenha inquestionável reputação ético-profissional e não tenha fins lucrativos;

XIV - para a aquisição de bens ou serviços nos termos de acordo internacional específico aprovado pelo Congresso Nacional, quando as condições ofertadas forem manifestamente vantajosas para o Poder Público;

- Redação dos incisos XII a XIV do Art. 24 dada pela Lei nº 8.883, de 8/6/94.

XV - para a aquisição ou restauração de obras de arte e objetos históricos de autenticidade certificada, desde que compatíveis ou inerentes às finalidades do órgão ou entidade;

XVI - para a impressão dos diários oficiais, de formulários padronizados de uso da Administração e de edições técnicas oficiais, bem como para a prestação de serviços de informática a pessoa jurídica de direito público interno, por *órgãos ou entidades que integrem a Administr*ação Pública, criados para esse fim específico;

XVII - para a aquisição de componentes ou peças de origem nacional ou estrangeira, necessários à manutenção de equipamentos durante o período de garantia técnica, junto ao fornecedor original desses equipamentos, quando tal condição de exclusividade for indispensável para a vigência da garantia;

XVIII - nas compras ou contratações de serviços para o abastecimento de navios, embarcações, unidades aéreas ou tropas e seus meios de deslocamento, quando em estada eventual de curta duração em portos, aeroportos ou localidades diferentes de suas sedes, por motivos de movimentação operacional ou de adestramento, quando a exiguidade dos prazos legais puder comprometer a normalidade e os propósitos das operações e desde que seu valor não exceda ao limite previsto na alínea "a" do inciso II do art. 23 desta Lei;

XIX - para as compras de materiais de uso pelas Forças Armadas, com exceção de materiais de uso pessoal e administrativo, quando houver necessidade de manter a padronização requerida pela estrutura de apoio logístico dos meios navais, aéreos e terrestres, mediante parecer de comissão instituída por decreto;

XX - na contratação de associação de portadores de deficiência física, sem fins lucrativos e de comprovada idoneidade, por órgãos ou entidades da Administração Pública, para a prestação de serviços ou o fornecimento de mão-de-obra, desde que o preço contratado seja compatível com o praticado no mercado;

- Redação dos incisos XVI a XX do Art. 24 dada pela Lei nº 8.883, de 8/6/94.

XXI - para a aquisição de bens e insumos destinados exclusivamente à pesquisa científica e tecnológica com recursos concedidos pela Capes, pela Finep, pelo CNPq ou por outras instituições de fomento a pesquisa credenciadas pelo CNPq para esse fim específico;

- Redação do Art. 24, XXI, dada pela Lei nº 12.349, de 15/12/10.

XXII - na contratação de fornecimento ou suprimento de energia elétrica e gás natural com concessionário, permissionário ou autorizado, segundo as normas da legislação específica;

XXIII - na contratação realizada por empresa p*ública ou sociedade de economia* mista com suas subsidiárias e controladas, para a aquisição ou alienação de bens, prestação ou obtenção de serviços, desde que o preço contratado seja compatível com o praticado no mercado;

XXIV - para a celebração de contratos de prestação de serviços com as organizações sociais, qualificadas no âmbito das respectivas esferas de governo, para atividades contempladas no contrato de gestão;

- Redação do Art. 24, XXII a XXIV, dada pela Lei nº 9.648, de 27/5/98.

XXV - na contratação realizada por Instituição Científica e Tecnológica – ICT ou por agência de fomento para a transferência de tecnologia e para o licenciamento de direito de uso ou de exploração de criação protegida;

- Redação do inciso XXV do Art. 24 dada pela Lei nº 10.973, de 2/12/04.

XXVI - na celebração de contrato de programa com ente da federação ou com entidade de sua administração indireta, para a prestação de serviços públicos de forma associada nos termos do autorizado em contrato de consórcio público ou em convênio de cooperação;

- Redação do inciso XXVI do Art. 24 dada pela Lei nº 11.107, de 6/4/05.

XXVII - na contratação da coleta, processamento e comercialização de resíduos sólidos urbanos recicláveis ou reutilizáveis, em áreas com sistema de coleta seletiva de lixo, efetuados por associações ou cooperativas formadas exclusivamente por pessoas físicas de baixa renda reconhecidas pelo poder público como catadores de materiais recicláveis, com o uso de equipamentos compatíveis com as normas técnicas, ambientais e de saúde pública;

§ Redação do inciso XXVII do Art. 24 dada pela Lei nº 11.445, de 5/1/07.

XXVIII - para o fornecimento de bens e serviços, produzidos ou prestados no país, que envolvam, cumulativamente, alta complexidade tecnológica e defesa nacional, mediante parecer de comissão especialmente designada pela autoridade máxima do órgão;

- Redação do inciso XXVIII do Art. 24 dada pela Lei nº 11.484, de 31/5/07.

XXIX - na aquisição de bens e contratação de serviços para atender aos contingentes militares das Forças Singulares brasileiras empregadas em operações de paz no exterior, necessariamente justificadas quanto ao preço e à escolha do fornecedor ou executante e ratificadas pelo Comandante da Força.

- Redação do inciso XXIX do Art. 24 dada pela Lei nº 11.783, de 17/9/08.

XXX - na contratação de instituição ou organização, pública ou privada, com ou sem fins lucrativos, para a prestação de serviços de assistência técnica e extensão rural no âmbito do Programa Nacional de Assistência Técnica e Extensão Rural na Agricultura Familiar e na Reforma Agrária, instituído por lei federal.

- Redação do Art. 24, inciso XXX, dada pela Lei nº 12.188, de 11/1/10.

XXXI - nas contratações visando ao cumprimento do disposto nos arts. 3º,

4º, 5º e 20 da Lei nº 10.973, de 2 de dezembro de 2004, observados os princípios gerais de contratação dela constantes.

- Redação do Art. 24, inciso XXXI, dada pela Lei nº 12.349, de 15/12/10.

- A Lei nº 10.973/04, mencionada no inciso, dispõe sobre incentivos à inovação e à pesquisa científica e tecnológica no ambiente produtivo. Dispõe a referida Lei:

Art. 3º A União, os Estados, o Distrito Federal, os Municípios e as respectivas agências de fomento poderão estimular e apoiar a constituição de alianças estratégicas e o desenvolvimento de projetos de cooperação envolvendo empresas nacionais, ICT e organizações de direito privado sem fins lucrativos voltadas para atividades de pesquisa e desenvolvimento, que objetivem a geração de produtos e processos inovadores.

Parágrafo único. O apoio previsto neste artigo poderá contemplar as redes e os projetos internacionais de pesquisa tecnológica, bem como ações de empreendedorismo tecnológico e de criação de ambientes de inovação, inclusive incubadoras e parques tecnológicos.

Art. 20. Os órgãos e entidades da administração pública, em matéria de interesse público, poderão contratar empresa, consórcio de empresas e entidades nacionais de direito privado sem fins lucrativos voltadas para atividades de pesquisa, de reconhecida capacitação tecnológica no setor, visando à realização de atividades de pesquisa e desenvolvimento, que envolvam risco tecnológico, para solução de problema técnico específico ou obtenção de produto ou processo inovador.

Parágrafo único. Os percentuais referidos nos incisos I e II do *caput* deste artigo serão 20% (vinte por cento) para compras, obras e serviços contratados por consórcios públicos, sociedade de economia mista, empresa pública e por autarquia ou fundação qualificadas, na forma da lei, como Agências Executivas.

- Redação do parágrafo único do Art. 24 dada pela Lei nº 11.107, de 6/4/05.

Art. 25. É inexigível a licitação quando houver inviabilidade de competição, em especial:

- Estabelece o Art. 26 que o reconhecimento da situação de inexigibilidade, necessariamente justificado, deverá ser comunicado dentro de três dias à autoridade superior, para ratificação e publicação, como condição para eficácia dos atos.

- Nos termos do § 2º, em qualquer dos casos de inexigibilidade de licitação, se comprovado superfaturamento, respondem solidariamente pelo dano causado o fornecedor ou o prestador de serviços e o agente público responsável.

- A teor do § 4º do Art. 49, a autoridade que tiver declarado a inexigibilidade de licitação, assegurado o contraditório e a ampla defesa, poderá revogar seu ato por razões de interesse público decorrente de fato superveniente, pertinente e suficiente para justificar tal conduta, devendo anulá-lo por ilegalidade, mediante parecer escrito e devidamente fundamentado. Terá, neste caso, o dever de indenizar o contratado pelo que houver executado até a anulação ou revogação e por outros prejuízos comprovados, desde que a causa da anulação não lhe seja imputável, promovendo-se a responsabilidade de quem lhe deu causa.

- A teor do Art. 62, o instrumento de contrato é obrigatório nos casos de inexigibilidade de licitação cujos preços estejam compreendidos nos limites de concorrência e de tomada de preços, e facultativo nos demais casos em que a Administração puder substituí-lo por outros instrumentos hábeis, tais como carta-contrato, nota de empenho de despesa, autorização de compra ou ordem de execução de serviço. Exceção (§ 4º do mesmo artigo): casos de compra com entrega imediata e integral dos bens adquiridos, dos quais não resultem obrigações futuras, inclusive assistência técnica, nos quais é facultada a substituição prevista neste artigo, a critério da Administração e independentemente de seu valor.

I - para aquisição de materiais, equipamentos ou gêneros que só possam ser fornecidos por produtor, empresa ou representante comercial exclusivo, vedada a preferência de marca, devendo a comprovação de exclusividade ser feita através de atestado fornecido pelo órgão de registro do comércio do local em que se realizaria a licitação ou a obra ou o serviço, pelo Sindicato, Federação ou Confederação Patronal, ou, ainda, pelas entidades equivalentes;

- Dispõe a Súmula nº 255 do TCU:

"Nas contratações em que o objeto só possa ser fornecido por produtor, empresa ou representante comercial exclusivo, é dever do agente público responsável pela contratação a adoç*ão das providências necessárias* para confirmar a veracidade da documentação comprobatória da condição de exclusividade."

II - para a contratação de serviços técnicos enumerados no Art. 13 desta Lei, de natureza singular, com profissionais ou empresas de notória especialização, vedada a inexigibilidade para serviços de publicidade e divulgação;

- Dispõe a Súmula nº 252 do TCU:

"A inviabilidade de competição para a contratação de serviços técnicos, a que alude o inciso II do art. 25 da Lei nº 8.666/1993, decorre da presença simultânea de três requisitos: serviço técnico especializado, entre os mencionados no art. 13 da referida lei, natureza singular do serviço e notória especialização do contratado."

III - para contratação de profissional de qualquer setor artístico, diretamente ou através de empresário exclusivo, desde que consagrado pela crítica especializada ou pela opinião pública.

§ 1º Considera-se de notória especialização o profissional ou empresa cujo conceito no campo de sua especialidade, decorrente de desempenho anterior, estudos, experiências, publicações, organização, aparelhamento, equipe técnica, ou de outros requisitos relacionados com suas atividades, permita inferir que o seu trabalho é essencial e indiscutivelmente o mais adequado à plena satisfação do objeto do contrato.

- O STF (AP N. 348-SC Rel.: Min. Eros Grau) assim se pronunciou em matéria vinculada à contratação de empresa de notória especialização:

"Serviços técnicos profissionais especializados são serviços que a Administração deve contratar sem licitação, escolhendo o contratado de acordo, em última instância, com o grau de confiança que ela própria, Administração, deposite na especialização desse contratado. Nesses casos, o requisito da confiança da Administração em quem deseje contratar é subjetivo. Daí que a realização de procedimento licitatório para a contratação de tais serviços - procedimento regido, entre outros, pelo princ*ípio do julgamento objetivo – é* incompatível com a atribuição de exercício de subjetividade que o direito positivo confere à Administração para a escolha do "trabalho essencial e indiscutivelmente mais adequado *à plena satisfação do objeto do* contrato". O que a norma extraída do texto legal exige é a notória especialização, associada ao elemento subjetivo confiança. Há, no caso concreto, requisitos suficientes para o seu enquadramento em situação na qual não incide o dever de licitar, ou seja, de inexigibilidade de licitação: os profissionais contratados possuem notória especialização, comprovada nos autos, além de desfrutarem da confiança da Administração."

§ 2º Na hipótese deste artigo e em qualquer dos casos de dispensa, se comprovado superfaturamento, respondem solidariamente pelo dano causado à Fazenda Pública o fornecedor ou o prestador de serviços e o agente público responsável, sem prejuízo de outras sanções legais cabíveis.

Art. 26. As dispensas previstas nos §§ 2º e 4º do art. 17 e no inciso III e seguintes do art. 24, as situações de inexigibilidade referidas no art. 25, necessariamente justificadas, e o retardamento previsto no final do parágrafo único do art. 8º desta Lei deverão ser comunicados, dentro de 3 (três) dias, à autoridade superior, para ratificação e publicação na imprensa oficial, no prazo de 5 (cinco) dias, como condição para a eficácia dos atos.

- Redação do *caput* do Art. 26 dada pela Lei nº 11.107, de 6/4/05.

Parágrafo único. O processo de dispensa, de inexigibilidade ou de retardamento, previsto neste artigo, será instruído, no que couber, com os seguintes elementos:

I - caracterização da situação emergencial ou calamitosa que justifique a dispensa, quando for o caso;

II - razão da escolha do fornecedor ou licitante;

III - justificativa do preço;

IV - documento de aprovação dos projetos de pesquisa aos quais os bens serão alocados.

- Redação do inciso IV do Art. 26 dada pela Lei nº 9.648, de 27/5/98.

Seção II
Da Habilitação

Art. 27. Para a habilitação nas licitações, exigir-se-á dos interessados, exclusivamente, documentação relativa a:

- No caso de participação, na tomada de contas, de licitantes não cadastrados, estabelece o Art. 22, § 9º, que a Administração somente poderá deles exigir documentos, previstos nos Arts. 27 a 31, que comprovem habilitação compatível com o objeto da licitação.

- Ao requerer inscrição no cadastro, ou atualização deste, o interessado deverá fornecer os elementos necessários à satisfação das exigências do Art. 27 (Art. 35).

- A qualquer tempo pode ser alterado, suspenso ou cancelado o registro do inscrito que deixar de satisfazer as exigências do Art. 27, ou as estabelecidas para classificação cadastral (Art. 37).

- A teor do Art. 40, VI, deve constar do edital a forma de apresentação das propostas previstas no Art. 27.

I - habilitação jurídica;

II - qualificação técnica;

III - qualificação econômica-financeira;

IV - regularidade fiscal;

V - cumprimento do disposto no inciso XXXIII do art. 7º da Constituição Federal.

- Redação do inciso V do Art. 27 dada pela Lei nº 9.854, de 27/10/99.

- O inciso V do Art. 27 foi regulamentado pelo Decreto nº 4.358, de 5/9/02.

- O Art. 33, XXXIII, da CF proíbe a atribuição de trabalho noturno, perigoso ou insalubre a menores de 18 e de qualquer trabalho a menores de 16 anos, salvo na condição de aprendiz, a partir de 14.

- O Art. 78, XVIII, considera o descumprimento deste inciso motivo de rescisão do contrato.

Art. 28. A documentação relativa à habilitação jurídica, conforme o caso, consistirá em:

- No caso de participação, nas tomadas de contas, de licitantes não cadastrados, estabelece o Art. 22, § 9º, que a Administração somente poderá deles exigir os documentos, previstos nos Arts. 27 a 31, que comprovem habilitação compatível com o objeto da licitação.

- A documentação de que trata o Art. 28 pode ser dispensada, no todo ou em parte, nos casos de convite, concurso, fornecimento de bens para pronta entrega e leilão (Art. 32, § 1º).

- O certificado de registro cadastral substitui os documentos enumerados no art. 28, quanto às informações disponibilizadas em sistema informatizado de consulta direta indicado no edital, obrigando-se a parte a declarar a superveniência de fato impeditivo da habilitação. (Art. 32, § 2º).

- Para apresentação de documentos de empresas participantes de licitação em consórcio, ver o Art. 33, III.

- A teor do Art. 40, VI, deve constar do edital a forma de apresentação das propostas previstas no Art. 28.

I - cédula de identidade;

II - registro comercial, no caso de empresa individual;

III - ato constitutivo, estatuto ou contrato social em vigor, devidamente registrado, em se tratando de sociedades comerciais e, no caso de sociedades por ações, acompanhado de documentos de eleição de seus administradores;

IV - inscrição do ato constitutivo, no caso de sociedades civis, acompanhada de prova de diretoria em exercício;

V - decreto de autorização, em se tratando de empresa ou sociedade estrangeira em funcionamento no País e ato de registro ou autorização para funcionamento expedido pelo órgão competente, quando a atividade assim o exigir.

Art. 29. A prova de documentação relativa à regularidade fiscal, conforme o caso consistirá em:

- Dispõe o Decreto Federal nº 6.106, de 30/4/07:

Art. 1º A prova de regularidade fiscal perante a Fazenda Nacional será efetuada mediante apresentação de:

I - certidão específica, emitida pela Secretaria da Receita Federal do Brasil, quanto às contribuições sociais previstas nas alíneas "a", "b" e "c" do parágrafo único do art. 11 da Lei no 8.212, de 24 de julho de 1991, às contribuições instituídas a título de substituição e às contribuições devidas, por lei, a terceiros, inclusive inscritas em dívida ativa do Instituto Nacional do Seguro Social e da União, por ela administradas; (redação do inciso I dada pelo Decreto nº 6.420, de 1/4/08)

II - certidão conjunta, emitida pela Secretaria da Receita Federal do Brasil e Procuradoria-Geral da Fazenda Nacional, quanto aos demais tributos federais e *à* Divida Ativa da União, por elas administrados.

Parágrafo único. A comprovação de inexistência de débito de que trata o art. 257 do Decreto nº 3.048, de 6 de maio de 1999, far-se-á mediante apresentação da certidão a que alude:

I - o inciso I do *caput*, em relação às contribuições de que tratam os incisos I, III, IV e V do parágrafo *único do art. 195 do referido Decreto;*

II - o inciso II do *caput*, em relação às contribuições de que tratam os incisos VI e VII do parágrafo único do art. 195 do referido Decreto.

- A Portaria Conjunta PGFN-RFB nº 3, de 2/5/07, dispõe sobre a prova de regularidade fiscal perante a Fazenda Nacional.

- No caso de participação, nas tomadas de contas, de licitantes não cadastrados, estabelece o Art. 22,

§ 9º, que a Administração somente poderá deles exigir os documentos, previstos nos Arts. 27 a 31, que comprovem habilitação compatível com o objeto da licitação.

- A documentação de que trata o Art. 29 pode ser dispensada, no todo ou em parte, nos casos de convite, concurso, fornecimento de bens para pronta entrega e leilão (Art. 32, § 1º).

-O certificado de registro cadastral substitui os documentos enumerados no art. 29, quanto às informações disponibilizadas em sistema informatizado de consulta direta indicado no edital, obrigando-se a parte a declarar a superveniência de fato impeditivo da habilitação. (Art. 32, § 2º).

- Para apresentação de documentos de empresas participantes de licitação em consórcio, ver o Art. 33, III.

-A teor do Art. 40, VI, deve constar do edital a forma de apresentação das propostas previstas no Art. 29.

I - prova de inscrição no Cadastro de Pessoas Físicas (CPF) ou no Cadastro Geral de Contribuintes (CGC);

II - prova de inscrição no cadastro de contribuintes estadual ou municipal, se houver, relativo ao domicílio ou sede do licitante, pertinente ao seu ramo de atividade e compatível com o objeto contratual;

III - prova de regularidade para com a Fazenda Federal, Estadual e Municipal do domicílio ou sede do licitante, ou outra equivalente, na forma da lei;

IV - prova de regularidade relativa à Seguridade Social e ao Fundo de Garantia por Tempo de Serviço (FGTS), demonstrando situação regular no cumprimento dos encargos sociais instituídos por lei.

- Redação do inciso IV do Art. 29 dada pela Lei nº 8.883, de 8/6/94.

- Dispõe o Art. 47, § 5º, da Lei nº 8.212, de 24/7/91, redação dada pela Lei nº 9.711, de 19/11/98:

O prazo de validade da Certidão Negativa de Débito - CND é de sessenta dias, contados da sua emissão, podendo ser ampliado por regulamento para até cento e oitenta dias.

- Dispõe o Decreto Federal nº 6.106, de 30/4/07, quanto à validade da CND:

"Art. 2º As certidões de que trata este Decreto terão prazo de validade de cento e oitenta dias, contado da data de sua emissão."

Art. 30. A documentação relativa à qualificação técnica limitar-se-á a:

- No caso de participação, nas tomadas de contas, de licitantes não cadastrados, estabelece o Art. 22, § 9º, que a Administração somente poderá deles exigir os documentos, previstos nos Arts. 27 a 31, que comprovem habilitação compatível com o objeto da licitação.

- A documentação de que trata o Art. 30 pode ser dispensada, no todo ou em parte, nos casos de convite, concurso, fornecimento de bens para pronta entrega e leilão (Art. 32, § 1º).

- O certificado de registro cadastral substitui os documentos enumerados no art. 30, quanto às informações disponibilizadas em sistema informatizado de consulta direta indicado no edital, obrigando-se a parte a declarar a superveniência de fato impeditivo da habilitação. (Art. 32, § 2º).

- Para apresentação de documentos de empresas participantes de licitação em consórcio, ver o Art. 33, III.

- A teor do Art. 36, os fornecedores inscritos em cadastro serão classificados por categorias e grupos, tendo em vista sua especialização, segundo classificação técnica e econômica avaliada pela documentação relacionada nos Art. 30.

- A teor do Art. 40, VI, deve constar do edital a forma de apresentação das propostas previstas no Art. 30.

I - registro ou inscrição na entidade profissional competente;

II - comprovação de aptidão para desempenho de atividade pertinente e compatível em características, quantidades e prazos com o objeto da licitação, e indicação das instalações e do aparelhamento e do pessoal técnico adequados e disponíveis para a realização do objeto da licitação, bem como da qualificação de cada um dos membros da equipe técnica que se responsabilizará pelos trabalhos;

III - comprovação, fornecida pelo órgão licitante, de que recebeu os documentos e, quando exigido, de que tomou conhecimento de todas as informações e das condições locais para o cumprimento das obrigações objeto da licitação;

IV - prova de atendimento de requisitos previstos em lei especial, quando for o caso.

*§ 1º A comprovação de aptidão referida no i*nciso II do *caput* deste artigo, no caso das licitações pertinentes a obras e serviços, será feita por atestados fornecidos por pessoas jurídicas de direito público ou privado, devidamente registrados nas entidades profissionais competentes, limitadas as exigências a:

I - capacitação técnico-profissional: comprovação do licitante de possuir em seu quadro permanente, na data prevista para entrega da proposta, profissional de nível superior ou outro devidamente reconhecido pela autoridade competente, detentor de atestado de responsabilidade técnica por execução de obra ou serviço de características semelhantes, limitadas estas exclusivamente às parcelas de maior relevância e valor significativo do objeto da licitação, vedadas as exigências de quantidades mínimas ou prazos máximos;

II - (Vetado).

- Redação do § 1º, inclusive veto ao inciso II, do Art. 30 dada pela Lei nº 8.883, de 8/6/94.

- O § 10 exige que os profissionais indicados pelo licitante para comprovação da capacitação técnico profissional participem da obra ou serviço objeto da licitação; admite sua substituição por outro de experiência equivalente ou superior, desde que aprovada pela Administração.

*§ 2º As parcelas de maior relevância técnica e de va*lor significativo, mencionadas no parágrafo anterior, serão definidas no instrumento convocatório.

- Redação do § 2º do Art. 30 dada pela Lei nº 8.883, de 8/6/94.

§ 3º Será sempre admitida a comprovação de aptidão através de certidões ou atestados de obras ou serviços similares de complexidade tecnológica e operacional equivalente ou superior.

§ 4º Nas licitações para fornecimento de bens, a comprovação de aptidão, quando for o caso, será feita através de atestados fornecidos por pessoa jurídica de direito público ou privado.

§ 5º É vedada a exigência de comprovação de atividade ou de aptidão com limitações de tempo ou de época ou ainda em locais específicos, ou quaisquer outras não previstas nesta Lei, que inibam a participação na licitação.

§ 6º As exigências mínimas relativas a instalações de canteiros, máquinas, equipamentos e pessoal técnico especializado, considerados essenciais para o cumprimento do objeto da licitação, serão atendidas mediante a apresentação de relação explícita e da declaração formal da sua disponibilidade, sob as penas cabíveis, vedadas as exigências de propriedade e de localização prévia.

§ 7º (Vetado)

§ 8º No caso de obras, serviços e compras de grande vulto, de alta complexidade técnica, poderá a Administração exigir dos licitantes a metodologia de execução, cuja avaliação, para efeito de sua aceitação ou não, antecederá sempre a análise dos preços e será efetuada exclusivamente por critérios objetivos.

§ 9º Entende-se por licitação de alta complexidade técnica aquela que envolva alta especialização, como fator de extrema relevância para garantir a execução do objeto a ser contratado, ou que possa comprometer a continuidade da prestação de serviços públicos essenciais.

§ 10. Os profissionais indicados pelo licitante para fins de comprovação da capacitação *técnico-profissional de que trata o inciso I do § 1º deste artigo deverão* participar da obra ou serviço objeto da licitaç*ão, admitindo-se a substituição* por profissionais de experiência equivalente ou superior, desde que aprovada pela Administração.

-Redação do § 10 do Art. 30 dada pela Lei nº 8.883, de 8/6/94.

Art. 31. A documentação relativa à qualificação econômico-financeira limitar-se a:

- No caso de participação, nas tomadas de contas, de licitantes não cadastrados, a Administração somente poderá deles exigir, dentre os documentos previstos nos Arts. 27 a 31, aqueles que comprovem habilitação compatível com o objeto da licitação (Art. 22, § 9º).

- A documentação de que trata o Art. 31 pode ser dispensada, no todo ou em parte, no caso de convite, concurso, fornecimento de bens para pronta entrega e leilão (Art. 32, § 1º).

- O certificado de registro cadastral substitui os documentos enumerados no art. 31, quanto às informações disponibilizadas em sistema informatizado de consulta direta indicado no edital, obrigando-se a parte a declarar a superveniência de fato impeditivo da habilitação. (Art. 32, § 2º).

- Para apresentação de documentos de empresas participantes de licitação em consórcio, ver o Art. 33, III.

- A teor do Art. 36, os fornecedores inscritos em cadastro serão classificados por categorias e grupos, tendo em vista sua especialização, segundo classificação técnica e econômica avaliada pela documentação relacionada nos Art. 31.

- A teor do Art. 40, VI, deve constar do edital a forma de apresentação das propostas previstas no Art. 31.

I - balanço patrimonial e demonstrações contábeis do último exercício social, já exigíveis e apresentados na forma da lei, que comprovem a boa situação financeira da empresa, vedada a sua substituição por balancetes ou balanços provisórios, podendo ser atualizados por índices oficiais quando encerrado há mais de 3 (três) meses da data de apresentação da proposta;

II - certidão negativa de falência ou concordata expedida pelo distribuidor da sede da pessoa jurídica, ou de execução patrimonial, expedida no domicílio da pessoa física;

III - garantia, nas mesmas modalidades e critérios previstos no *caput* e § 1º do Art. 56 desta Lei, limitada a 1% (um por cento) do valor estimado do objeto da contratação.

- Nos termos do Art. 56 e seu § 1º, a autoridade competente, desde que prevista no edital, pode exigir prestação de garantia nas contratações de obras, serviços e compras; se a exigir, poderá o contratado optar por uma das seguintes modalidades: I - caução em dinheiro ou títulos da dívida pública; II - seguro-garantia; III - fiança bancária.

*§ 1º A exigência de índices limitar-se-á à demons*tração da capacidade financeira do licitante com vistas aos compromissos que terá que assumir caso lhe seja adjudicado o contrato, vedada a exigência de valores mínimos de faturamento anterior, índices de rentabilidade ou lucratividade.

- Redação do § 1º do Art. 31 dada pela Lei nº 8.883, de 8/6/94.

§ 2º A Administração, nas compras para entrega futura e na execução de obras e serviços, poderá estabelecer, no instrumento convocatório da licitação, a exigência de capital mínimo ou de patrimônio líquido mínimo, ou ainda as garantias previstas no § 1º do Art. 56 desta Lei, como dado objetivo de comprovação da qualificação econômico-financeira dos licitantes e para efeito de garantia ao adimplemento do contrato a ser ulteriormente celebrado.

- Nos termos do Art. 56, § 1º, caso prevista no edital a prestação de garantia, poderá o contratado optar por uma das seguintes modalidades: I - caução em dinheiro ou títulos da dívida pública; II - seguro-garantia; III - fiança bancária.

§ 3º O capital mínimo ou o valor do patrimônio líquido a que se refere o parágrafo anterior não poderá exceder a 10% (dez por cento) do valor estimado da contratação, devendo a comprovação ser feita relativamente à data da apresentação da proposta, na forma da lei, admitida a atualização para esta data através de índices oficiais.

§ 4º Poderá ser exigida, ainda, a relação dos compromissos assumidos pelo licitante que importem diminuição da capacidade operativa ou absorção de disponibilidade financeira, calculada esta em função do patrimônio líquido atualizado e sua capacidade de rotação.

*§ 5º A comprovação da boa situação fina*nceira da empresa será feita de forma objetiva, através do cálculo de índices contábeis previstos no edital e devidamente justificados no processo administrativo da licitação que tenha dado início ao certame licitatório, vedada a exigência de índices e valores não usualmente adotados para a correta avaliação de situação financeira suficiente ao cumprimento das obrigações decorrentes da licitação.

- Redação do § 5º do Art. 31 dada pela Lei nº 8.883, de 8/6/94.

§ 6º (Vetado)

Art. 32. Os documentos necessários à habilitação poderão ser apresentados em original, por qualquer processo de cópia autenticada por cartório competente ou por servidor da Administração, ou publicação em órgão da imprensa oficial.

- Redação do *caput* do Art. 32 dada pela Lei nº 8.883, de 8/6/94.

§ 1º A documentação de que tratam os Arts. 28 a 31 desta Lei poderá ser dispensada, no todo ou em parte, nos casos de convite, concurso, fornecimento de bens para pronta entrega e leilão.

- Dispõe a CF (Art. 195, § 3º):

A pessoa jurídica em débito com o sistema da seguridade social, como estabelecido em lei, não poderá contratar com o Poder Público nem dele receber benefícios ou incentivos fiscais ou creditícios.

- Dispõe a Lei nº 9.012, de 30/3/95:

Art. 2º As pessoas jurídicas em débito com o FGTS não poderão celebrar contratos de prestação de serviços ou realizar transação comercial de compra e venda com qualquer órgão da administração direta, indireta, autárquica e fundacional, bem como participar de concorrência pública.

- Na aplicação do § 1º do Art. 32, portanto, não pode ser dispensada a prova de regularidade relativa à Seguridade Social e ao Fundo de Garantia por Tempo de Serviço (FGTS) referida no Art. 29, IV

§ 2º O certificado de registro cadastral a que se refere o § 1º do art. 36 substitui os documentos enumerados nos arts. 28 a 31, quanto às informações disponibilizadas em sistema informatizado de consulta direta indicado no edital, obrigando-se a parte a declarar, sob as penalidades legais, a superveniência de fato impeditivo da habilitação.

- Redação do § 2º do Art. 32 dada pela Lei nº 9.648, de 27/5/98.

§ 3º A documentação referida neste artigo poderá ser substituída por registro cadastral emitido por órgão ou entidade pública, desde que previsto no edital e o registro tenha sido feito em obediência ao disposto nesta Lei.

§ 4º As empresas estrangeiras que não funcionem no País, tanto quanto possível, atenderão, nas licitações internacionais, às exigências dos parágrafos anteriores mediante documentos equivalentes, autenticados pelos respectivos consulados e traduzidos por tradutor juramentado, devendo ter representação legal no Brasil com poderes expressos para receber citação e responder administrativa ou judicialmente.

§ 5º Não se exigirá, para a habilitação de que trata este artigo, prévio recolhimento de taxas ou emolumentos, salvo os referentes a fornecimento do edital, quando solicitado, com os seus elementos constitutivos, limitado ao valor do custo efetivo da reprodução gráfica da documentação fornecida.

§ 6º O disposto no § 4º deste artigo, no § 1º do Art. 33 e no § 2º do Art. 55 não se aplica às licitações internacionais para a aquisição de bens e serviços cujo pagamento seja feito com o produto de financiamento concedido por organismo financeiro internacional de que o Brasil faça parte, ou por agência estrangeira de cooperação, nem nos casos de contratação com empresa estrangeira, para a compra de equipamentos fabricados e entregues no exterior, desde que para este caso tenha havido prévia autorização do Chefe do Poder Executivo, nem nos casos de aquisição de bens e serviços realizada por unidades administrativas com sede no exterior.

Art. 33. Quando permitida na licitação a participação de empresas em consórcio, observar-se-ão as seguintes normas:

I - comprovação do compromisso público ou particular de constituição de consórcio subscrito pelos consorciados;

- Nos termos do § 2º, a constituição e o registro do consórcio antecedem a celebração do contrato.

II - indicação da empresa responsável pelo consórcio que deverá atender às condições de liderança, obrigatoriamente fixadas no edital;

III - apresentação dos documentos exigidos nos Arts. 28 a 31 desta Lei por parte de cada consorciado, admitindo-se, para efeito de qualificação técnica, o somatório dos quantitativos de cada consorciado e, para efeito de qualificação econômico- financeira, o somatório dos valores de cada consorciado, na proporção de sua respectiva participação, podendo a Administração estabelecer, para o consórcio, um acréscimo de até 30% (trinta por cento) dos valores exigidos para licitante individual, inexigível este acréscimo para os consórcios compostos, em sua totalidade, por micros e pequenas empresas assim definidas em lei;

IV - impedimento de participação de empresa consorciada, na mesma licitação, através de mais de um consórcio ou isoladamente;

V - responsabilidade solidária dos integrantes pelos atos praticados em consórcio, tanto na fase de licitação quanto na de execução do contrato.

§ 1º No consórcio de empresas brasileiras e estrangeiras a liderança caberá, obrigatoriamente, à empresa brasileira, observado o disposto no inciso II deste artigo.

- O § 1º está derrogado pela EC nº 6, de 15/8/95, que, ao revogar o Art. 171, § 2º, da CF, suprimiu a disposição que determinava ao Poder Público, na aquisição de bens e serviços, dar tratamento preferencial empresa brasileira de capital nacional.

- Nos termos do Art. 32, § 6º, o disposto no § 1º não se aplica às licitações internacionais para aquisição de bens e serviços cujo pagamento seja feito com o produto de financiamento concedido por organismo financeiro internacional de que o Brasil faça parte, ou por agência estrangeira de cooperação, nem nos casos de contratação com empresa estrangeira, para compra de equipamentos fabricados e entregues no exterior, nem nos casos de aquisição de bens e serviços realizada por unidades administrativas com sede no exterior.

§ 2º O licitante vencedor fica obrigado a promover, antes da celebração do contrato, a constituição e o registro do consórcio, nos termos do compromisso referido no inciso I deste artigo.

Seção III
Dos Registros Cadastrais

Art. 34. Para os fins desta lei, os órgãos e entidades da Administração Pública que realizem frequentemente licitações manterão registros cadastrais para efeito de habilitação, na forma regulamentar, válidos por, no máximo, um ano.

- O Art. 34 foi regulamentado, no âmbito da União, pelo Decreto nº 3.722, de 9/1/01, alterado pelo dc nº 4.485, de 25/11/02.

§ 1º O registro cadastral deverá ser amplamente divulgado e deverá estar permanentemente aberto aos interessados, obrigando-se a unidade por ele responsável a proceder, no mínimo anualmente, através da imprensa oficial e de jornal diário, a chamamento público para a atualização dos registros existentes e para o ingresso de novos interessados.

§ 2º É facultado às unidades administrativas utilizarem-se de registros cadastrais de outros órgãos ou entidades da Administração Pública.

Art. 35. Ao requerer inscrição no cadastro, ou atualização deste, a qualquer tempo, o interessado fornecerá os elementos necessários à satisfação das exigências do Art. 27 desta Lei.

§ 1º Aos inscritos será fornecido certificado, renovável sempre que atualizarem o registro.

§ 2º A atuação do licitante no cumprimento das obrigações assumida será anotada no respectivo registro cadastral.

Art. 36. Os inscritos serão classificados por categorias, tendo-se em vista sua especialização, subdivididas em grupos, segundo a classificação técnica e econômica avaliada pelos elementos constantes da documentação relacionada nos Arts. 30 e 31 desta Lei.

§ 1º Aos inscritos será fornecido certificado, renovável sempre que atualizarem o registro.

- Nos termos do Art. 32, § 2º, o certificado de registro cadastral substitui os documentos citados nos Arts. 28 a 31, quanto às informações disponibilizadas em sistema informatizado de consulta direta indicado no edital, obrigando-se a parte a declarar, sob as penalidades legais, a superveniência de fato impeditivo da habilitação.

§ 2º A atuação do licitante no cumprimento de obrigações assumidas será anotada no respectivo registro cadastral.

Art. 37. A qualquer tempo poderá ser alterado, suspenso ou cancelado o registro do inscrito que deixar de satisfazer as exigências do Art. 27 desta Lei, ou as estabelecidas para classificação cadastral.

Seção IV
Do Procedimento e Julgamento

Art. 38. O procedimento da licitação será iniciado com a abertura de processo administrativo, devidamente autuado, protocolado e numerado, contendo a autorização respectiva, a indicação sucinta de seu objeto e do recurso próprio para a despesa, e ao qual serão juntados oportunamente :

- A teor do Art. 78, parágrafo único, os casos de rescisão contratual deverão ser formalmente motivados nos autos do processo, assegurado o contraditório e a ampla defesa.

I - edital ou convite e respectivos anexos, quando for o caso;

II - comprovante das publicações do edital resumido, na forma do Art. 21 desta Lei, ou da entrega do convite;

III - ato de designação da comissão de licitação, do leiloeiro administrativo ou oficial, ou do responsável pelo convite;

IV - original das propostas e dos documentos que as instruírem;

V - atas, relatórios e deliberações da Comissão julgadora;

VI - pareceres técnicos ou jurídicos emitidos sobre a licitação, dispensa ou inexigibilidade;

VII - atos de adjudicação do objeto da licitação e da sua homologação;

VIII - recursos eventualmente apresentados pelos licitantes e respectivas manifestações e decisões;

IX - despacho de anulação ou de revogação da licitação, quando for o caso, fundamentado circunstanciadamente;

X - termo de contrato ou instrumento equivalente, conforme o caso;

XI - outros comprovantes de publicações;

XII - demais documentos relativos à licitação.

Parágrafo único. As minutas de editais de licitação, bem como as dos contratos, acordos, convênios ou ajustes, devem ser previamente examinadas e aprovadas por assessoria jurídica da Administração.

- Redação do parágrafo único do Art. 38 dada pela Lei nº 8.883, de 8/6/94.

- Afirmou o STF (MS 24584/DF, rel. Min. Marco Aurélio, 9.8.2007) a responsabilidade solidária da Assessoria Jurídica pelo parecer que emitir: "*Entendeu-se que a aprovação ou ratificação de termo de convênio e aditivos, a teor do que dispõe o art. 38 da Lei 8.666/93, e diferentemente do que ocorre com a simples emissão de parecer opinativo, possibilita a responsabilização solidária, já que o administrador decide apoiado na manifestação do setor técnico competente.*"

- Estabeleceu o STF (MS 24.584-DF): "*Prevendo o artigo 38 da Lei nº 8.666/93 que a manifestação da assessoria jurídica quanto a editais de licitação, contratos, acordos, convênios e ajustes não se limita a simples opinião, alcançando a aprovação, ou não, descabe a recusa à convocação do Tribunal de Contas da União para serem prestados esclarecimentos.*"

- Nos termos do inciso VI, os pareceres jurídicos emitidos sobre a licitação, dispensa ou inexigibilidade integram o processo administrativo de licitação.

Art. 39. Sempre que o valor estimado para uma licitação ou para um conjunto de licitações simultâneas ou sucessivas for superior a 100 (cem) vezes o limite previsto no artigo 23, inciso I, alínea "c" desta Lei, o processo licitatório será iniciado, obrigatoriamente, com uma audiência pública concedida pela autoridade responsável com antecedência mínima de 15 (quinze) dias úteis da data prevista para e publicação do edital e divulgada, com a antecedência mínima de 10 (dez) dias úteis de sua realização, pelos mesmos meios previstos para a publicidade da licitação, à qual terão acesso e direito a todas as informações pertinentes e a se manifestar todos os interessados.

Parágrafo único. Para os fins deste artigo, consideram-se licitações simultâneas aquelas com objetos similares e com realização prevista para intervalos não superiores a trinta dias, e licitações sucessivas aquelas em que, também com objetos similares, o edital subsequente tenha uma data anterior a cento e vinte dias após o término do contrato resultante da licitação antecedente.

- Redação do parágrafo único do Art. 39 dada pela Lei nº 8.883, de 8/6/94.

Art. 40. O edital conterá no preâmbulo o número de ordem em série anual, o nome da repartição interessada e de seu setor, a modalidade, o regime de execução e o tipo da licitação, a menção de que será regida por esta Lei, o local, dia e hora para recebimento da documentação e proposta, bem como para início da abertura dos envelopes, e indicará, obrigatoriamente, o seguinte:

- Nos termos do Art. 38, I, o termo de edital e respectivos anexos deve integrar o processo de licitação.

I - objeto da licitação, em descrição sucinta e clara;

II - prazo e condições para assinatura do contrato ou retirada dos instrumentos, como previsto no Art. 64 desta Lei, para execução do contrato e para entrega do objeto da licitação;

III - sanções para o caso de inadimplemento;

IV - local onde poderá ser examinado e adquirido o projeto básico;

V - se há projeto executivo disponível na data da publicação do edital de licitação e o local onde possa ser examinado e adquirido;

VI - condições para participação na licitação, em conformidade com os arts. 27 a 31 desta Lei, e forma de apresentação das propostas;

VII - critério para julgamento, com disposições claras e parâmetros objetivos;

VIII - locais, horários e códigos de acesso dos meios de comunicação à distância em que serão fornecidos elementos, informações e esclarecimentos relativos à licitação e às condições para atendimento das obrigações necessárias ao cumprimento de seu objeto;

IX - condições equivalentes de pagamento entre empresas brasileiras e estrangeiras, no caso de licitações internacionais;

X - critério de aceitabilidade dos preços unitários e global, conforme o caso, permitida a fixação de preços máximos e vedados a fixação de preços mínimos, critérios estatísticos ou faixas de variação em relação a preços de referência, ressalvado o disposto nos parágrafos 1º e 2º do art. 48;

- Redação do inciso X do Art. 40 dada pela Lei nº 9.648, de 27/5/98.

- O Art. 48, § 1º, considera desde já manifestamente inexeqüíveis, no caso de licitações de menor preço para obras e serviços de engenharia, as propostas cujos valores sejam inferiores a 70% do menor dos seguintes valores: a) média aritmética dos valores das propostas superiores a 50% do valor orçado pela Administração;

b) valor orçado pela administração.

- O Art. 48, § 2º, determina exigir dos licitantes cujo valor global da proposta for inferior a 80% do menor valor a que se referem as alíneas *a* e *b* do § 1º do mesmo artigo, para a assinatura do contrato, prestação de garantia adicional, igual à diferença entre o valor resultante do mencionado § 1º e o valor da correspondente proposta.

XI - critério de reajuste, que deverá retratar a variação efetiva do custo de produção, admitida a adoção de índices específicos ou setoriais, desde a data prevista para apresentação da proposta, ou do orçamento a que essa proposta se referir, até a data do adimplemento de cada parcela;

- Redação do inciso XI do Art. 40 dada pela Lei nº 8.883, de 8/6/94.

- O § 4º permite dispensar a exigência do inciso XI nas compras para entrega imediata, assim entendidas aquelas com prazo de entrega até trinta dias da data prevista para apresentação da proposta.

- Os critérios de reajuste deverão obedecer ainda à Lei nº 10.192, de 14/2/01.

XII - (Vetado)

XIII - limites para pagamento de instalação e mobilização para execução de obras ou serviços que serão obrigatoriamente previstos em separado das demais parcelas, etapas ou tarefas;

XIV - condições de pagamento, prevendo:

a) prazo de pagamento, não superior a trinta dias, contado a partir da data final do período de adimplemento de cada parcela;

- Redação da alínea *a* do inciso XIV do Art. 40 dada pela Lei nº 8.883, de 8/6/94.

b) cronograma de desembolso máximo por período, em conformidade com a disponibilidade de recursos financeiros;

c) critério de atualização financeira dos valores a serem pagos, desde a data final do período de adimplemento de cada parcela até a data do efetivo pagamento;

- Redação da alínea *c* do inciso XIV do Art. 40 dada pela Lei nº 8.883, de 8/6/94.

- O § 4º permite dispensar a atualização financeira de que trata a alínea c, correspondente ao período compreendido entre as datas do adimplemento e a prevista para o pagamento, desde que não superior a quinze dias, nas compras para entrega imediata, assim entendidas aquelas com prazo de entrega até trinta dias da data prevista para apresentação da proposta.

d) compensações financeiras e penalizações por eventuais atrasos, e descontos por eventuais antecipações de pagamentos;

e) exigência de seguros, quando for o caso;

XV - instruções e normas para os recursos previstos nesta Lei;

XVI - condições de recebimento do objeto da licitação;

XVII - outras indicações específicas ou peculiares da licitação.

§ 1º O original do edital deverá ser datado, rubricado em todas as folhas e assinado pela autoridade que o expedir, permanecendo no processo de licitação, e dele extraindo-se cópias integrais ou resumidas, para sua divulgação e fornecimento aos interessados.

§ 2º Constituem anexos do edital, dele fazendo parte integrante:

I - o projeto básico e/ou executivo, com todas as suas partes, desenhos, especificações e outros complementos;

II- orçamento estimado em planilhas de quantitativos e preços unitários;

- Redação do inciso II do § 2º do Art. 40 dada pela Lei nº 8.883, de 8/6/94.

III - a minuta do contrato a ser firmado entre a Administração e o licitante vencedor;

IV - as especificações complementares e as normas de execução pertinentes à licitação.

§ 3º Para efeito do disposto nesta Lei, considera-se como adimplemento da obrigação contratual a prestação do serviço, a realização da obra, a entrega do bem ou de parcela deste, bem como qualquer outro evento contratual a cuja ocorrência esteja vinculada a emissão de documento de cobrança.

§ 4º Nas compras para entrega imediata, assim entendidas aquelas com

prazo de entrega até trinta dias da data prevista para apresentação da proposta, poderão ser dispensados:

I - o disposto no inciso XI deste artigo;

II - a atualização financeira a que se refere a alínea "c" do inciso XIV deste artigo, correspondente ao período compreendido entre as datas do adimplemento e a prevista para o pagamento, desde que não superior a quinze dias.

- Redação do § 4º do Art. 40 dada pela Lei nº 8.883, de 8/6/94.

Art. 41. A Administração não pode descumprir as normas e condições do edital, ao qual se acha estritamente vinculada.

§ 1º Qualquer cidadão é parte legítima para impugnar edital de licitação por irregularidade na aplicação desta Lei, devendo protocolar o pedido até 5 (cinco) dias úteis antes da data fixada para a abertura dos envelopes de habilitação, devendo a Administração julgar e responder à impugnação em até 3 (três) dias úteis, sem prejuízo da faculdade prevista no § 1º do Art. 113.

§ 2º Decairá do direito de impugnar os termos do edital de licitação perante a Administração o licitante que não o fizer até o segundo dia útil que anteceder a abertura dos envelopes de habilitação em concorrência, a abertura dos envelopes com as propostas em convite, tomada de preços ou concurso, ou a realização de leilão, as falhas ou irregularidades que viciariam esse edital, hipótese em que tal comunicação não terá efeito de recurso.

- Redação do § 2º do Art. 41 dada pela Lei nº 8.883, de 8/6/94.

§ 3º A impugnação feita tempestivamente pelo licitante não o impedirá de participar do processo licitatório até o trânsito em julgado da decisão a ela pertinente.

§ 4º A inabilitação do licitante importa preclusão do seu direito de participar das fases subsequentes.

Art. 42. Nas concorrências de âmbito internacional, o edital deverá ajustarse às diretrizes da política monetária e do comércio exterior e atender às exigências dos órgãos competentes.

§ 1º Quando for permitido ao licitante estrangeiro cotar preço em moeda estrangeira, igualmente o poderá fazer o licitante brasileiro.

*§ 2º O pagamento feito ao licitante brasile*iro eventualmente contratado em virtude da licitação de que trata o parágrafo anterior será efetuado em moeda brasileira, à taxa de câmbio vigente no dia útil imediatamente anterior à data do efetivo pagamento.

- Redação do § 2º do Art. 42 dada pela Lei nº 8.883, de 8/6/94.

§ 3º As garantias de pagamento ao licitante brasileiro serão equivalentes àquelas oferecidas ao licitante estrangeiro.

§ 4º Para fins de julgamento da licitação, as propostas apresentadas por licitantes estrangeiros serão acrescidas dos gravames conseqüentes dos mesmos tributos que oneram exclusivamente os licitantes brasileiros quanto à operação final de venda.

*§ 5º Para realização de obras, prestação d*e serviços ou aquisição de bens com recursos provenientes de financiamento ou doa*ção oriundos de agência oficial* de cooperação estrangeira ou organismo financeiro multilateral de que o Brasil seja parte, poderão ser admitidas, na respectiva licitação, as condições decorrentes de acordos, protocolos, convenções ou tratados internacionais aprovados pelo Congresso Nacional, bem como as normas e procedimentos daquelas entidades, inclusive quanto ao critério de seleção da proposta mais vantajosa para a Administração, o qual poderá contemplar, além do preço, outros fatores de avaliação, desde que por elas exigido para a obtenção do financiamento ou da doação e que também não conflitem com o princípio do julgamento objetivo e sejam objeto de despacho

motivado do órgão executor do contrato, despacho este ratificado pela autoridade imediatamente superior.

- Redação do § 5º do Art. 42 dada pela Lei nº 8.883, de 8/6/94.

§ 6º As cotações de todos os licitantes serão para entrega no mesmo local de destino.

Art. 43. A licitação será processada e julgada com observância dos seguintes procedimentos:

I - abertura dos envelopes contendo a documentação relativa à habilitação dos concorrentes, e sua apreciação;

II - devolução dos envelopes fechados aos concorrentes inabilitados, contendo as respectivas propostas, desde que não tenha havido recurso ou após sua denegação;

III - abertura dos envelopes contendo as propostas dos concorrentes habilitados, desde que transcorrido o prazo sem interposição de recurso, ou tenha havido desistência expressa, ou após o julgamento dos recursos interpostos;

- Proíbe o § 5º, uma vez ultrapassada a fase de habilitação dos concorrentes e abertas as propostas (inciso III), a desclassificação por motivo relacionado com a habilitação, salvo em razão de fatos supervenientes ou só conhecidos após o julgamento.

- Nos termos do Art. 38, IV, o original das propostas e dos documentos que as instruírem deve integrar o processo administrativo de licitação.

IV - verificação da conformidade de cada proposta com os requisitos do edital e, conforme o caso, com os preços correntes no mercado ou fixados por órgão oficial competente, ou ainda com os constantes do sistema de registro de preços, os quais deverão ser devidamente registrados na ata de julgamento, procedendo-se à desclassificação das propostas desconformes ou incompatíveis;

V - julgamento e classificação das propostas de acordo com os critérios de avaliação constantes do edital;

VI - deliberação da autoridade competente quanto à homologação e adjudicação do objeto da licitação.

- Nos termos do Art. 38, VII, os atos de adjudicação do objeto da licitação e da sua homologação devem integrar o processo de licitação.

§ 1º A abertura dos envelopes contendo a documentação para habilitação e as propostas será realizada sempre em ato público previamente designado, do qual se lavrará ata circunstanciada, assinada pelos licitantes presentes e pela Comissão.

- Nos termos do Art. 38, V, as atas, relatórios e deliberações da Comissão julgadora devem integrar o processo administrativo de licitação.

§ 2º Todos os documentos e propostas serão rubricados pelos licitantes presentes e pela Comissão.

§ 3º É facultada à Comissão ou autoridade superior, em qualquer fase da licitação, a promoção de diligência destinada a esclarecer ou a complementar a instrução do processo, vedada a inclusão posterior de documento ou informação que deveria constar originariamente da proposta.

*§ 4º O disposto neste artigo aplica-se à co*ncorrência e, no que couber, ao concurso, ao leilão, à tomada de preços e ao convite.

- Redação do § 4º do Art. 43 dada pela Lei nº 8.883, de 8/6/94.

§ 5º Ultrapassada a fase de habilitação dos concorrentes (incisos I e II) e abertas as propostas (inciso III), não cabe desclassificação por motivo relacionado com a habilitação, salvo em razão de fatos supervenientes ou só conhecidos após o julgamento.

§ 6º Após a fase de habilitação, não cabe desistência de proposta, salvo por motivo justo decorrente de fato superveniente e aceito pela Comissão.

Art. 44. No julgamento das propostas, a Comissão levará em consideração os critérios objetivos definidos no edital ou convite, os quais não devem contrariar as normas e princípios estabelecidos por esta Lei.

§ 1º É vedada a utilização de qualquer elemento, critério ou fator sigiloso, secreto, subjetivo ou reservado que possa ainda que indiretamente elidir o princípio da igualdade entre os licitantes.

§ 2º Não se considerará qualquer oferta de vantagem não prevista no edital ou no convite, inclusive financiamentos subsidiados ou a fundo perdido, nem preço ou vantagem baseada nas ofertas dos demais licitantes.

*§ 3º Não se admitirá proposta que apres*ente preços global ou unitários simbólicos, irrisórios ou de valor zero, incompatíveis com os preços dos insumos e salários de mercado, acrescidos dos respectivos encargos, ainda que o ato convocatório da licitação não tenha estabelecido limites mínimos, exceto quando se referirem a materiais e instalações de propriedade do próprio licitante, para os quais ele renuncie a parcela ou à totalidade da remuneração.

§ 4º O disposto no parágrafo anterior se aplica também às propostas que incluam mão-de-obra estrangeira ou importações de qualquer natureza.

- Redação dos §§ 3º e 4º do Art. 44 dada pela Lei nº 8.883, de 8/6/94.

Art. 45. O julgamento das propostas será objetivo, devendo a Comissão de licitação ou o responsável pelo convite realizá-lo em conformidade com os tipos de licitação, os critérios previamente estabelecidos no ato convocatório e de acordo com os fatores exclusivamente nele referidos, de maneira a possibilitar sua aferição pelos licitantes e pelos órgãos de controle.

*§ 1º Para os efeitos deste artigo, constituem tipos de licitação, e*xceto na modalidade concurso:

- Redação do *caput* do § 1º do Art. 45 dada pela Lei nº 8.883, de 8/6/94.

I - a de menor preço - quando o critério de seleção da proposta mais vantajosa para a Administração determinar que será vencedor o licitante que apresentar a proposta de acordo com as especificações do edital ou convite e ofertar o menor preço;

II - a de melhor técnica;

III - a de técnica e preço;

IV - a de maior lance ou oferta - nos casos de alienação de bens ou concessão de direito real de uso.

- Redação do inciso IV do § 1º do Art. 45 dada pela Lei nº 8.883, de 8/6/94.

§ 2º No caso de empate entre duas ou mais propostas, e após obedecido o disposto no § 2º do Art. 3º desta Lei, a classificação se fará, obrigatoriamente, por sorteio, em ato público, para o qual todos os licitantes serão convocados, vedado qualquer outro processo.

- O Art. 3º, § 2º, I, estabeleceu como primeiro critério de desempate, os bens e serviços I – produzidos ou prestados por empresas brasileiras de capital nacional; II – produzidos no país; III - produzidos ou prestados por empresas brasileiras.

- Tais disposições foram derrogadas pela EC nº 6, de 15/8/95, que, ao revogar o Art. 171, § 2º, da CF, suprimiu a determinação constitucional de preferência, na aquisição de bens e serviços, à empresa brasileira de capital nacional.

- A menção ao § 2º do Art. 3º, assim, deve ser vista como derrogada, em face de a EC nº 6, de 15/8/95, haver derrogado as disposições da CF que estabeleciam privilégios à empresa brasileira em face das demais.

- O sorteio é hoje, portanto, o único critério de desempate.

§ 3º No caso da licitação do tipo menor preço, entre os licitantes considerados qualificados a classificação se dará pela ordem crescente dos preços propostos, prevalecendo, no caso de empate, exclusivamente o critério previsto no parágrafo anterior.

§ 4º Para contratação de bens e serviços de informática, a Administração observará o disposto no Art. 3º da Lei nº 8.248, de 23 de outubro de 1991, levando em conta os fatores especificados em seu *§ 2º e adotando obrigatoriamente* o tipo de licitação técnica e preço, permitido o emprego de outro tipo de licitação nos casos indicados em decreto do Poder Executivo.

- Redação dos §§ 3º e 4º do Art. 45 dada pela Lei nº 8.883, de 8/6/94.

- O Decreto Federal nº 7.174, de 12/5/10, regulamenta o § 4º do Art. 45, no âmbito federal.

- O Art. 3º da Lei nº 8.248, de 23/10/91, a que se refere o § 4ªº, teve a sua redação assim alterada pela Lei nº 10.176, de 12/1/01:

Art. 3º Os órgãos e entidades da Administração Pública Federal, direta ou indireta, as fundações instituídas e mantidas pelo Poder Público e as demais organizações sob o controle direto ou indireto da União darão preferência, nas aquisições de bens e serviços de informática e automaç*ão, observada a seguinte ordem,* a:

I - bens e serviços com tecnologia desenvolvida no País;

II - bens e serviços produzidos de acordo com processo produtivo básico, na forma a ser definida pelo Poder Executivo.

§ 1º (Revogado)

*§ 2º Para o exercício desta preferência, levar-se-ão em conta condições eq*uivalentes de prazo de entrega, suporte de serviços, qualidade, padronização, compatibilidade e especificação de desempenho e preço.

- O conceito de "*bens e serviços de informática e automação*" é dado no Art. 5º da Lei nº 10.176, de 12/1/01.

§ 5º É vedada a utilização de outros tipos de licitação não previstos neste artigo.

§ 6º Na hipótese prevista no art. 23, § 7º, serão selecionadas tantas propostas quantas necessárias até que se atinja a quantidade demandada na licitação.

- Redação do § 6º do Art. 45 dada pela Lei nº 9.648, de 27/5/98.

Art. 46. Os tipos de licitação melhor técnica ou *técnica e preço serão utilizados* exclusivamente para serviços de natureza predominantemente intelectual, em especial na elaboração de projetos, cálculos, fiscalização, supervisão e gerenciamento e de engenharia consultiva em geral e, em particular, para a elaboração de estudos técnicos preliminares e projetos básicos e executivos, ressalvado o disposto no § 4º do artigo anterior.

-Redação do *caput* do Art. 46 dada pela Lei nº 8.883, de 8/6/94.

§ 1º Nas licitações do tipo melhor técnica será adotado o seguinte procedimento claramente explicado no instrumento convocatório, o qual fixará o preço máximo que a Administração se propõe a pagar :

I - serão abertos os envelopes contendo as propostas técnicas exclusivamente dos licitantes previamente classificados e feita então a avaliação e classificação destas propostas de acordo com os critérios pertinentes e adequados ao objeto licitado, definidos com clareza e objetividade no instrumento convocatório e que considerem a capacitação e experiência do proponente, a qualidade técnica da proposta, compreendendo metodologia, organização, tecnologias e recursos materiais a serem utilizados nos trabalhos e a qualificação das equipes técnicas a serem utilizadas para a sua execução;

II - uma vez classificadas as propostas técnicas, proceder-se-á à abertura das propostas de preço dos licitantes que tenham atingido a valorização mínima estabelecida no instrumento convocatório e à negociação das condições propostas, com a proponente melhor classificada, com base nos orçamentos detalhados apresentados e respectivos preços unitários e tendo como referência o limite representado pela proposta de menor preço entre os licitantes que obtiverem a valorização mínima;

III - no caso de impasse na negociação anterior, o procedimento licitatório será adotado, sucessivamente, com os demais proponentes, pela ordem de classificação, até a consecução de acordo para a contratação;

IV - as propostas de preços serão devolvidas intactas aos licitantes que não forem previamente habilitados ou que não obtiverem a valorização mínima estabelecida para a proposta técnica.

§ 2º Nas licitações do tipo técnica e preço será adotado, adicionalmente ao inciso I do parágrafo anterior, o seguinte procedimento, claramente explicitado no instrumento convocatório:

I - será feita a avaliação e a valorização das propostas de preços, de acordo com critérios objetivos preestabelecidos no instrumento convocatório;

II - a classificação dos proponentes far-se-á de acordo com a média ponderada das valorizações das propostas técnicas e de preço, de acordo com os pesos preestabelecidos no instrumento convocatório.

§ 3º Excepcionalmente, os tipos de licitação previstos neste artigo poderão ser adotados, por autorização expressa e mediante justificativa circunstanciada da maior autoridade da Administração promotora constante do ato convocatório, para fornecimento de bens e execução de obras ou prestação de serviços de grande vulto majoritariamente dependentes de tecnologia nitidamente sofisticada e de domínio restrito, atestado por autoridades técnicas de reconhecida qualificação, nos casos em que o objeto pretendido admitir soluções alternativas e variações de execução, com repercussões significativas sobre sua qualidade, produtividade, rendimento e durabilidade concretamente mensuráveis, e estas puderem ser adotadas à livre escolha dos licitantes, na conformidade dos critérios objetivamente fixados no ato convocatório.

Art. 47. Nas licitações para a execução de obras e serviços, quando for adotada a modalidade de execução de empreitada por preço global, a Administração deverá fornecer obrigatoriamente, junto com o edital, todos os elementos e informações necessários para que os licitantes possam elaborar suas propostas de preços com total e completo conhecimento do objeto da licitação.

Art. 48. Serão desclassificadas:

I - as propostas que não atendam às exigências do ato convocatório da licitação;

II - propostas com valor global superior ao limite estabelecido ou com preços manifestamente inexequíveis, assim considerados aqueles que não venham a ter demonstrada sua viabilidade através de documentação que comprove que os custos dos insumos são coerentes com os de mercado e que os coeficientes de produtividade são compatíveis com a execução do objeto do contrato, condições estas necessariamente especificadas no ato convocatório da licitação.

- Redação do inciso II do Art. 48 dada pela Lei nº 8.883, de 8/6/94.

§ 1º Para os efeitos do disposto no inciso II deste artigo, consideram-se manifestamente inexequíveis, no caso de licitações de menor preço para obras e serviços de engenharia, as propostas cujos valores sejam inferiores a 70% (setenta por cento) do menor dos seguintes valores:

a) média aritmética dos valores das propostas superiores a 50% (cinquenta por cento) do valor orçado pela Administração, ou

b) valor orçado pela administração.

- Redação do § 1º do Art. 48 dada pela Lei nº 9.648, de 27/5/98.

- A teor do Art. 40, X, ressalvado o disposto no § 1º, deve constar do edital o critério de aceitabilidade dos preços unitários e global, conforme o caso, permitida a fixação de preços máximos e vedados a fixação de preços mínimos, critérios estatísticos ou faixas de variação em relação a preços de referência.

§ 2º Dos licitantes classificados na forma do parágrafo anterior cujo valor global da proposta for inferior a 80% (oitenta por cento) do menor valor a que se referem as alíneas "a" e "b", será exigida, para a assinatura do contrato, prestação de garantia adicional, dentre as modalidades previstas no § 1º do art. 56, igual a diferença entre o valor resultante do parágrafo anterior e o valor da correspondente proposta.

- Redação do § 2º do Art. 48 dada pela Lei nº 9.648, de 27/5/98.

- A teor do Art. 40, X, ressalvado o disposto no § 2º, deve constar do edital o critério de aceitabilidade dos preços unitários e global, conforme o caso, permitida a fixação de preços máximos e vedados a fixação de preços mínimos, critérios estatísticos ou faixas de variação em relação a preços de referência.

- O Art. 56, § 1º, estabelece que, caso exigida a prestação de garantia, poderá o contratado optar por uma das seguintes modalidades: I - caução em dinheiro ou títulos da dívida pública; II - seguro-garantia; III - fiança bancária.

§ 3º Quando todos os licitantes forem inabilitados ou todas as propostas forem desclassificadas, a Administração poderá fixar aos licitantes o prazo de oito dias úteis para a apresentação de nova documentação ou de outras propostas escoimadas das causas referidas neste artigo, facultada, no caso de convite, a redução deste prazo para três dias úteis.

- Redação do § 3º do Art. 48 dada pela Lei nº 9.648, de 27/5/98.

Art. 49. A autoridade competente para a aprovação do procedimento somente poderá revogar a licitação por razões de interesse público decorrente de fato superveniente devidamente comprovado, pertinente e suficiente para justificar tal conduta, devendo anulá-la por ilegalidade, de ofício ou por provocação de terceiros, mediante parecer escrito e devidamente fundamentado.

- Nos termos do Art. 38, IX, o despacho de anulação ou de revogação da licitação deve integrar o processo administrativo de licitação.

- O Art. 64, § 2º, faculta à Administração revogar a licitação, ou convocar os licitantes remanescentes, quando o convocado não assinar o termo de contrato ou não aceitar ou retirar o instrumento equivalente no prazo e condições estabelecidos.

§ 1º A anulação do procedimento licitatório por motivo de ilegalidade não gera obrigação de indenizar, ressalvado o disposto no parágrafo único do Art. 59 desta Lei.

§ 2º A nulidade do procedimento licitatório induz à do contrato, ressalvado o disposto no parágrafo único do Art. 59 desta Lei.

- A ressalva feita nos §§ 1º e 2º atribui à Administração do dever de indenizar o contratado pelo que houver executado até a anulação e por outros prejuízos comprovados, desde que a causa da anulação não lhe seja imputável, promovendo-se a responsabilidade de quem lhe deu causa.

§ 3º No caso de desfazimento do processo licitatório, fica assegurado o contraditório e a ampla defesa.

§ 4º O disposto neste artigo e em seus parágrafos aplica-se aos atos do procedimento de dispensa e de inexigibilidade de licitação.

Art. 50. A Administração não poderá celebrar o contrato com preterição da ordem de classificação das propostas ou com terceiros estranhos ao processo licitatório, sob pena de nulidade.

Art. 51. A habilitação preliminar, a inscrição em registro cadastral, a sua alteração ou cancelamento e as propostas serão processadas e julgadas por comissão permanente ou especial de, no mínimo, 3 (três) membros, sendo pelo menos 2 (dois) deles servidores qualificados pertencentes aos quadros permanentes dos órgãos da Administração responsáveis pela licitação.

- Nos termos do Art. 38, III o ato de designação da comissão de licitação deve integrar cada processo administrativo de licitação.

§ 1º No caso de convite, a Comissão de Licitação, excepcionalmente, nas pequenas unidades administrativas e em face da exigüidade de pessoal disponível, poderá ser substituída por servidor formalmente designado pela autoridade competente.

§ 2º A Comissão para julgamento dos pedidos de inscrição em registro cadastral, sua alteração ou cancelamento, será integrada por profissionais legalmente habilitados no caso de obras, serviços ou aquisição de equipamentos.

§ 3º Os membros das Comissões de licitação responderão solidariamente por todos os atos praticados pela Comissão, salvo se posição individual divergente estiver devidamente fundamentada e registrada em ata lavrada na reunião em que tiver sido tomada a decisão.

- Nos termos do Art. 38, V, as atas da Comissão julgadora devem integrar o processo administrativo de licitação.

§ 4º A investidura dos membros das Comissões permanentes não excederá a 1 (um) ano, vedada a recondução da totalidade de seus membros para a mesma comissão no período subsequente.

§ 5º No caso de concurso, o julgamento será feito por uma comissão especial integrada por pessoas de reputação ilibada e reconhecido conhecimento da matéria em exame, servidores públicos ou não.

Art. 52. O concurso a que se refere o § 4º do Art. 22 desta Lei deve ser precedido de regulamento próprio, a ser obtido pelos interessados no local indicado no edital.

§ 1º O regulamento deverá indicar:

I - a qualificação exigida dos participantes;

II - as diretrizes e a forma de apresentação do trabalho;

III - as condições de realização do concurso e os prêmios a serem concedidos.

§ 2º Em se tratando de projeto, o vencedor deverá autorizar a Administração a executá-lo quando julgar conveniente.

Art. 53. O leilão pode ser cometido a leiloeiro oficial ou a servidor designado pela Administração, procedendo-se na forma da legislação pertinente.

- Nos termos do Art. 38, III, o ato de designação do leiloeiro administrativo ou oficial deve integrar o processo administrativo de licitação.

§ 1º Todo bem a ser leiloado será previamente avaliado pela Administração para fixação do preço mínimo de arrematação.

§ 2º Os bens arrematados serão pagos à vista ou no percentual estabelecido no edital, não inferior a 5% (cinco por cento), e, após a assinatura da respectiva ata lavrada no local do leilão, imediatamente entregues ao arrematante, o qual se sujeitará ao pagamento do restante no prazo estipulado no edital de convocação, sob pena de perder em favor da Administração o valor já recolhido.

§ 3º Nos leilões internacionais, o pagamento da parcela à vista poderá ser feito em até vinte e quatro horas.

§ 4º O edital de leilão deve ser amplamente divulgado principalmente no município em que se realizará.

- Redação dos §§ 3º e 4º do Art. 53 dada pela Lei nº 8.883, de 8/6/94.

CAPÍTULO III
DOS CONTRATOS

Seção I
Disposições Preliminares

Art. 54. Os contratos administrativos de que trata esta Lei regulam-se pelas suas cláusulas e pelos preceitos de direito público, aplicando-se-lhes, supletivamente, os princípios da teoria geral dos contratos e as disposições de direito privado.

§ 1º Os contratos devem estabelecer com clareza e precisão as condições para sua execução, expressas em cláusulas que definam os direitos, obrigações e responsabilidades das partes, em conformidade com os termos da licitação e da proposta a que se vinculam.

§ 2º Os contratos decorrentes de dispensa ou de inexigibilidade de licitação devem atender aos termos do ato que os autorizou e da respectiva proposta.

Art. 55. São cláusulas necessárias em todo contrato as que estabeleçam:

- Nos termos do Art. 38, X, o termo de contrato ou instrumento equivalente deve integrar o processo administrativo de licitação.

- O Art. 62, § 2º, manda aplicar o disposto neste artigo, no que couber, à carta-contrato, nota de empenho de despesa, autorização de compra, ordem de execução de serviço ou a outros instrumentos.

- O Art. 62, § 3º, manda aplicar o disposto neste artigo, no que couber, também aos contratos de seguro, de financiamento, de locação em que o Poder Público for locatário e aos demais cujo conteúdo seja regido, preponderantemente, por norma de direito privado, bem como aos contratos em que a Administração for parte como usuária de serviço público.

I - o objeto e seus elementos característicos;

II - o regime de execução ou a forma de fornecimento;

III - os preços, as condições de pagamento, os critérios, data base e periodicidade do reajustamento de preços, os critérios de atualização monetária entre a data do adimplemento das obrigações e a do efetivo pagamento;

- O reajuste dos contratos deverá obedecer ainda às seguintes disposições da Lei nº 10.192, de 14/2/01:

Art. 2º É admitida estipulação de correção monetária ou de reajuste por índices de preços gerais, setoriais ou que reflitam a variação dos custos de produção ou dos insumos utilizados nos contratos de prazo de duração igual ou superior a um ano.

§ 1º É nula de pleno direito qualquer estipulação de reajuste ou correção monetária de periodicidade inferior a um ano.

§ 2º Em caso de revisão contratual, o termo inicial do período de correção monetária ou reajuste, ou de nova revisão, será a data em que a anterior revisão tiver ocorrido.

§ 3º Ressalvado o disposto no § 7º do art. 28 da Lei no 9.069, de 29 de junho de 1995, e no parágrafo seguinte, são nulos de pleno direito quaisquer expedientes que, na apuração do índice de reajuste, produzam efeitos financeiros equivalentes aos de reajuste de periodicidade inferior à anual.

§ 4º Nos contratos de prazo de duração igual ou superior a três anos, cujo objeto seja a produção de bens para entrega futura ou a aquisição de bens ou direitos a eles relativos, as partes poderão pactuar a atualização das obrigações, a cada período de um ano, contado a partir da contratação, e no seu vencimento final, considerada a periodicidade de pagamento das prestações, e abatidos os pagamentos, atualizados da mesma forma, efetuados no período.

§ 5º O disposto no parágrafo anterior aplica-se aos contratos celebrados a partir de 28 de outubro de 1995 até 11 de outubro de 1997.

§ 6º O prazo a que alude o parágrafo anterior poderá ser prorrogado mediante ato do Poder Executivo.

Art. 3º Os contratos em que seja parte órgão ou entidade da Administração Pública direta ou indireta da União, dos Estados, do Distrito Federal e dos Municípios, serão reajustados ou corrigidos monetariamente de acordo com as disposições desta Lei, e, no que com ela não conflitarem, da Lei nº 8.666, de 21 de junho de 1993.

§ 1º A periodicidade anual nos contratos de que trata o caput deste artigo será contada a partir da data limite para apresentação da proposta ou do orçamento a que essa se referir.

§ 2º 0 O Poder Executivo regulamentará o disposto neste artigo.

IV - os prazos de início de etapas de execução, de conclusão, de entrega, de observação e de recebimento definitivo, conforme o caso;

V - o crédito pelo qual correrá a despesa, com a indicação da classificação funcional programática e da categoria econômica;

VI - as garantias oferecidas para assegurar sua plena execução, quando exigidas;

VII - os direitos e as responsabilidades das partes, as penalidades cabíveis e os valores das multas;

VIII - os casos de rescisão;

IX - o reconhecimento dos direitos da Administração, em caso de rescisão administrativa prevista no Art. 77 desta Lei;

- A hipótese mencionada é a de rescisão por inexecução total ou parcial do contrato.

X - as condições de importação, a data e a taxa de câmbio para conversão, quando for o caso;

XI - a vinculação ao edital de licitação ou ao termo que a dispensou ou inexigiu, ao convite e à proposta do licitante vencedor;

XII - a legislação aplicável à execução do contrato e especialmente aos casos omissos;

XIII - a obrigação do contratado de manter, durante toda a execução do contrato, em compatibilidade com as obrigações por ele assumidas, todas as condições de habilitação e qualificação exigidas na licitação.

§ 1º (Vetado)

§ 2º Nos contratos celebrados pela Administração pública com pessoas físicas ou jurídicas, inclusive aquelas domiciliadas no estrangeiro, deverá constar necessariamente cláusula que declare competente o foro da sede da Administração para dirimir qualquer questão contratual, salvo o disposto no § 6º do Art. 32 desta Lei.

- O Art. 32, § 6º, estabelece que a presente disposição não se aplica a licitações internacionais para aquisição de bens e serviços cujo pagamento seja feito com o produto de financiamento concedido por organismo financeiro internacional de que o Brasil faça parte, ou por agência estrangeira de cooperação, nem nos casos de contratação com empresa estrangeira, para compra de equipamentos fabricados e entregues no exterior, nem nos casos de aquisição de bens e serviços realizada por unidades administrativas com sede no exterior.

§ 3º No ato da liquidação da despesa, os serviços de contabilidade comunicarão aos órgãos encarregados da arrecadação e fiscalização de tributos da União, Estado ou Município as características e os valores pagos, segundo o disposto no Art. 63 da Lei nº 4.320, de 17 de março de 1964.

- O artigo citado tem a seguinte redação:

Art. 63. A liquidação da despesa consiste na verificação do direito adquirido pelo credor, tendo por base os títulos e documentos comprobatórios do respectivo crédito.

§ 1º Essa verificação tem por fim apurar:

I - a origem e o objeto do que se deve pagar;

II - a importância exata a pagar;

III - a quem se deve pagar a importância, para extinguir a obrigação.

§ 2º A liquidação da despesa por fornecimentos feitos ou serviços prestados terá por base:

I - o contrato, ajuste ou acordo respectivo;

II - a nota de empenho;

III - os comprovantes da entrega do material ou da prestação do serviço.

Art. 56. A critério da autoridade competente, em cada caso, e desde que prevista no instrumento convocatório, poderá ser exigida prestação de garantia nas contratações de obras, serviços e compras.

§ 1º Caberá ao contratado optar por uma das seguintes modalidades de garantia:

- Redação do *caput* do § 1º do Art. 56 dada pela Lei nº 8.883, de 8/6/94.

I - caução em dinheiro ou em títulos da dívida pública, devendo estes ter sido emitidos sob a forma escritural, mediante registro em sistema centralizado de liquidação e de custódia autorizado pelo Banco Central do Brasil e avaliados pelos seus valores econômicos, conforme definido pelo Ministério da Fazenda;

- Redação do inciso I do § 1º do Art. 56 dada pela Lei nº 11.079, de 30/12/04.

II - seguro-garantia;

III - fiança bancária.

§ 2º A garantia a que se refere o caput deste artigo não excederá a cinco por cento do valor do contrato e terá seu valor atualizado nas mesmas condições daquele, ressalvado o previsto no § 3º deste artigo.

§ 3º Para obras, serviços e fornecimentos de grande vulto envolvendo alta complexidade técnica e riscos financeiros consideráveis, demonstrados através de parecer tecnicamente aprovado pela autoridade competente, o limite de garantia previsto no parágrafo anterior poderá ser elevado para até dez por cento do valor do contrato.

- Redação dos incisos II e III do § 1º e dos §§ 2º e 3º do Art. 56 dada pela Lei nº 8.883, de 8/6/94.

- Nos termos do Art. 38, VI, os pareceres técnicos ou jurídicos emitidos sobre a licitação, dispensa ou inexigibilidade integram o processo administrativo de licitação.

§ 4º A garantia prestada pelo contratado será liberada ou restituída após a execução do contrato e, quando em dinheiro, atualizada monetariamente.

§ 5º Nos casos de contratos que importem na entrega de bens pela Administração, dos quais o contratado ficará depositário, ao valor da garantia deverá ser acrescido o valor desses bens.

Art. 57. A duração dos contratos regidos por esta Lei ficará adstrita à vigência dos respectivos créditos orçamentários, exceto quanto aos relativos:

I - aos projetos cujos produtos estejam contemplados nas metas estabelecidas no Plano Plurianual, os quais poderão ser prorrogados se houver interessa da Administração e desde que isso tenha sido previsto no ato convocatório;

II - à prestação de serviços a serem executados de forma contínua, que poderão ter a sua duração prorrogada por iguais e sucessivos períodos com vistas a obtenção de preços e condições mais vantajosas para a Administração, limitada a sessenta meses;

- Redação do inciso II do Art. 57 dada pela Lei nº 9.648, de 27/5/98.

- O § 4º permite, em caráter excepcional, devidamente justificado e mediante autorização da autoridade superior, prorrogação adicional do prazo de que trata o inciso II do por até doze meses.

III - (Vetado)

IV - ao aluguel de equipamentos e à utilização de programas de informática, podendo a duração estender-se pelo prazo de até 48 (quarenta e oito) meses após o início da vigência do contrato;

V - às hipóteses previstas nos incisos IX, XIX, XXVIII e XXXI do art. 24, cujos contratos poderão ter vigência por até 120 (cento e vinte) meses, caso haja interesse da administração.

- Redação do Art. 57, V, dada pela Lei nº 12.349, de 15/12/10.

§ 1º Os prazos de início de etapas de execução, de conclusão e de entrega admitem prorrogação, mantidas as demais cláusulas do contrato e assegurada a manutenção de seu equilíbrio econômico-financeiro, desde que ocorra algum dos seguintes motivos, devidamente autuados em processo:

I - alteração do projeto ou especificações, pela Administração;

II - superveniência de fato excepcional ou imprevisível, estranho à vontade das partes, que afete fundamentalmente as condições de execução do contrato;

III - interrupção da execução do contrato ou diminuição do ritmo de trabalho por ordem e no interesse da Administração;

IV - aumento das quantidades inicialmente previstas no contrato, nos limites permitidos por esta Lei;

V - impedimento de execução do contrato por fato ou ato de terceiro reconhecido pela Administração em documento contemporâneo à sua ocorrência;

VI - omissão ou atraso de providências a cargo da Administração, inclusive quanto aos pagamentos previstos, de que resulte, diretamente, impedimento ou retardamento na execução do contrato, sem prejuízo das sanções legais aplicáveis aos responsáveis.

§ 2º Toda prorrogação de prazo deverá ser justificada por escrito e previamente autorizada pela autoridade competente para celebrar o contrato.

§ 3º É vedado o contrato com prazo de vigência indeterminado.

*§ 4º Em caráter excepcional, devidamente jus*tificado e mediante autorização da autoridade superior, o prazo de que trata o inciso II do *caput* deste artigo poderá ser prorrogado em até doze meses.

- Redação do § 4º do Art. 57 dada pela Lei nº 9.648, de 27/5/98.

Art. 58. O regime jurídico dos contratos administrativos instituído por esta Lei confere à Administração, em relação a eles, a prerrogativa de:

- O Art. 62, § 3º, manda aplicar o disposto neste artigo, no que couber, também aos contratos de seguro, de financiamento, de locação em que o Poder Público for locatário e aos demais cujo conteúdo seja regido, preponderantemente, por norma de direito privado, bem como aos contratos em que a Administração for parte como usuária de serviço público.

I - modificá-los, unilateralmente, para melhor adaptação às finalidades de interesse público, respeitados os direitos do contratado;

- O Art. 57, § 1º, I, admite prorrogação do prazo de início de etapas de execução, de conclusão e de entrega, mantidas as demais cláusulas do contrato, se houver alteração do projeto ou especificações, pela Administração.

II - rescindi-los, unilateralmente, nos casos especificados no inciso I do Art. 79 desta Lei;

- Trata-se de rescisão determinada por ato escrito da Administração, nos casos de:

I - não cumprimento de cláusulas contratuais, especificações, projetos ou prazos;

II - cumprimento irregular de cláusulas contratuais, especificações, projetos e prazos;

III - lentidão do seu cumprimento, levando a Administração a comprovar a impossibilidade da conclusão da obra, do serviço ou do fornecimento, no prazo estipulado;

IV - atraso injustificado no início da obra, serviço ou fornecimento;

V - paralisação da obra, serviço ou fornecimento, sem justa causa e prévia comunicação à Administração;

VI - subcontratação total ou parcial do seu objeto, associação do contratado com outros, cessão ou transferência, total ou parcial, bem como fusão, cisão ou incorporação, não admitidas no edital ou no contrato;

VII - desatendimento das determinações regulares da autoridade designada para acompanhar e fiscalizar a sua execução, assim como as de seus superiores;

VIII - cometimento reiterado de faltas na sua execução, anotadas na forma do § 1º do art. 67;

IX - decretação de falência ou instauração de insolvência civil;

X - dissolução da sociedade ou falecimento do contratado;

XI - alteração social ou modificação da finalidade ou estrutura da empresa, que prejudique a execução do contrato, enumerados nos incisos I a XII e XVII do artigo anterior;

XII - razões de interesse público, de alta relevância e amplo conhecimento, justificadas e determinadas pela máxima autoridade da esfera administrativa a que está subordinado o contratante e exaradas no processo administrativo a que se refere o contrato;

XIII - a ocorrência de caso fortuito ou de força maior, regularmente comprovada, impeditiva da execução do contrato.

- A teor do Art. 80, II, a rescisão por qualquer dos motivos supra pode acarretar as seguintes consequências, sem prejuízo das sanções previstas:

I - assunção imediata do objeto do contrato, no estado e local em que se encontrar, por ato próprio da Administração;

II - ocupação e utilização do local, instalações, equipamentos, material e pessoal empregados na execução do contrato, necessários à sua continuidade;

III - execução da garantia contratual, para ressarcimento da Administração, e dos valores das multas e indenizações a ela devidos;

IV - retenção dos créditos decorrentes do contrato até o limite dos prejuízos causados à Administração.

Se a rescisão referida nos incisos XI, XII ou XIII ocorrer sem que haja culpa do contratado, será este ressarcido dos prejuízos que houver sofrido, tendo ainda direito a: I - devolução de garantia; II – pagamentos devidos pela execução do contrato até a rescisão; III - pagamento do custo da desmobilização (Art. 79, § 2º).

III - fiscalizar-lhes a execução;

IV - aplicar sanções motivadas pela inexecução total ou parcial do ajuste;

V - nos casos de serviços essenciais, ocupar provisoriamente bens móveis, imóveis, pessoal e serviços vinculados ao objeto do contrato, na hipótese da necessidade de acautelar apuração administrativa de faltas contratuais pelo contratado, bem como na hipótese de rescisão do contrato administrativo.

§ 1º As cláusulas econômico-financeiras e monetárias dos contratos administrativos não poderão ser alteradas sem prévia concordância do contratado.

§ 2º Na hipótese do inciso I deste artigo, as cláusulas econômico-financeiras do contrato deverão ser revistas para que se mantenha o equilíbrio contratual.

Art. 59. A declaração de nulidade do contrato administrativo opera retroativamente impedindo os efeitos jurídicos que ele, ordinariamente, deveria produzir, além de desconstituir os já produzidos.

- O Art. 62, § 3º, manda aplicar o disposto neste artigo, no que couber, também aos contratos de seguro, de financiamento, de locação em que o Poder Público for locatário e aos demais cujo conteúdo seja regido, preponderantemente, por norma de direito privado, bem como aos contratos em que a Administração for parte como usuária de serviço público.

Parágrafo único. A nulidade não exonera a Administração do dever de indenizar o contratado pelo que este houver executado até a data em que ela for declarada e por outros prejuízos regularmente comprovados, contanto que não lhe seja imputável, promovendo-se a responsabilidade de quem lhe deu causa.

Seção II
Da Formalização dos Contratos

Art. 60. Os contratos e seus aditamentos serão lavrados pelas repartições interessadas, as quais manterão arquivo cronológico dos seus autógrafos e registro sistemático do seu extrato, salvo os relativos a direitos reais sobre imóveis, que se formalizam por instrumento lavrado em cartório de notas, de tudo juntando-se cópia no processo que lhe deu origem.

- O Art. 62, § 3º, manda aplicar o disposto neste artigo, no que couber, também aos contratos de seguro, de financiamento, de locação em que o Poder Público for locatário e aos demais cujo conteúdo seja regido, preponderantemente, por norma de direito privado, bem como aos contratos em que a Administração for parte como usuária de serviço público.

Parágrafo único. É nulo e de nenhum efeito o contrato verbal com a Administração, salvo o de pequenas compras de pronto pagamento, assim entendidas aquelas de valor não superior a 5% (cinco por cento) do limite estabelecido no Art. 23, inciso II, alínea "a" desta Lei, feitas em regime de adiantamento.

Art. 61. Todo contrato deve mencionar os nomes das partes e os de seus representantes, a finalidade, o ato que autorizou a sua lavratura, o número do processo da licitação, da dispensa ou da inexigibilidade, a sujeição dos contratantes às normas desta Lei e às cláusulas contratuais.

- O Art. 62, § 3º, manda aplicar o disposto neste artigo, no que couber, também aos contratos de seguro, de financiamento, de locação em que o Poder Público for locatário e aos demais cujo conteúdo seja regido, preponderantemente, por norma de direito privado, bem como aos contratos em que a Administração for parte como usuária de serviço público.

Parágrafo único. A publicação resumida do instrumento de contrato ou de seus aditamentos na Imprensa Oficial, que é condição indispensável para sua eficácia, será providenciada pela Administração até o quinto dia útil do mês seguinte ao de sua assinatura, para ocorrer no prazo de vinte dias daquela data, qualquer que seja o seu valor, ainda que sem ônus, ressalvado o disposto no Art. 26 desta Lei.

- Redação do parágrafo único do Art. 61 dada pela Lei nº 8.883, de 8/6/94.

- A ressalva feita ao Art. 26 indica que a dispensa ou inexigibilidade de licitação e o retardamento previsto no parágrafo único do Art. 8º têm ainda, como condição de eficácia, de ser comunicados dentro de 3 dias à autoridade superior, para ratificação e publicação na imprensa oficial, no prazo de 5 dias, como condição.

Art. 62. O instrumento de contrato é obrigatório nos casos de concorrência e de tomada de preços, bem como nas dispensas e inexigibilidades cujos preços estejam compreendidos nos limites destas duas modalidades de licitação e facultativo nos demais casos em que a Administração puder substituí-lo por outros instrumentos hábeis, tais como carta-contrato, nota de empenho de despesa, autorização de compra ou ordem de execução de serviço.

§ 1º A minuta do futuro contrato integrará sempre o edital ou ato convocatório da licitação.

§ 2º Em carta-contrato, nota de empenho de despesa, autorização de compra, ordem de execução de serviço ou outros instrumentos aplica-se, no que couber, o disposto no art. 55 desta Lei.

- Redação do § 2º do Art. 62 dada pela Lei nº 8.883, de 8/6/94.

§ 3º Aplica-se o disposto nos Arts. 55 e 58 a 61 desta Lei e demais normas gerais, no que couber:

I - aos contratos de seguro, de financiamento, de locação em que o Poder Público seja locatário e aos demais cujo conteúdo seja regido, preponderantemente, por norma de direito privado;

II - aos contratos em que a Administração for parte como usuária de serviço público.

§ 4º É dispensável o «termo de contrato» e facultada a substituição prevista neste artigo, a critério da Administração e independentemente de seu valor, nos casos de compra com entrega imediata e integral dos bens adquiridos, dos quais não resultem obrigações futuras, inclusive assistência técnica.

Art. 63. É permitido a qualquer licitante o conhecimento dos termos do contrato e do respectivo processo licitatório e, a qualquer interessado, a obtenção de cópia autenticada, mediante pagamento dos emolumentos devidos.

Art. 64. A Administração convocará regularmente o interessado para assinar o termo de contrato, aceitar ou retirar o instrumento equivalente, dentro do prazo e condições estabelecidos, sob pena de decair o direito à contratação, sem prejuízo das sanções previstas no Art. 81 desta Lei.

- Nos termos do Art. 40, II, o edital deve indicar o prazo e condições para assinatura do contrato ou retirada dos instrumentos, como previsto no Art. 64.

- O Art. 81 caracteriza como descumprimento total da obrigação assumida a recusa injustificada do adjudicatário em assinar o contrato, aceitar ou retirar o instrumento equivalente, sujeitando-o às penalidades estabelecidas.

§ 1º O prazo de convocação poderá ser prorrogado uma vez, por igual período, quando solicitado pela parte durante o seu transcurso e desde que ocorra motivo justificado aceito pela Administração.

§ 2º É facultado à Administração, quando o convocado não assinar o termo de contrato ou não aceitar ou retirar o instrumento equivalente no prazo e condições estabelecidos, convocar os licitantes remanescentes, na ordem de classificação, para fazê-lo em igual prazo e nas mesmas condições propostas pelo primeiro classificado, inclusive quanto aos preços atualizados de conformidade com o ato convocatório, ou revogar a licitação independentemente da cominação prevista no Art. 81 desta Lei.

- A teor do Art. 81, parágrafo único, o licitante convocado nos termos do § 2º que não aceitar a contratação, inclusive quanto ao prazo e preço, não pode ser penalizado por isso.

§ 3º Decorridos 60 (sessenta) dias da data da entrega das propostas, sem convocação para contratação, ficam os licitantes liberados dos compromissos assumidos.

Seção III
Da Alteração dos Contratos

Art. 65. Os contratos regidos por esta Lei poderão ser alterados, com as devidas justificativas, nos seguintes casos:

I - unilateralmente pela Administração;

II - quando houver modificação do projeto ou das especificações, para melhor adequação técnica aos seus objetivos;

- O Art. 57, § 1º, I, admite prorrogação do prazo de início, de conclusão e de entrega, mantidas as demais cláusulas do contrato, se houver alteração do projeto ou especificações, pela Administração.

III - por acordo das partes:

a) quando conveniente a substituição da garantia de execução;

b) quando necessária a modificação do regime de execução da obra ou serviço, bem como do modo de fornecimento, em face de verificação técnica da inaplicabilidade dos termos contratuais originários;

c) quando necessária a modificação da forma de pagamento, por imposição de circunstâncias supervenientes, mantido o valor inicial atualizado, vedada a antecipação do pagamento, com relação ao cronograma financeiro fixado, sem a correspondente contraprestação de fornecimento de bens ou execução de obra ou serviço;

d) para restabelecer a relação que as partes pactuaram inicialmente entre

os encargos do contratado e a retribuição da Administração para a justa remuneração da obra, serviço ou fornecimento, objetivando a manutenção do equilíbrio econômico-financeiro inicial do contrato, na hipótese de sobrevirem fatos imprevisíveis, ou previsíveis porém de consequências incalculáveis, retardadores ou impeditivos da execução do ajustado, ou ainda, em caso de força maior, caso fortuito ou fato do príncipe, configurando álea econômica extraordinária e extracontratual.

- Redação da alínea d do inciso III do Art. 65 dada pela Lei nº 8.883, de 8/6/94.

- O reajuste dos contratos deve obedecer ainda às seguintes disposições da Lei nº 10.192, de 14/2/01:

Art. 2º É admitida estipulação de correção monetária ou de reajuste por índices de preços gerais, setoriais ou que reflitam a variação dos custos de produção ou dos insumos utilizados nos contratos de prazo de duração igual ou superior a um ano.

§ 1º É nula de pleno direito qualquer estipulação de reajuste ou correção monetária de periodicidade inferior a um ano.

§ 2º Em caso de revisão contratual, o termo inicial do período de correção monetária ou reajuste, ou de nova revisão, será a data em que a anterior revisão tiver ocorrido. *§ 3º Ressalvado o disposto no § 7º do art. 28 da Lei nº 9.069, de 29 de junho de 1995, e no parágrafo* seguinte, são nulos de pleno direito quaisquer expedientes que, na apuração do índice de reajuste, produzam efeitos financeiros equivalentes aos de reajuste de periodicidade inferior à anual.

§ 4º Nos contratos de prazo de duração igual ou superior a três anos, cujo objeto seja a produção de bens para entrega futura ou a aquisição de bens ou direitos a eles relativos, as partes poderão pactuar a atualização das obrigações, a cada período de um ano, contado a partir da contratação, e no seu vencimento final, considerada a periodicidade de pagamento das prestações, e abatidos os pagamentos, atualizados da mesma forma, efetuados no período.

*§ 5º O disposto no parágrafo anterior aplica-se aos contratos celebrad*os a partir de 28 de outubro de 1995 até 11 de outubro de 1997.

§ 6º O prazo a que alude o parágrafo anterior poderá ser prorrogado mediante ato do Poder Executivo.

Art. 3º Os contratos em que seja parte órgão ou entidade da Administração Pública direta ou indireta da União, dos Estados, do Distrito Federal e dos Municípios, serão reajustados ou corrigidos monetariamente de acordo com as disposições desta Lei, e, no que com ela não conflitarem, da Lei nº 8.666, de 21 de junho de 1993.

*§ 1º A periodicidade anual nos contratos de que trata o caput deste artig*o será contada a partir da data limite para apresentação da proposta ou do orçamento a que essa se referir.

§ 2º O Poder Executivo regulamentará o disposto neste artigo.

§ 1º O contratado fica obrigado a aceitar, nas mesmas condições contratuais, os acréscimos ou supressões que se fizerem nas obras, serviços ou compras, até 25% (vinte e cinco por cento) do valor atualizado do contrato, e, no caso particular de reforma de edifício ou de equipamento, até o limite de 50% (cinqüenta por cento) para os seus acréscimos.

- O Art. 57, § 1º, IV, admite prorrogação do prazo de início, de conclusão e de entrega, mantidas as demais cláusulas do contrato, se houver aumento das quantidades inicialmente previstas.

- A supressão além do limite permitido no § 1º constitui motivo para rescisão do contrato. Se tal rescisão ocorrer sem que haja culpa do contratado, será este ressarcido dos prejuízos que houver sofrido, tendo ainda direito a: I - devolução de garantia; II - pagamentos devidos pela execução do contrato até a rescisão; III - pagamento do custo da desmobilização (Art. 79, § 2º).

*§ 2º Nenhum acréscimo ou supressão poderá e*xceder os limites estabelecidos no parágrafo anterior, salvo:

I - (Vetado)

II - as supressões resultantes de acordo celebrado entre os contratantes.

- Redação do § 2º do Art. 65 dada pela Lei nº 9.648, de 27/5/98.

§ 3º Se no contrato não houverem sido contemplados preços unitários para obras ou serviços, esses serão fixados mediante acordo entre as partes, respeitados os limites estabelecidos no § 1º deste artigo.

§ 4º No caso de supressão de obras, bens ou serviços, se o contratado já houver adquirido os materiais e posto no local dos trabalhos, estes deverão ser pagos pela Administração pelos custos de aquisição regularmente comprovados e monetariamente corrigidos, podendo caber indenização por outros danos eventualmente decorrentes da supressão, desde que regularmente comprovados.

§ 5º Quaisquer tributos ou encargos legais criados, alterados ou extintos, bem como a superveniência de disposições legais, quando ocorridos após a data da apresentação das propostas, de comprovada repercussão nos preços contratados, implicarão a revisão destes para mais ou para menos, conforme o caso.

§ 6º Em havendo alteração unilateral do contrato que aumente os encargos do contratado, a Administração deverá restabelecer, por aditamento, o equilíbrio econômico- financeiro inicial.

- O Art. 57, § 1º, I, admite prorrogação do prazo de início, de conclusão e de entrega, mantidas as demais cláusulas do contrato, se houver alteração do projeto ou especificações, pela Administração.

§ 7º (Vetado)

§ 8º A variação do valor contratual para fazer face ao reajuste de preços previsto no próprio contrato, as atualizações, compensações ou penalizações decorrentes das condições de pagamento nele previstas, bem como o empenho de dotações orçamentárias suplementares até o limite do seu valor corrigido, não caracterizam alteração do mesmo, podendo ser registrados por simples apostila, dispensada a celebração de aditamento.

Seção IV
Da Execução dos Contratos

Art. 66. O contrato deverá ser executado fielmente pelas partes, de acordo com as cláusulas avençadas e as normas desta Lei, respondendo cada uma pelas consequências de sua inexecução total ou parcial.

Art. 67. A execução do contrato deverá ser acompanhada e fiscalizada por um representante da Administração especialmente designado, permitida a contratação de terceiros para assisti-lo e subsidiá-lo de informações pertinentes a essa atribuição.

§ 1º O representante da Administração anotará em registro próprio todas as ocorrências relacionadas com a execução do contrato, determinando o que for necessário à regularização das faltas ou defeitos observados.

- A teor do Art. 78, VIII, o cometimento reiterado de faltas, anotadas na forma do § 1º, constitui motivo para rescisão do contrato.

§ 2º As decisões e providências que ultrapassarem a competência do representante deverão ser solicitadas a seus superiores em tempo hábil para a adoção das medidas convenientes.

Art. 68. O contratado deverá manter preposto, aceito pela Administração, no local da obra ou serviço, para representá-lo na execução do contrato.

Art. 69. O contratado é obrigado a reparar, corrigir, remover, reconstruir ou substituir, às suas expensas, no total ou em parte, o objeto do contrato em que se verificarem vícios, defeitos ou incorreções resultantes da execução ou de materiais empregados.

- O Art. 73, I, *b*, condiciona o recebimento definitivo do objeto do contrato, em se tratando de obras e serviços, à realização de vistoria que comprove o cumprimento do disposto neste artigo.

Art. 70. O contratado é responsável pelos danos causados diretamente à Administração ou a terceiros, decorrentes da sua culpa ou dolo na execução do contrato, não excluindo ou reduzindo essa responsabilidade a fiscalização ou o acompanhamento pelo órgão interessado.

Art. 71. O contratado é responsável pelos encargos trabalhistas, previdenciários, fiscais e comerciais resultantes da execução do contrato.

*§ 1º A inadimplência do contratado, com referê*ncia aos encargos trabalhistas, fiscais e comerciais, não transfere à Administração Pública a responsabilidade por seu pagamento, nem poderá onerar o objeto do contrato ou restringir a regularização e o uso das obras e edificações, inclusive perante o Registro de Imóveis.

- Redação do § 1º do Art. 71 dada pela Lei n 9.032, de 28/4/95.

§ 2º A Administração Pública responde solidariamente com o contratado pelos encargos previdenciários resultantes da execução do contrato, nos termos do Art. 31 da Lei nº 8.212, de 24 de julho de 1991.

- A disposição do § 2º do Art. 71 se reporta à redação original do Art. 31 da Lei nº 8.212/90, que dispunha:

O contratante de quaisquer serviços executados mediante cessão de m*ão-de-obra, inclusive em regime* de trabalho temporário, responde solidariamente com o executor pelas obrigações decorrentes desta lei, em relação aos serviços a ele prestados, exceto quanto ao disposto no art. 23. (a exceção refere-se à contribuição sobre o faturamento e o lucro).

- Tal disposição, porém, foi revogada pela Lei nº 11.933, de 2009, que deu ao mesmo artigo a seguinte redação:

Art. 31. A empresa contratante de serviços executados mediante cessão de mão de obra, inclusive em regime de trabalho temporário, deverá reter 11% (onze por cento) do valor bruto da nota fiscal ou fatura de prestação de serviços e recolher, em nome da empresa cedente da mão de obra, a importância retida até o dia 20 (vinte) do mês subsequente ao da emissão da respectiva nota fiscal ou fatura, ou até o dia útil imediatamente anterior se não houver expediente bancário naquele dia, observado o disposto no § 5º do art. 33 desta Lei.

- Estabelece a lei, portanto, a obrigação, por parte da Administração, quando contratante de serviços executados mediante cessão de mão de obra, de reter 11% do valor bruto da nota fiscal ou fatura de prestação de serviços e do recolhimento da importância retida. A sua responsabilidade solidária, a que se refere o § 2º do Art. 71, só ocorrerá se não o fizer.

- O § 5º do Art. 33, acima citado, estabelece:

O desconto de contribuição e de consignação legalmente autorizadas sempre se presume feito oportuna e regularmente pela empresa a isso obrigada, não lhe sendo lícito alegar omissão para se eximir do recolhimento, ficando diretamente responsável pela importância que deixou de receber ou arrecadou em desacordo com o disposto nesta Lei.

Art. 72. O contratado, na execução do contrato, sem prejuízo das responsabilidades contratuais e legais, poderá subcontratar partes da obra, serviço ou fornecimento, até o limite admitido, em cada caso, pela Administração.

Art. 73. Executado o contrato, o seu objeto será recebido:

I - em se tratando de obras e serviços:

a) provisoriamente, pelo responsável por seu acompanhamento e fiscalização, mediante termo circunstanciado, assinado pelas partes em até 15 (quinze) dias da comunicação escrita do contratado;

- Nos termos do § 4º, se o termo circunstanciado não for lavrado no prazo fixado, reputar-se-á como realizado.

b) definitivamente, por servidor ou comissão designada pela autoridade competente, mediante termo circunstanciado, assinado pelas partes, após o decurso do prazo de observação, ou vistoria que comprove a adequação do objeto aos termos contratuais, observado o disposto no Art. 69 desta Lei;

- Nos termos do § 4º, se o termo circunstanciado não for lavrado no prazo fixado, reputar-se-á como realizado, desde que comunicado à Administração nos 15 dias anteriores à sua exaustão.

- O Art. 69 estabelece a obrigação do contratado de reparar, corrigir, remover, reconstruir ou substituir, às suas expensas, no total ou em parte, o objeto do contrato em que se verificarem vícios, defeitos ou incorreções resultantes da execução ou de materiais empregados.

- Nos termos do § 3º, tal prazo não pode ser superior a 90 dias, salvo em casos excepcionais, devidamente justificados e previstos no edital.

II - em se tratando de compras ou de locação de equipamentos:

a) provisoriamente, para efeito de posterior verificação do material com a especificação;

b) definitivamente, após a verificação da qualidade do material e consequente aceitação.

§ 1º Nos casos de aquisição de equipamentos de grande vulto, o recebimento far-se-á mediante termo circunstanciado e, nos demais, mediante recibo.

§ 2º O recebimento provisório ou definitivo não exclui a responsabilidade civil pela solidez e segurança da obra ou serviço, nem ético-profissional pela perfeita execução do contrato, dentro dos limites estabelecidos pela lei ou pelo contrato.

§ 3º O prazo a que se refere a alínea "b" do inciso I deste artigo não poderá ser superior a 90 (noventa) dias, salvo em casos excepcionais, devidamente justificados e previstos no edital.

§ 4º Na hipótese de o termo circunstanciado ou a verificação a que se refere este artigo não serem, respectivamente, lavrado ou procedida dentro dos prazos fixados, reputar-se-ão como realizados, desde que comunicados à Administração nos 15 (quinze) dias anteriores à exaustão dos mesmos.

Art. 74. Poderá ser dispensado o recebimento provisório nos seguintes casos:

I - gêneros perecíveis e alimentação preparada;

II - serviços profissionais;

III - obras e serviços de valor até o previsto no Art. 23, inciso II, alínea "a", desta Lei, desde que não se componham de aparelhos, equipamentos e instalações sujeitos à verificação de funcionamento e produtividade.

Parágrafo único. Nos casos deste artigo, o recebimento será feito mediante recibo.

Art. 75. Salvo disposições em contrário constantes do edital, do convite ou de ato normativo, os ensaios, testes e demais provas exigidos por normas técnicas oficiais para a boa execução do objeto do contrato correm por conta do contratado.

Art. 76. A Administração rejeitará, no todo ou em parte, obra, serviço ou fornecimento executado em desacordo com o contrato.

Seção V
Da Inexecução e da Rescisão dos Contratos

Art. 77. A inexecução total ou parcial do contrato enseja a sua rescisão, com as consequências contratuais e as previstas em lei ou regulamento.

- O Art. 55, IX, estabelece, como cláusula necessária do contrato, o reconhecimento dos direitos da Administração, em caso de rescisão administrativa.

Art. 78. Constituem motivo para rescisão do contrato:

O Art. 79, I, autoriza a rescisão por ato unilateral e escrito da Administração, nos casos enumerados nos incisos I a XII e XVII.

- O Art. 79, § 2º, estabelece que se a rescisão deita com base nos incisos XII a XVII ocorrer sem que haja culpa do contratado, será este ressarcido dos prejuízos que houver sofrido, tendo ainda direito a: I – devolução de garantia; II - pagamentos devidos pela execução do contrato até a rescisão; III - pagamento do custo da desmobilização.

- O Art. 109, I, *e*, admite recurso em qualquer hipótese de rescisão unilateral.

I - o não cumprimento de cláusulas contratuais, especificações, projetos ou prazos;

II - o cumprimento irregular de cláusulas contratuais, especificações, projetos e prazos;

III - a lentidão do seu cumprimento, levando a Administração a comprovar a impossibilidade da conclusão da obra, do serviço ou do fornecimento, nos prazos estipulados;

IV - o atraso injustificado no início da obra, serviço ou fornecimento;

V - a paralisação da obra, do serviço ou do fornecimento, sem justa causa e prévia comunicação à Administração;

VI - a subcontratação total ou parcial do seu objeto, a associação do contratado com outros, a cessão ou transferência, total ou parcial, bem como a fusão, cisão ou incorporação, não admitidas no edital ou no contrato;

VII - o desatendimento das determinações regulares da autoridade designada para acompanhar e fiscalizar a sua execução, assim como as de seus superiores;

VIII - o cometimento reiterado de faltas na sua execução, anotadas na forma do § 1º do art. 67 desta Lei;

§ O Art. 67, § 1º, atribui ao representante da Administração, designado para acompanhar e fiscalizar a execução do contrato, anotar em registro próprio as ocorrências com ela relacionadas.

IX - a decretação de falência ou a instauração de insolvência civil;

X - a dissolução da sociedade ou o falecimento do contratado;

XI - a alteração social ou a modificação da finalidade ou da estrutura da empresa, que prejudique a execução do contrato;

XII - razões de interesse público, de alta relevância e amplo conhecimento, justificadas e determinadas pela máxima autoridade da esfera administrativa a que está subordinado o contratante e exaradas no processo administrativo a que se refere o contrato;

XIII - a supressão, por parte da Administração, de obras, serviços ou compras, acarretando modificação do valor inicial do contrato além do limite permitido no § 1º do art. 65 desta Lei;

- O Art. 65, § 1º, obrigava o contratado a aceitar supressão até 25% do valor atualizado do contrato. A Lei nº 9.648, de 27/5/98, porém, alterou seu § 2º, permitindo-a, desde que de comum acordo, em percentual superior.

- A redação do inciso XIII, portanto, apenas prevalece se a supressão, superior a 25%, se der por ato unilateral, sem acordo.

XIV - a suspensão de sua execução, por ordem escrita da Administração, por prazo superior a 120 (cento e vinte) dias, salvo em caso de calamidade pública, grave perturbação da ordem interna ou guerra, ou ainda por repetidas suspensões que totalizem o mesmo prazo, independentemente do pagamento obrigatório de indenizações pelas sucessivas e contratualmente imprevistas desmobilizações e mobilizações e outras previstas, assegurado ao contratado, nestes casos, o direito de optar pela suspensão do cumprimento das obrigações assumidas até que seja normalizada a situação;

XV - o atraso superior a 90 (noventa) dias dos pagamentos devidos pela Administração decorrentes de obras, serviços ou fornecimento, ou parcelas destes, já recebidos ou executados, salvo em caso de calamidade pública, grave perturbação da ordem interna ou guerra, assegurado ao contratado o direito de optar pela suspensão do cumprimento de suas obrigações até que seja normalizada a situação;

XVI - a não liberação, por parte da Administração, de área, local ou objeto para execução de obra, serviço ou fornecimento, nos prazos contratuais, bem como das fontes de materiais naturais especificadas no projeto;

XVII - a ocorrência de caso fortuito ou de força maior, regularmente comprovada, impeditiva da execução do contrato;

XVIII - descumprimento do disposto no inciso V do art. 27, sem prejuízo das sanções penais cabíveis.

- Redação do inciso XVIII do Art. 78 dada pela Lei nº 9.854, de 27/10/99.

- A disposição do inciso XVIII do Art. 78 foi regulamentada pelo Decreto nº 4.358, de 5/9/02.

- O Art. 27, V, condiciona a habilitação nas licitações ao cumprimento do disposto no inciso XXXIII do art. 7º da Constituição Federal, que proíbe a atribuição de trabalho noturno, perigoso ou insalubre a menores de 18 e de qualquer trabalho a menores de 16 anos, salvo na condição de aprendiz, a partir de 14.

Parágrafo único. Os casos de rescisão contratual serão formalmente motivados nos autos do processo, assegurado o contraditório e a ampla defesa.

Art. 79. A rescisão do contrato poderá ser:

I - determinada por ato unilateral e escrito da Administração, nos casos enumerados nos incisos I a XII e XVII do artigo anterior;

II - amigável, por acordo entre as partes, reduzida a termo no processo de licitação, desde que haja conveniência para a Administração;

III - judicial, nos termos da legislação;

IV - (Vetado)

§ 1º A rescisão administrativa ou amigável deverá ser precedida de autorização escrita e fundamentada da autoridade competente.

§ 2º Quando a rescisão ocorrer com base nos incisos XII a XVII do artigo anterior, sem que haja culpa do contratado, será este ressarcido dos prejuízos regularmente comprovados que houver sofrido, tendo ainda direito a:

I - devolução de garantia;

II - pagamentos devidos pela execução do contrato até a data da rescisão;

III - pagamento do custo da desmobilização.

§§ 3º e 4º (Vetados)

§ 5º Ocorrendo impedimentos, paralisação ou sustação do contrato, o cronograma de execução será prorrogado automaticamente por igual tempo.

Art. 80. A rescisão de que trata o inciso I do artigo anterior acarreta as seguintes consequências, sem prejuízo das sanções previstas nesta Lei:

I - assunção imediata do objeto do contrato, no estado e local em que se encontrar, por ato próprio da Administração;

II - ocupação e utilização do local, instalações, equipamentos, material e pessoal empregados na execução do contrato, necessários à sua continuidade, na forma do inciso V do Art. 58 desta Lei;

III - execução da garantia contratual, para ressarcimento da Administração, e dos valores das multas e indenizações a ela devidos;

IV - retenção dos créditos decorrentes do contrato até o limite dos prejuízos causados à Administração.

§ 1º A aplicação das medidas previstas nos incisos I e II deste artigo fica a critério da Administração, que poderá dar continuidade à obra ou serviço por execução direta ou indireta.

§ 2º É permitido à Administração, no caso de concordata do contratado, manter o contrato, podendo assumir o controle de determinadas atividades de serviços essenciais.

§ 3º Na hipótese do inciso II deste artigo, o ato deverá ser precedido de autorização expressa do Ministro de Estado competente, ou Secretário Estadual ou Municipal, conforme o caso.

§ 4º A rescisão de que trata o inciso IV do artigo anterior permite à Administração, a seu critério, aplicar a medida prevista no inciso I deste artigo.

- A aplicação do § 4º ficou prejudicada em razão de o inciso IV do artigo 79 haver sido vetado.

CAPÍTULO IV
DAS SANÇÕES ADMINISTRATIVAS E DA TUTELA JUDICIAL

Seção I
Disposições Gerais

Art. 81. A recusa injustificada do adjudicatário em assinar o contrato, aceitar ou retirar o instrumento equivalente, dentro do prazo estabelecido pela Administração, caracteriza o descumprimento total da obrigação assumida, sujeitando-o às penalidades legalmente estabelecidas.

Parágrafo único. O disposto neste artigo não se aplica aos licitantes convocados nos termos do Art. 64, § 2º desta Lei, que não aceitarem a contratação, inclusive quanto ao prazo e preço.

- Trata-se dos licitantes remanescentes, convocados ante a recusa do adjudicatário em assinar, aceitar ou retirar o instrumento equivalente para fazê-lo em igual prazo e nas mesmas condições.

Art. 82. Os agentes administrativos que praticarem atos em desacordo com os preceitos desta Lei ou visando a frustrar os objetivos da licitação sujeitam-se às sanções previstas nesta Lei e nos regulamentos próprios, sem prejuízo das responsabilidades civil e criminal que seu ato ensejar.

Art. 83. Os crimes definidos nesta Lei, ainda que simplesmente tentados, sujeitam os seus autores, quando servidores públicos, além das sanções penais, à perda do cargo, emprego, função ou mandato eletivo.

Art. 84. Considera-se servidor público, para os fins desta Lei, aquele que exerce, mesmo que transitoriamente ou sem remuneração, cargo, função ou emprego público.

§ 1º Equipara-se a servidor público, para os fins desta Lei, quem exerce cargo, emprego ou função em entidade paraestatal, assim consideradas, além das fundações, empresas públicas e sociedades de economia mista, as demais entidades sob controle, direto ou indireto, do Poder Público.

§ 2º A pena imposta será acrescida da terça parte, quando os autores dos crimes previstos nesta Lei forem ocupantes de cargo em comissão ou de função de confiança em órgão da Administração direta, autarquia, empresa pública, sociedade de economia mista, fundação pública ou outra entidade controlada direta ou indiretamente pelo Poder Público.

Art. 85. As infrações penais previstas nesta Lei pertinem às licitações e aos contratos celebrados pela União, Estados, Distrito Federal, Municípios, e respectivas autarquias, empresas públicas, sociedades de economia mista, fundações públicas e quaisquer outras entidades sob seu controle direto ou indireto.

Seção II

Das Sanções Administrativas

Art. 86. O atraso injustificado na execução do contrato sujeitará o contratado à multa de mora, na forma prevista no instrumento convocatório ou no contrato.

§ 1º A multa a que alude este Artigo não impede que a Administração rescinda unilateralmente o contrato ou aplique as outras sanções previstas nesta Lei.

§ 2º A multa, aplicada após regular processo administrativo, será descontada da garantia do respectivo contratado.

§ 3º Se a multa for de valor superior ao valor da garantia prestada, além da perda desta, responderá o contratado pela sua diferença, a qual será descontada dos pagamentos eventualmente devidos pela Administração ou ainda, quando for o caso, cobrada judicialmente.

Art. 87. Pela inexecução total ou parcial do contrato a Administração poderá, garantida a prévia defesa, aplicar ao contratado as seguintes sanções:

- As sanções de advertência, suspensão temporária de participação em licitação e impedimento de contratar com a Administração e declaração de inidoneidade para licitar ou contratar com a Administração Pública podem ser aplicadas cumulativamente com a de multa, facultada a defesa prévia do interessado, no respectivo processo, no prazo de 5 dias úteis (§ 2º).

I - advertência;

II - multa, na forma prevista no instrumento convocatório ou contrato;

III - suspensão temporária de participação em licitação e impedimento de contratar com a Administração, por prazo não superior a 2 (dois) anos;

IV - declaração de inidoneidade para licitar ou contratar com a Administração Pública enquanto perdurarem os motivos determinantes da punição ou até que seja promovida a reabilitação perante a própria autoridade que aplicou a penalidade, que será concedida sempre que o contratado ressarcir a Administração pelos prejuízos resultantes e após decorrido o prazo da sanção aplicada com base no inciso anterior.

- A teor do Art. 88, as sanções previstas nos incisos III e IV são também aplicáveis a empresas ou profissionais que, em razão dos contratos regidos por esta Lei: I - tenham sofrido condenação definitiva por prática dolosa de fraude fiscal; II - tenham praticado atos ilícitos visando a frustrar os objetivos da licitação; III - demonstrem não possuir idoneidade para contratar com a Administração em virtude de atos ilícitos praticados.

§ 1º Se a multa aplicada for superior ao valor da garantia prestada, além da perda desta, responderá o contratado pela sua diferença, que será descontada dos pagamentos eventualmente devidos pela Administração ou cobrada judicialmente.

§ 2º As sanções previstas nos incisos I, III e IV deste artigo poderão ser aplicadas juntamente com a do inciso II, facultada a defesa prévia do interessado, no respectivo processo, no prazo de 5 (cinco) dias úteis.

§ 3º A sanção estabelecida no inciso IV deste artigo é de competência exclusiva do Ministro de Estado, do Secretário Estadual ou Municipal, conforme o caso, facultada a defesa do interessado no respectivo processo, no prazo de 10 (dez) dias úteis da abertura de vista, podendo a reabilitação ser requerida após 2 (dois) anos de sua aplicação.

- Cabe pedido de reconsideração à autoridade mencionada no § 3º, no prazo de 10 dias úteis da intimação do ato (Art. 109, III).

Art. 88. As sanções previstas nos incisos III e IV do artigo anterior poderão também ser aplicadas às empresas ou aos profissionais que, em razão dos contratos regidos por esta Lei:

I - tenham sofrido condenação definitiva por praticarem, por meios dolosos, fraude fiscal no recolhimento de quaisquer tributos;

II - tenham praticado atos ilícitos visando a frustrar os objetivos da licitação;

III - demonstrem não possuir idoneidade para contratar com a Administração em virtude de atos ilícitos praticados.

Seção III
Dos Crimes e das Penas

Art. 89. Dispensar ou inexigir licitação fora das hipóteses previstas em lei, ou deixar de observar as formalidades pertinentes à licitação ou à inexigibilidade:

Pena: detenção, de 3 (três) a 5 (cinco) anos, e multa.

- A pena de multa (Art. 99) consiste no pagamento de quantia fixada na sentença e calculada em índices percentuais, cuja base corresponderá ao valor da vantagem efetivamente obtida ou potencialmente auferida pelo agente. Tais índices (§ 1º) não poderão ser inferiores a 2% nem superiores a 5% do valor do contrato licitado ou celebrado com dispensa ou inexigibilidade de licitação. O produto da arrecadação (§ 2º) reverterá, conforme o caso, à Fazenda Pública.

Parágrafo único. Na mesma pena incide aquele que, tendo comprovadamente concorrido para a consumação da ilegalidade, beneficiou-se da dispensa ou inexigibilidade ilegal, para celebrar contrato com o Poder Público.

Art. 90. Frustrar ou fraudar, mediante ajuste, combinação ou qualquer outro expediente, o caráter competitivo do procedimento licitatório, com o intuito de obter, para si ou para outrem, vantagem decorrente da adjudicação do objeto da licitação:

Pena: detenção, de 2 (dois) a 4 (quatro) anos, e multa.

Art. 91. Patrocinar, direta ou indiretamente, interesse privado perante a Administração, dando causa à instauração de licitação ou à celebração de contrato, cuja invalidação vier a ser decretada pelo Poder Judiciário:

Pena: detenção, de 6 (seis) meses a 2 (dois) anos, e multa.

Art. 92. Admitir, possibilitar ou dar causa a qualquer modificação ou vantagem, inclusive prorrogação contratual, em favor do adjudicatário, durante a execução dos contratos celebrados com o Poder *Público, sem autorização em lei,* no ato convocatório da licitação ou nos respectivos instrumentos contratuais, ou, ainda, pagar fatura com preterição da ordem cronológica de sua exigibilidade, observado o disposto no art. 121 desta Lei:

Pena: detenção, de dois a quatro anos, e multa.

- Redação do Art. 92 dada pela Lei nº 8.883, de 8/6/94.

Parágrafo único. Incide na mesma pena o contratado que, tendo comprovadamente concorrido para a consumação da ilegalidade, obtém vantagem indevida ou se beneficia, injustamente, das modificações ou prorrogações contratuais.

Art. 93. Impedir, perturbar ou fraudar a realização de qualquer ato de procedimento licitatório:

Pena: detenção, de 6 (seis) meses a 2 (dois) anos, e multa.

Art. 94. Devassar o sigilo de proposta apresentada em procedimento licitatório, ou proporcionar a terceiro o ensejo de devassá-lo:

Pena: detenção, de 2 (dois) a 3 (três) anos, e multa.

Art. 95. Afastar ou procurar afastar licitante, por meio de violência, grave ameaça, fraude ou oferecimento de vantagem de qualquer tipo:

Pena: detenção, de 2 (dois) a 4 (quatro) anos, e multa, além da pena correspondente à violência.

Parágrafo único. Incorre na mesma pena quem se abstém ou desiste de licitar, em razão da vantagem oferecida.

Art. 96. Fraudar, em prejuízo da Fazenda Pública, licitação instaurada para aquisição ou venda de bens ou mercadorias, ou contrato dela decorrente:

I - elevando arbitrariamente os preços;

II - vendendo, como verdadeira ou perfeita, mercadoria falsificada ou defeituosa;

III - entregando uma mercadoria por outra;

IV - tornando, por qualquer modo, injustamente, mais onerosa a proposta ou a execução do contrato:

Pena: detenção, de 3 (três) a 6 (seis) anos, e multa.

- Entendeu o STF (HC 102063-ES, julgado em 5/10/10) que, em relação ao Art. 96, cabe *interpretação sistemática a ponto de se entender que no vocábulo "bens" se teria a inclusão de serviços.* Para tanto, considerou aquele Tribunal o disposto no seu art. 1º, a revelar que o diploma versa sobre licitações e contratos administrativos pertinentes a obras, serviços, inclusive de publicidade, compras, alienações e locações no âmbito dos Poderes da União, dos Estados, do Distrito Federal e dos Municípios.

Art. 97. Admitir à licitação ou celebrar contrato com empresa ou profissional declarado inidôneo:

Pena: detenção, de 6 (seis) meses a 2 (dois) anos, e multa.

Parágrafo único. Incide na mesma pena aquele que, declarado inidôneo, venha a licitar ou a contratar com a Administração.

Art. 98. Obstar, impedir ou dificultar, injustamente, a inscrição de qualquer interessado nos registros cadastrais ou promover indevidamente a alteração, suspensão ou cancelamento de registro do inscrito:

Pena: detenção, de 6 (seis) meses a 2 (dois) anos, e multa.

Art. 99. A pena de multa cominada nos arts. 89 a 98 desta Lei consiste no pagamento de quantia fixada na sentença e calculada em índices percentuais, cuja base corresponderá ao valor da vantagem efetivamente obtida ou potencialmente auferida pelo agente.

§ 1º Os índices a que se refere este artigo no poderão ser inferiores a 2% (dois por cento), nem superiores a 5 (cinco por cento) do valor do contrato licitado ou celebrado com dispensa ou inexigibilidade de licitação.

§ 2º O produto da arrecadação da multa reverterá, conforme o caso, à Fazenda Federal, Distrital, Estadual ou Municipal.

Seção IV
Do Processo e do Procedimento Judicial

Art. 100. Os crimes definidos nesta Lei são de ação penal pública incondicionada, cabendo ao Ministério Público promovê-la.

Art. 101. Qualquer pessoa poderá provocar, para os efeitos desta Lei, a iniciativa do Ministério Público, fornecendo-lhe, por escrito, informações sobre o fato e sua autoria, bem como as circunstâncias em que se deu a ocorrência.

Parágrafo único. Quando a comunicação for verbal, mandará a autoridade reduzi- la a termo, assinado pelo apresentante e por duas testemunhas.

Art. 102. Quando, em autos ou documentos de que conhecerem, os magistrados, os membros dos Tribunais ou Conselhos de Contas ou os titulares do sistema de controle interno de qualquer dos Poderes verificarem a existência dos crimes definidos nesta Lei, remeterão ao Ministério Público as cópias e os documentos necessários ao oferecimento da denúncia.

Art. 103. Será admitida ação penal privada subsidiária da pública, se esta não for ajuizada no prazo legal, aplicando-se, no que couber, o disposto nos Arts. 29 e 30 do Código de Processo Penal.

- Os dispositivos citados têm a seguinte redação:

Art. 29. Será admitida ação privada nos crimes de ação pública, se esta não for intentada no prazo legal, cabendo ao Ministério Público aditar a queixa, repudiá-la e oferecer denúncia substitutiva, intervir em todos os termos do processo, fornecer elementos de prova, interpor recurso e, a todo tempo, no caso de negligência do querelante, retomar a ação como parte principal.

Art. 30. Ao ofendido ou a quem tenha qualidade para representá-lo caberá intentar a ação privada.

Art. 104. Recebida a denúncia e citado o réu, terá este o prazo de 10 (dez) dias para apresentação de defesa escrita, contado da data do seu interrogatório, podendo juntar documentos, arrolar testemunhas que tiver, em número não superior a 5 (cinco), e indicar as demais provas que pretenda produzir.

Art. 105. Ouvidas as testemunhas da acusação e da defesa e praticadas as diligências instrutórias deferidas ou ordenadas pelo juiz, abrir-se-á, sucessivamente, o prazo de 5 (cinco) dias a cada parte para alegações finais.

Art. 106. Decorrido esse prazo, e conclusos os autos dentro de 24 (vinte e quatro) horas, terá o juiz 10 (dez) dias para proferir a sentença.

Art. 107. Da sentença cabe apelação, interponível no prazo de 5 (cinco) dias.

Art. 108. No processamento e julgamento das infrações penais previstas nesta Lei, assim como nos recursos e nas execuções que lhes digam respeito, aplicar-se-ão, subsidiariamente, o Código de Processo Penal e a Lei de Execução Penal.

CAPÍTULO V
DOS RECURSOS ADMINISTRATIVOS

Art. 109. Dos atos da Administração decorrentes da aplicação desta Lei cabem:

I - recurso, no prazo de 5 (cinco) dias úteis a contar da intimação do ato ou da lavratura de ata, nos casos de:

- Nos termos do Art. 38, VIII, os recursos e respectivas manifestações e decisões devem integrar o processo administrativo de licitação. No caso de convite, o prazo do inciso I é de 2 dias úteis (§ 6º).

a) habilitação ou inabilitação do licitante;

- A intimação do ato de habilitação ou inabilitação será feita mediante publicação na imprensa oficial, salvo se presentes os prepostos dos licitantes no ato em que foi adotada a decisão, quando poderá ser feita por comunicação direta aos interessados e lavrada em ata (§ 1º).

- O recurso contra ato de habilitação ou inabilitação tem efeito suspensivo (§ 2º).

- No caso de convite, o prazo do inciso I é de 2 dias úteis (§ 6º).

b) julgamento das propostas;

- A intimação do julgamento das propostas será feita mediante publicação na imprensa oficial, salvo se presentes os prepostos dos licitantes no ato do julgamento, quando poderá ser feita por comunicação direta aos interessados e lavrada em ata (§ 1º).

-O recurso contra o julgamento das propostas tem efeito suspensivo (§ 2º).

c) anulação ou revogação da licitação;

- A intimação do ato de anulação ou revogação será feita mediante publicação na imprensa oficial (§ 1º).

d) indeferimento do pedido de inscrição em registro cadastral, sua alteração ou cancelamento;

e) rescisão do contrato, a que se refere o inciso I do artigo 79 desta Lei;

- Redação da alínea *e* do inciso I dada pela Lei nº 8.883, de 8/6/94.

- A intimação do ato de rescisão será feita mediante publicação na imprensa oficial (§ 1º).

f) aplicação das penas de advertência, suspensão temporária ou de multa;

- Embora, por possível erro de origem, o § 1º não o expresse claramente, considera-se que a intimação da pena suspensão temporária deve ser feita mediante publicação na imprensa oficial.

II - representação, no prazo de 5 (cinco) dias úteis da intimação da decisão relacionada com o objeto da licitação ou do contrato, de que não caiba recurso hierárquico;

III - pedido de reconsideração de decisão de Ministro de Estado, ou Secretário Estadual ou Municipal, conforme o caso, na hipótese do § 4º do Art. 87 desta Lei, no prazo de 10 (dez) dias úteis da intimação do ato.

- A intimação do pedido de reconsideração será feita mediante publicação na imprensa oficial (§ 1º).

- Há um erro de origem neste dispositivo, uma vez que o Art. 87 não tem § 4º; a remissão adequada é ao § 3º do mesmo artigo.

§ 1º A intimação dos atos referidos no inciso I, alíneas «a», «b», «c» e «e», deste artigo, excluídos os relativos a advertência e multa de mora, e no inciso III, será feita mediante publicação na imprensa oficial, salvo para os casos previstos nas alíneas "a" e "b", se presentes os prepostos dos licitantes no ato em que foi adotada a decisão, quando poderá ser feita por comunicação direta aos interessados e lavrada em ata.

§ 2º O recurso previsto nas alíneas «a» e «b» do inciso I deste artigo terá efeito suspensivo, podendo a autoridade competente, motivadamente e presentes razões de interesse público, atribuir ao recurso interposto eficácia suspensiva aos demais recursos.

§ 3º Interposto, o recurso será comunicado aos demais licitantes, que poderão impugná-lo no prazo de 5 (cinco) dias úteis.

- No caso de convite, o prazo do § 3º é de 2 dias úteis (§ 6º).

§ 4º O recurso será dirigido à autoridade superior, por intermédio da que praticou o ato recorrido, a qual poderá reconsiderar sua decisão, no prazo de 5 (cinco) dias úteis, ou, nesse mesmo prazo, fazê-lo subir, devidamente informado, devendo, neste caso, a decisão ser proferida dentro do prazo de 5 (cinco) dias úteis, contado do recebimento do recurso, sob pena de responsabilidade.

- Nos termos do Art. 38, VIII, os recursos e respectivas manifestações e decisões devem integrar o processo administrativo de licitação.

§ 5º Nenhum prazo de recurso, representação ou pedido de reconsideração se inicia ou corre sem que os autos do processo estejam com vista franqueada ao interessado.

§ 6º Em se tratando de licitações efetuadas na modalidade de carta convite os prazos estabelecidos nos incisos I e II e no *§ 3º deste artigo serão de dois* dias úteis.

- Redação do § 6º do Art. 109 dada pela Lei nº 8.883, de 8/6/94.

CAPÍTULO VI
DISPOSIÇÕES FINAIS E TRANSITÓRIAS

Art. 110. Na contagem dos prazos estabelecidos nesta Lei, excluir-se-á o dia do início e incluir-se-á o do vencimento e considerar-se-ão os dias consecutivos, exceto quando for explicitamente disposto em contrário.

Parágrafo único. Só se iniciam e vencem os prazos referidos neste artigo em dia de expediente no órgão ou entidade.

Art. 111. A Administração só poderá contratar, pagar, premiar ou receber projeto ou serviço técnico especializado desde que o autor ceda os direitos patrimoniais a ele relativos e a Administração possa utilizá-lo de acordo com o previsto no regulamento do concurso ou no ajuste para sua elaboração.

Parágrafo único. Quando o projeto referir-se a obra imaterial de caráter tecnológico, insuscetível de privilégio, a cessão de direitos incluirá o fornecimento de todos os dados, documentos e elementos de informação pertinentes à tecnologia de concepção, desenvolvimento, fixação em suporte físico de qualquer natureza e aplicação da obra.

Art. 112. Quando o objeto do contrato interessar a mais de uma entidade pública, caberá ao órgão contratante, perante a entidade interessada, responder pela sua boa execução, fiscalização e pagamento.

*§ 1º Os consórcios públicos poderão realiza*r licitação da qual, nos termos do edital, decorram contratos administrativos celebrados por órgãos ou entidades dos entes da Federação consorciados.

*§ 2º É facultado à entidade interessada o acompanhamento da l*icitação e da execução do contrato.

- Redação dos §§ 1º e 2º do Art. 112 dada pela Lei nº 11.107, de 6/4/05.

Art. 113. O controle das despesas decorrentes dos contratos e demais instrumentos regidos por esta Lei será feito pelo Tribunal de Contas competente, na forma da legislação pertinente, ficando os órgãos interessados da Administração responsáveis pela demonstração da legalidade e regularidade da despesa e execução, nos termos da Constituição e sem prejuízo do sistema de controle interno nela previsto.

§ 1º Qualquer licitante, contratado ou pessoa física ou jurídica poderá representar ao Tribunal de Contas ou aos órgãos integrantes do sistema de controle interno contra irregularidades na aplicação desta Lei, para os fins do disposto neste artigo.

- Sem prejuízo da representação prevista no presente parágrafo, estabelece o Art. 41, § 1º, que qualquer cidadão é parte legítima para impugnar edital de licitação por irregularidade na aplicação desta Lei, devendo protocolar o pedido até 5 dias úteis antes da data fixada para a abertura dos envelopes de habilitação, devendo a Administração julgar e responder à impugnação em até 3 dias úteis.

§ 2º Os Tribunais de Contas e os órgãos integrantes do sistema de controle interno poderão solicitar para exame, até o dia útil imediatamente anterior à data de recebimento das propostas, cópia do edital de licitação já publicado, obrigando- se os órgãos ou entidades da Administração interessada à adoção das medidas corretivas pertinentes que, em função desse exame, lhes forem determinadas.

- Redação do § 2º do Art. 113 dada pela Lei nº 8.883, de 8/6/94.

Art. 114. O sistema instituído nesta Lei não impede a pré-qualificação de licitantes nas concorrências, a ser procedida sempre que o objeto da licitação recomende análise mais detida da qualificação técnica dos interessados.

§ 1º A adoção do procedimento de pré-qualificação será feita mediante proposta da autoridade competente, aprovada pela imediatamente superior.

§ 2º Na pré-qualificação serão observadas as exigências desta Lei relativas à concorrência, à convocação dos interessados, ao procedimento e à análise da documentação.

Art. 115. Os órgãos da Administração poderão expedir normas relativas aos procedimentos operacionais a serem observados na execução das licitações, no âmbito de sua competência, observadas as disposições desta Lei.

Parágrafo único. As normas a que se refere este artigo, após aprovação da autoridade competente, deverão ser publicadas na imprensa oficial.

Art. 116. Aplicam-se as disposições desta Lei, no que couber, aos convênios, acordos, ajustes e outros instrumentos congêneres celebrados por órgãos e entidades da Administração.

§ 1º A celebração de convênio, acordo ou ajuste pelos órgãos ou entidades da Administração Pública depende de prévia aprovação do competente plano de trabalho proposto pela organização interessada, o qual deverá conter, no mínimo, as seguintes informações:

I identificação do objeto a ser executado;

II - metas a serem atingidas;

III - etapas ou fases de execução;

IV - plano de aplicação dos recursos financeiros;

V - cronograma de desembolso;

VI - previsão de início e fim da execução do projeto, bem assim da conclusão das etapas ou fases programadas;

VII - se o ajuste compreender obra ou serviço de engenharia, comprovação de que os recursos próprios para complementar a execução do objeto estão devidamente assegurados, salvo se o custo total do empreendimento recair sobre a entidade ou órgão descentralizador.

§ 2º Assinado o convênio, a entidade ou órgão repassador dará ciência do mesmo à Assembleia Legislativa ou Câmara Municipal respectiva.

§ 3º As parcelas do convênio serão liberadas em estrita conformidade com o plano de aplicação aprovado, exceto nos casos a seguir, em que as mesmas ficarão retidas até o saneamento das impropriedades ocorrentes:

I - quando não tiver havido comprovação da boa e regular aplicação da parcela anteriormente recebida, na forma da legislação aplicável, inclusive mediante procedimentos de fiscalização local, realizados periodicamente pela entidade ou órgão descentralizador dos recursos ou pelo órgão competente do sistema de controle interno da Administração Pública;

II - quando verificado desvio de finalidade na aplicação dos recursos, atrasos não justificados no cumprimento das etapas ou fases programadas, práticas atentatórias aos princípios fundamentais de Administração Pública nas contratações e demais atos praticados na execução do convênio, ou o inadimplemento do executor com relação a outras cláusulas conveniais básicas;

III - quando o executor deixar de executar as medidas saneadoras apontadas pelo partícipe repassador dos recursos ou por integrantes do respectivo sistema de controle interno.

§ 4º Os saldos de convênio, enquanto não utilizados, serão rigorosamente aplicados em caderneta de poupança de instituição financeira oficial se a previsão de seu uso for igual ou superior a um mês, ou em fundo de aplicação financeira de curto prazo ou operação de mercado aberto lastreada em títulos da dívida pública, quando a utilização dos mesmos verificar-se em prazos menores que um mês.

§ 5º As receitas financeiras auferidas na forma do parágrafo anterior serão obrigatoriamente computadas a crédito do convênio e aplicadas, exclusivamente, no objeto de sua finalidade, devendo constar de demonstrativo específico que integrará as prestações de contas do ajuste.

§ 6º Quando da conclusão, denúncia, rescisão ou extinção do convênio, acordo ou ajuste, os saldos financeiros remanescentes, inclusive os provenientes das receitas obtidas das aplicações financeiras realizadas, serão devolvidos à entidade ou órgão repassador dos recursos, no prazo improrrogável de 30 (trinta) dias do evento, sob pena da imediata instauração de tomada de contas especial do responsável, providenciada pela autoridade competente do órgão ou entidade titular dos recursos.

Art. 117. As obras, serviços, compras e alienações realizadas pelos órgãos dos Poderes Legislativo e Judiciário e do Tribunal de Contas regem-se pelas normas desta Lei, no que couber, nas três esferas administrativas.

Art. 118. Os Estados, o Distrito Federal, os Municípios e as entidades da administração indireta deverão adaptar suas normas sobre licitações e contratos ao disposto nesta Lei.

Art. 119. As sociedades de economia mista, empresas e fundações públicas e demais entidades controladas direta ou indiretamente pela União e pelas entidades referidas no artigo anterior editarão regulamentos devidamente publicados, ficando sujeitas às disposições desta Lei.

- O Art. 119, quanto às sociedades de economia mista, empresas, fundações públicas e demais entidades controladas direta ou indiretamente pela União, foi revogado pela EC nº 19, de 4/6/98, ao dar ao Art. 173, § 1º, a seguinte redação:

§ 1º A lei estabelecerá o estatuto jurídico da empresa pública, da sociedade de economia mista e de suas subsidiárias que explorem atividade econômica de produção ou comercialização de bens ou de prestação de serviços, dispondo sobre:

I - ...

III - licitação e contratação de obras, serviços, compras e alienações, observados os princípios da administração pública;.

Parágrafo único. Os regulamentos a que se refere este artigo, no âmbito da Administração Pública, após aprovados pela autoridade de nível superior a que estiverem vinculados os respectivos órgãos, sociedades e entidades, deverão ser publicados na imprensa oficial.

Art. 120. Os valores fixados por esta Lei poderão ser anualmente revistos pelo Poder Executivo Federal, que os fará publicar no Diário Oficial da União, observando como limite superior a variação geral dos preços do mercado, no período.

- Redação do Art. 120 dada pela Lei nº 9.648, de 27/5/98.

Art. 121. O disposto nesta Lei não se aplica às licitações instauradas e aos contratos assinados anteriormente à sua vigência, ressalvado o disposto no Art. 57, nos §§ 1º, 2º e 8º do art. 65, no inciso XV do Art. 78, bem assim o disposto no *caput* do Art. 5º, com relação ao pagamento das obrigações na ordem cronológica, podendo esta ser observada, no prazo de noventa dias contados da vigência desta Lei, separadamente para as obrigações relativas aos contratos regidos por legislação anterior à Lei nº 8.666, de 21 de junho de 1993.

-Redação do Art. 121 dada pela Lei nº 8.883, de 8/6/94.

Art. 122. Nas concessões de linhas aéreas, observar-se-á procedimento licitatório específico, a ser estabelecido no Código Brasileiro de Aeronáutica.

Art. 123. Em suas licitações e contratações administrativas, as repartições sediadas no exterior observarão as peculiaridades locais e os princípios básicos desta Lei, na forma de regulamentação específica.

Art. 124. Aplicam-se às licitações e aos contratos para permissão ou concessão de serviços públicos os dispositivos desta Lei que não conflitem com a legislação específica sobre o assunto.

Parágrafo único. As exigências contidas nos incisos II a IV do § 2º do Art. 7º serão dispensadas nas licitações para concessão de serviços com execução prévia de obras em que não foram previstos desembolso por parte da Administração Pública concedente.

- Redação do Art. 124 dada pela Lei nº 8.883, de 8/6/94.

Art. 125. Esta lei entra em vigor na data de sua publicação.

Art. 126. Revogam-se as disposições em contrário, especialmente os Decretos leis nº 2.300, de 21 de novembro de 1986, 22.348, de 24 de julho de 1987, 2.360, de 16 de setembro de 1987, a Lei nº 8.220, de 4 de setembro de 1991, e o Art. 83 da Lei nº 5.194, de 24 de dezembro de 1966.

Brasília, 21 de junho de 1993, 172º da Independência e 105º da República.

LEI N. 12.846, DE 1º DE AGOSTO DE 2013

Dispõe sobre a responsabilização administrativa e civil de pessoas jurídicas pela prática de atos contra a administração pública, nacional ou estrangeira, e dá outras providências.

CAPÍTULO I
DISPOSIÇÕES GERAIS

Art. 1º Esta Lei dispõe sobre a responsabilização objetiva administrativa e civil de pessoas jurídicas pela prática de atos contra a administração pública, nacional ou estrangeira.

Parágrafo único. Aplica-se o disposto nesta Lei às sociedades empresárias e às sociedades simples, personificadas ou não, independentemente da forma de organização ou modelo societário adotado, bem como a quaisquer fundações, associações de entidades ou pessoas, ou sociedades estrangeiras, que tenham sede, filial ou representação no território brasileiro, constituídas de fato ou de direito, ainda que temporariamente.

Art. 2º As pessoas jurídicas serão responsabilizadas objetivamente, nos âmbitos administrativo e civil, pelos atos lesivos previstos nesta Lei praticados em seu interesse ou benefício, exclusivo ou não.

Art. 3º A responsabilização da pessoa jurídica não exclui a responsabilidade individual de seus dirigentes ou administradores ou de qualquer pessoa natural, autora, coautora ou partícipe do ato ilícito.

§ 1º A pessoa jurídica será responsabilizada independentemente da responsabilização individual das pessoas naturais referidas no *caput*.

§ 2º Os dirigentes ou administradores somente serão responsabilizados por atos ilícitos na medida da sua culpabilidade.

Art. 4º Subsiste a responsabilidade da pessoa jurídica na hipótese de alteração contratual, transformação, incorporação, fusão ou cisão societária.

§ 1º Nas hipóteses de fusão e incorporação, a responsabilidade da sucessora será restrita à obrigação de pagamento de multa e reparação integral do dano causado, até o limite do patrimônio transferido, não lhe sendo aplicáveis as demais sanções previstas nesta Lei decorrentes de atos e fatos ocorridos antes da data da fusão ou incorporação, exceto no caso de simulação ou evidente intuito de fraude, devidamente comprovados.

§ 2º As sociedades controladoras, controladas, coligadas ou, no âmbito do respectivo contrato, as consorciadas serão solidariamente responsáveis pela prática dos atos previstos nesta Lei, restringindo-se tal responsabilidade à obrigação de pagamento de multa e reparação integral do dano causado.

CAPÍTULO II
DOS ATOS LESIVOS À ADMINISTRAÇÃO PÚBLICA NACIONAL OU ESTRANGEIRA

Art. 5º Constituem atos lesivos à administração pública, nacional ou estrangeira, para os fins desta Lei, todos aqueles praticados pelas pessoas jurídicas mencionadas no parágrafo único do art. 1º, que atentem contra o patrimônio público nacional ou estrangeiro, contra princípios da administração pública ou contra os compromissos internacionais assumidos pelo Brasil, assim definidos:

I - prometer, oferecer ou dar, direta ou indiretamente, vantagem indevida a agente público, ou a terceira pessoa a ele relacionada;

II - comprovadamente, financiar, custear, patrocinar ou de qualquer modo subvencionar a prática dos atos ilícitos previstos nesta Lei;

III - comprovadamente, utilizar-se de interposta pessoa física ou jurídica para ocultar ou dissimular seus reais interesses ou a identidade dos beneficiários dos atos praticados;

IV - no tocante a licitações e contratos:

a) frustrar ou fraudar, mediante ajuste, combinação ou qualquer outro expediente, o caráter competitivo de procedimento licitatório público;

b) impedir, perturbar ou fraudar a realização de qualquer ato de procedimento licitatório público;

c) afastar ou procurar afastar licitante, por meio de fraude ou oferecimento de vantagem de qualquer tipo;

d) fraudar licitação pública ou contrato dela decorrente;

e) criar, de modo fraudulento ou irregular, pessoa jurídica para participar de licitação pública ou celebrar contrato administrativo;

f) obter vantagem ou benefício indevido, de modo fraudulento, de modificações ou prorrogações de contratos celebrados com a administração pública, sem autorização em lei, no ato convocatório da licitação pública ou nos respectivos instrumentos contratuais; ou

g) manipular ou fraudar o equilíbrio econômico-financeiro dos contratos celebrados com a administração pública;

V - dificultar atividade de investigação ou fiscalização de órgãos, entidades ou agentes públicos, ou intervir em sua atuação, inclusive no âmbito das agências reguladoras e dos órgãos de fiscalização do sistema financeiro nacional.

§ 1º Considera-se administração pública estrangeira os órgãos e entidades estatais ou representações diplomáticas de país estrangeiro, de qualquer nível ou esfera de governo, bem como as pessoas jurídicas controladas, direta ou indiretamente, pelo poder público de país estrangeiro.

§ 2º Para os efeitos desta Lei, equiparam-se à administração pública estrangeira as organizações públicas internacionais.

§ 3º Considera-se agente público estrangeiro, para os fins desta Lei, quem, ainda que transitoriamente ou sem remuneração, exerça cargo, emprego ou função pública em órgãos, entidades estatais ou em representações diplomáticas de país estrangeiro, assim como em pessoas jurídicas controladas, direta ou indiretamente, pelo poder público de país estrangeiro ou em organizações públicas internacionais.

CAPÍTULO III
DA RESPONSABILIZAÇÃO ADMINISTRATIVA

Art. 6º Na esfera administrativa, serão aplicadas às pessoas jurídicas consideradas responsáveis pelos atos lesivos previstos nesta Lei as seguintes sanções:

I - multa, no valor de 0,1% (um décimo por cento) a 20% (vinte por cento) do faturamento bruto do último exercício anterior ao da instauração do processo administrativo, excluídos os tributos, a qual nunca será inferior à vantagem auferida, quando for possível sua estimação; e

II - publicação extraordinária da decisão condenatória.

§ 1º As sanções serão aplicadas fundamentadamente, isolada ou cumulativamente, de acordo com as peculiaridades do caso concreto e com a gravidade e natureza das infrações.

§ 2º A aplicação das sanções previstas neste artigo será precedida da manifestação jurídica elaborada pela Advocacia Pública ou pelo órgão de assistência jurídica, ou equivalente, do ente público.

§ 3º A aplicação das sanções previstas neste artigo não exclui, em qualquer hipótese, a obrigação da reparação integral do dano causado.

§ 4º Na hipótese do inciso I do *caput*, caso não seja possível utilizar o critério do valor do faturamento bruto da pessoa jurídica, a multa será de R$ 6.000,00 (seis mil reais) a R$ 60.000.000,00 (sessenta milhões de reais).

§ 5º A publicação extraordinária da decisão condenatória ocorrerá na forma de extrato de sentença, a expensas da pessoa jurídica, em meios de comunicação de grande circulação na área da prática da infração e de atuação da pessoa jurídica ou, na sua falta, em publicação de circulação nacional, bem como por meio de afixação de edital, pelo prazo mínimo de 30 (trinta) dias, no próprio estabelecimento ou no local de exercício da atividade, de modo visível ao público, e no sítio eletrônico na rede mundial de computadores.

§ 6º (VETADO).

Art. 7º Serão levados em consideração na aplicação das sanções:

I - a gravidade da infração;

II - a vantagem auferida ou pretendida pelo infrator;

III - a consumação ou não da infração;

IV - o grau de lesão ou perigo de lesão;

V - o efeito negativo produzido pela infração;

VI - a situação econômica do infrator;

VII - a cooperação da pessoa jurídica para a apuração das infrações;

VIII - a existência de mecanismos e procedimentos internos de integridade, auditoria e incentivo à denúncia de irregularidades e a aplicação efetiva de códigos de ética e de conduta no âmbito da pessoa jurídica;

IX - o valor dos contratos mantidos pela pessoa jurídica com o órgão ou entidade pública lesados; e

X - (VETADO).

Parágrafo único. Os parâmetros de avaliação de mecanismos e procedimentos previstos no inciso VIII do *caput* serão estabelecidos em regulamento do Poder Executivo federal.

CAPÍTULO IV
DO PROCESSO ADMINISTRATIVO DE RESPONSABILIZAÇÃO

Art. 8º A instauração e o julgamento de processo administrativo para apuração da responsabilidade de pessoa jurídica cabem à autoridade máxima de cada órgão ou entidade dos Poderes Executivo, Legislativo e Judiciário, que agirá de ofício ou mediante provocação, observados o contraditório e a ampla defesa.

§ 1º A competência para a instauração e o julgamento do processo administrativo de apuração de responsabilidade da pessoa jurídica poderá ser delegada, vedada a subdelegação.

§ 2º No âmbito do Poder Executivo federal, a Controladoria-Geral da União – CGU terá competência concorrente para instaurar processos administrativos de responsabilização de pessoas jurídicas ou para avocar os processos instaurados com fundamento nesta Lei, para exame de sua regularidade ou para corrigir-lhes o andamento.

Art. 9º Competem à Controladoria-Geral da União – CGU a apuração, o processo e o julgamento dos atos ilícitos previstos nesta Lei, praticados contra a administração pública estrangeira, observado o disposto no Artigo 4 da

Convenção sobre o Combate da Corrupção de Funcionários Públicos Estrangeiros em Transações Comerciais Internacionais, promulgada pelo Decreto n. 3678, de 30 de novembro de 2000.

Art. 10. O processo administrativo para apuração da responsabilidade de pessoa jurídica será conduzido por comissão designada pela autoridade instauradora e composta por 2 (dois) ou mais servidores estáveis.

§ 1º O ente público, por meio do seu órgão de representação judicial, ou equivalente, a pedido da comissão a que se refere o *caput*, poderá requerer as medidas judiciais necessárias para a investigação e o processamento das infrações, inclusive de busca e apreensão.

§ 2º A comissão poderá, cautelarmente, propor à autoridade instauradora que suspenda os efeitos do ato ou processo objeto da investigação.

§ 3º A comissão deverá concluir o processo no prazo de 180 (cento e oitenta) dias contados da data da publicação do ato que a instituir e, ao final, apresentar relatórios sobre os fatos apurados e eventual responsabilidade da pessoa jurídica, sugerindo de forma motivada as sanções a serem aplicadas.

§ 4º O prazo previsto no § 3º poderá ser prorrogado, mediante ato fundamentado da autoridade instauradora.

Art. 11. No processo administrativo para apuração de responsabilidade, será concedido à pessoa jurídica prazo de 30 (trinta) dias para defesa, contados a partir da intimação.

Art. 12. O processo administrativo, com o relatório da comissão, será remetido à autoridade instauradora, na forma do art. 10, para julgamento.

Art. 13. A instauração de processo administrativo específico de reparação integral do dano não prejudica a aplicação imediata das sanções estabelecidas nesta Lei.

Parágrafo único. Concluído o processo e não havendo pagamento, o crédito apurado será inscrito em dívida ativa da fazenda pública.

Art. 14. A personalidade jurídica poderá ser desconsiderada sempre que utilizada com abuso do direito para facilitar, encobrir ou dissimular a prática dos atos ilícitos previstos nesta Lei ou para provocar confusão patrimonial, sendo estendidos todos os efeitos das sanções aplicadas à pessoa jurídica aos seus administradores e sócios com poderes de administração, observados o contraditório e a ampla defesa.

Art. 15. A comissão designada para apuração da responsabilidade de pessoa jurídica, após a conclusão do procedimento administrativo, dará conhecimento ao Ministério Público de sua existência, para apuração de eventuais delitos.

CAPÍTULO V
DO ACORDO DE LENIÊNCIA

Art. 16. A autoridade máxima de cada órgão ou entidade pública poderá celebrar acordo de leniência com as pessoas jurídicas responsáveis pela prática dos atos previstos nesta Lei que colaborem efetivamente com as investigações e o processo administrativo, sendo que dessa colaboração resulte:

I - a identificação dos demais envolvidos na infração, quando couber; e

II - a obtenção célere de informações e documentos que comprovem o ilícito sob apuração.

§ 1º O acordo de que trata o *caput* somente poderá ser celebrado se preenchidos, cumulativamente, os seguintes requisitos:

I - a pessoa jurídica seja a primeira a se manifestar sobre seu interesse em cooperar para a apuração do ato ilícito;

II - a pessoa jurídica cesse completamente seu envolvimento na infração investigada a partir da data de propositura do acordo;

III - a pessoa jurídica admita sua participação no ilícito e coopere plena e permanentemente com as investigações e o processo administrativo, comparecendo, sob suas expensas, sempre que solicitada, a todos os atos processuais, até seu encerramento.

§ 2º A celebração do acordo de leniência isentará a pessoa jurídica das sanções previstas no inciso II do art. 6º e no inciso IV do art. 19 e reduzirá em até 2/3 (dois terços) o valor da multa aplicável.

§ 3º O acordo de leniência não exime a pessoa jurídica da obrigação de reparar integralmente o dano causado.

§ 4º O acordo de leniência estipulará as condições necessárias para assegurar a efetividade da colaboração e o resultado útil do processo.

§ 5º Os efeitos do acordo de leniência serão estendidos às pessoas jurídicas que integram o mesmo grupo econômico, de fato e de direito, desde que firmem o acordo em conjunto, respeitadas as condições nele estabelecidas.

§ 6º A proposta de acordo de leniência somente se tornará pública após a efetivação do respectivo acordo, salvo no interesse das investigações e do processo administrativo.

§ 7º Não importará em reconhecimento da prática do ato ilícito investigado a proposta de acordo de leniência rejeitada.

§ 8º Em caso de descumprimento do acordo de leniência, a pessoa jurídica ficará impedida de celebrar novo acordo pelo prazo de 3 (três) anos contados do conhecimento pela administração pública do referido descumprimento.

§ 9º A celebração do acordo de leniência interrompe o prazo prescricional dos atos ilícitos previstos nesta Lei.

§ 10. A Controladoria-Geral da União - CGU é o órgão competente para celebrar os acordos de leniência no âmbito do Poder Executivo federal, bem como no caso de atos lesivos praticados contra a administração pública estrangeira.

Art. 17. A administração pública poderá também celebrar acordo de leniência com a pessoa jurídica responsável pela prática de ilícitos previstos na Lei n. 8.666, de 21 de junho de 1993, com vistas à isenção ou atenuação das sanções administrativas estabelecidas em seus arts. 86 a 88.

CAPÍTULO VI
DA RESPONSABILIZAÇÃO JUDICIAL

Art. 18. Na esfera administrativa, a responsabilidade da pessoa jurídica não afasta a possibilidade de sua responsabilização na esfera judicial.

Art. 19. Em razão da prática de atos previstos no art. 5º desta Lei, a União, os Estados, o Distrito Federal e os Municípios, por meio das respectivas Advocacias Públicas ou órgãos de representação judicial, ou equivalentes, e o Ministério Público, poderão ajuizar ação com vistas à aplicação das seguintes sanções às pessoas jurídicas infratoras:

I - perdimento dos bens, direitos ou valores que representem vantagem ou proveito direta ou indiretamente obtidos da infração, ressalvado o direito do lesado ou de terceiro de boa-fé;

II - suspensão ou interdição parcial de suas atividades;

III - dissolução compulsória da pessoa jurídica;

IV - proibição de receber incentivos, subsídios, subvenções, doações ou empréstimos de órgãos ou entidades públicas e de instituições financeiras públicas ou controladas pelo poder público, pelo prazo mínimo de 1 (um) e máximo de 5 (cinco) anos.

§ 1º A dissolução compulsória da pessoa jurídica será determinada quando comprovado:

I - ter sido a personalidade jurídica utilizada de forma habitual para facilitar ou promover a prática de atos ilícitos; ou

II - ter sido constituída para ocultar ou dissimular interesses ilícitos ou a identidade dos beneficiários dos atos praticados.

§ 2º (VETADO).

§ 3º As sanções poderão ser aplicadas de forma isolada ou cumulativa.

§ 4º O Ministério Público ou a Advocacia Pública ou órgão de representação judicial, ou equivalente, do ente público poderá requerer a indisponibilidade de bens, direitos ou valores necessários à garantia do pagamento da multa ou da reparação integral do dano causado, conforme previsto no art. 7º, ressalvado o direito do terceiro de boa-fé.

Art. 20. Nas ações ajuizadas pelo Ministério Público, poderão ser aplicadas as sanções previstas no art. 6º, sem prejuízo daquelas previstas neste Capítulo, desde que constatada a omissão das autoridades competentes para promover a responsabilização administrativa.

Art. 21. Nas ações de responsabilização judicial, será adotado o rito previsto na Lei n. 7.347, de 24 de julho de 1985.

Parágrafo único. A condenação torna certa a obrigação de reparar, integralmente, o dano causado pelo ilícito, cujo valor será apurado em posterior liquidação, se não constar expressamente da sentença.

CAPÍTULO VII
DISPOSIÇÕES FINAIS

Art. 22. Fica criado no âmbito do Poder Executivo federal o Cadastro Nacional de Empresas Punidas – CNEP, que reunirá e dará publicidade às sanções aplicadas pelos órgãos ou entidades dos Poderes Executivo, Legislativo e Judiciário de todas as esferas de governo com base nesta Lei.

§ 1º Os órgãos e entidades referidos no *caput* deverão informar e manter atualizados, no CNEP, os dados relativos às sanções por eles aplicadas.

§ 2º O CNEP conterá, entre outras, as seguintes informações acerca das sanções aplicadas:

I - razão social e número de inscrição da pessoa jurídica ou entidade no Cadastro Nacional da Pessoa Jurídica - CNPJ;

II - tipo de sanção; e

III - data de aplicação e data final da vigência do efeito limitador ou impeditivo da sanção, quando for o caso.

§ 3º As autoridades competentes, para celebrarem acordos de leniência previstos nesta Lei, também deverão prestar e manter atualizadas no Cnep, após a efetivação do respectivo acordo, as informações acerca do acordo de leniência celebrado, salvo se esse procedimento vier a causar prejuízo às investigações e ao processo administrativo.

§ 4º Caso a pessoa jurídica não cumpra os termos do acordo de leniência, além das informações previstas no § 3º, deverá ser incluída no Cnep referência ao respectivo descumprimento.

§ 5º Os registros das sanções e acordos de leniência serão excluídos depois de decorrido o prazo previamente estabelecido no ato sancionador ou do cumprimento integral do acordo de leniência e da reparação do eventual dano causado, mediante solicitação do órgão ou entidade sancionadora.

Art. 23. Os órgãos ou entidades dos Poderes Executivo, Legislativo e Judiciário de todas as esferas de governo deverão informar e manter atualizados, para fins de publicidade, no Cadastro Nacional de Empresas Inidôneas e Suspensas – CEIS, de caráter público, instituído no âmbito do Poder Executivo federal, os dados relativos às sanções por eles aplicadas, nos termos do disposto nos arts. 87 e 88 da Lei n. 8.666, de 21 de junho de 1993.

Art. 24. A multa e o perdimento de bens, direitos ou valores aplicados com fundamento nesta Lei serão destinados preferencialmente aos órgãos ou entidades públicas lesadas.

Art. 25. Prescrevem em 5 (cinco) anos as infrações previstas nesta Lei, contados da data da ciência da infração ou, no caso de infração permanente ou continuada, do dia em que tiver cessado.

Parágrafo único. Na esfera administrativa ou judicial, a prescrição será interrompida com a instauração de processo que tenha por objeto a apuração da infração.

Art. 26. A pessoa jurídica será representada no processo administrativo na forma do seu estatuto ou contrato social.

§ 1º As sociedades sem personalidade jurídica serão representadas pela pessoa a quem couber a administração de seus bens.

§ 2º A pessoa jurídica estrangeira será representada pelo gerente, representante ou administrador de sua filial, agência ou sucursal aberta ou instalada no Brasil.

Art. 27. A autoridade competente que, tendo conhecimento das infrações previstas nesta Lei, não adotar providências para a apuração dos fatos será responsabilizada penal, civil e administrativamente nos termos da legislação específica aplicável.

Art. 28. Esta Lei aplica-se aos atos lesivos praticados por pessoa jurídica brasileira contra a administração pública estrangeira, ainda que cometidos no exterior.

Art. 29. O disposto nesta Lei não exclui as competências do Conselho Administrativo de Defesa Econômica, do Ministério da Justiça e do Ministério da Fazenda para processar e julgar fato que constitua infração à ordem econômica.

Art. 30. A aplicação das sanções previstas nesta Lei não afeta os processos de responsabilização e aplicação de penalidades decorrentes de:

I - ato de improbidade administrativa nos termos da Lei n. 8.429, de 2 de junho de 1992; e

II - atos ilícitos alcançados pela Lei n. 8.666, de 21 de junho de 1993, ou outras normas de licitações e contratos da administração pública, inclusive no tocante ao Regime Diferenciado de Contratações Públicas - RDC instituído pela Lei n. 12.462, de 4 de agosto de 2011.

Art. 31. Esta Lei entra em vigor 180 (cento e oitenta) dias após a data de sua publicação.

Brasília, 1º de agosto de 2013; 192o da Independência e 125o da República.
DILMA ROUSSEFF
José Eduardo Cardozo
Luís Inácio Lucena Adams
Jorge Hage Sobrinho

DECRETO Nº 8.420, DE 18 DE MARÇO DE 2015

Regulamenta a Lei n. 12.846, de 1º de agosto de 2013, que dispõe sobre a responsabilização administrativa de pessoas jurídicas pela prática de atos contra a administração pública, nacional ou estrangeira e dá outras providências.

Art. 1º Este Decreto regulamenta a responsabilização objetiva administrativa de pessoas jurídicas pela prática de atos contra a administração pública, nacional ou estrangeira, de que trata a Lei n. 12.846, de 1º de agosto de 2013.

CAPÍTULO I
DA RESPONSABILIZAÇÃO ADMINISTRATIVA

Art. 2º A apuração da responsabilidade administrativa de pessoa jurídica que possa resultar na aplicação das sanções previstas no art. 6º da Lei n. 12.846, de 2013, será efetuada por meio de Processo Administrativo de Responsabilização - PAR.

Art. 3º A competência para a instauração e para o julgamento do PAR é da autoridade máxima da entidade em face da qual foi praticado o ato lesivo, ou, em caso de órgão da administração direta, do seu Ministro de Estado.

Parágrafo único. A competência de que trata o *caput* será exercida de ofício ou mediante provocação e poderá ser delegada, sendo vedada a subdelegação.

Art. 4º A autoridade competente para instauração do PAR, ao tomar ciência da possível ocorrência de ato lesivo à administração pública federal, em sede de juízo de admissibilidade e mediante despacho fundamentado, decidirá:

I - pela abertura de investigação preliminar;

II - pela instauração de PAR; ou

III - pelo arquivamento da matéria.

§ 1º A investigação de que trata o inciso I do *caput* terá caráter sigiloso e não punitivo e será destinada à apuração de indícios de autoria e materialidade de atos lesivos à administração pública federal.

§ 2º A investigação preliminar será conduzida por comissão composta por dois ou mais servidores efetivos.

§ 3º Em entidades da administração pública federal cujos quadros funcionais não sejam formados por servidores estatutários, a comissão a que se refere o § 2º será composta por dois ou mais empregados públicos.

§ 4º O prazo para conclusão da investigação preliminar não excederá sessenta dias e poderá ser prorrogado por igual período, mediante solicitação justificada do presidente da comissão à autoridade instauradora.

§ 5º Ao final da investigação preliminar, serão enviadas à autoridade competente as peças de informação obtidas, acompanhadas de relatório conclusivo acerca da existência de indícios de autoria e materialidade de atos lesivos à administração pública federal, para decisão sobre a instauração do PAR.

Art. 5º No ato de instauração do PAR, a autoridade designará comissão, composta por dois ou mais servidores estáveis, que avaliará fatos e circunstâncias conhecidos e intimará a pessoa jurídica para, no prazo de trinta dias, apresentar defesa escrita e especificar eventuais provas que pretende produzir.

§ 1º Em entidades da administração pública federal cujos quadros funcionais não sejam formados por servidores estatutários, a comissão a que se refere o *caput* será composta por dois ou mais empregados públicos, preferencialmente com no mínimo três anos de tempo de serviço na entidade.

§ 2º Na hipótese de deferimento de pedido de produção de novas provas ou de juntada de provas julgadas indispensáveis pela comissão, a pessoa jurídica poderá apresentar alegações finais no prazo de dez dias, contado da data do deferimento ou da intimação de juntada das provas pela comissão.

§ 3º Serão recusadas, mediante decisão fundamentada, provas propostas pela pessoa jurídica que sejam ilícitas, impertinentes, desnecessárias, protelatórias ou intempestivas.

§ 4º Caso a pessoa jurídica apresente em sua defesa informações e documentos referentes à existência e ao funcionamento de programa de integridade, a comissão processante deverá examiná-lo segundo os parâmetros indicados no Capítulo IV, para a dosimetria das sanções a serem aplicadas.

Art. 6º A comissão a que se refere o art. 5º exercerá suas atividades com independência e imparcialidade, assegurado o sigilo, sempre que necessário à elucidação do fato e à preservação da imagem dos envolvidos, ou quando exigido pelo interesse da administração pública, garantido o direito à ampla defesa e ao contraditório.

Art. 7º As intimações serão feitas por meio eletrônico, via postal ou por qualquer outro meio que assegure a certeza de ciência da pessoa jurídica acusada, cujo prazo para apresentação de defesa será contado a partir da data da cientificação oficial, observado o disposto no Capítulo XVI da Lei n. 9.784, de 29 de janeiro de 1999.

§ 1º Caso não tenha êxito a intimação de que trata o *caput*, será feita nova intimação por meio de edital publicado na imprensa oficial, em jornal de grande circulação no Estado da federação em que a pessoa jurídica tenha sede, e no sítio eletrônico do órgão ou entidade pública responsável pela apuração do PAR, contando-se o prazo para apresentação da defesa a partir da última data de publicação do edital.

§ 2º Em se tratando de pessoa jurídica que não possua sede, filial ou representação no País e sendo desconhecida sua representação no exterior, frustrada a intimação nos termos do *caput*, será feita nova intimação por meio de edital publicado na imprensa oficial e no sítio eletrônico do órgão ou entidade público responsável pela apuração do PAR, contando-se o prazo para apresentação da defesa a partir da última data de publicação do edital.

Art. 8º A pessoa jurídica poderá acompanhar o PAR por meio de seus representantes legais ou procuradores, sendo-lhes assegurado amplo acesso aos autos.

Parágrafo único. É vedada a retirada dos autos da repartição pública, sendo autorizada a obtenção de cópias mediante requerimento.

Art. 9º O prazo para a conclusão do PAR não excederá cento e oitenta dias, admitida prorrogação por meio de solicitação do presidente da comissão à autoridade instauradora, que decidirá de forma fundamentada.

§ 1º O prazo previsto no *caput* será contado da data de publicação do ato de instauração do PAR.

§ 2º A comissão, para o devido e regular exercício de suas funções, poderá:

I - propor à autoridade instauradora a suspensão cautelar dos efeitos do ato ou do processo objeto da investigação;

II - solicitar a atuação de especialistas com notório conhecimento, de órgãos e entidades públicos ou de outras organizações, para auxiliar na análise da matéria sob exame; e

III - solicitar ao órgão de representação judicial ou equivalente dos órgãos ou entidades lesados que requeira as medidas necessárias para a investigação e o processamento das infrações, inclusive de busca e apreensão, no País ou no exterior.

§ 3º Concluídos os trabalhos de apuração e análise, a comissão elaborará relatório a respeito dos fatos apurados e da eventual responsabilidade administrativa da pessoa jurídica, no qual sugerirá, de forma motivada, as sanções a serem aplicadas, a dosimetria da multa ou o arquivamento do processo.

§ 4º O relatório final do PAR será encaminhado à autoridade competente para julgamento, o qual será precedido de manifestação jurídica, elaborada pelo órgão de assistência jurídica competente.

§ 5º Caso seja verificada a ocorrência de eventuais ilícitos a serem apurados em outras instâncias, o relatório da comissão será encaminhado, pela autoridade julgadora:

I - ao Ministério Público;

II - à Advocacia-Geral da União e seus órgãos vinculados, no caso de órgãos da administração pública direta, autarquias e fundações públicas federais; ou

III - ao órgão de representação judicial ou equivalente no caso de órgãos ou entidades da administração pública não abrangidos pelo inciso II.

§ 6º Na hipótese de decisão contrária ao relatório da comissão, esta deverá ser fundamentada com base nas provas produzidas no PAR.

Art. 10. A decisão administrativa proferida pela autoridade julgadora ao final do PAR será publicada no Diário Oficial da União e no sítio eletrônico do órgão ou entidade público responsável pela instauração do PAR.

Art. 11. Da decisão administrativa sancionadora cabe pedido de reconsideração com efeito suspensivo, no prazo de dez dias, contado da data de publicação da decisão.

§ 1º A pessoa jurídica contra a qual foram impostas sanções no PAR e que não apresentar pedido de reconsideração deverá cumpri-las no prazo de trinta dias, contado do fim do prazo para interposição do pedido de reconsideração.

§ 2º A autoridade julgadora terá o prazo de trinta dias para decidir sobre a matéria alegada no pedido de reconsideração e publicar nova decisão.

§ 3º Mantida a decisão administrativa sancionadora, será concedido à pessoa jurídica novo prazo de trinta dias para cumprimento das sanções que lhe foram impostas, contado da data de publicação da nova decisão.

Art. 12. Os atos previstos como infrações administrativas à Lei n. 8.666, de 21 de junho de 1993, ou a outras normas de licitações e contratos da administração pública que também sejam tipificados como atos lesivos na Lei n. 12.846, de 2013, serão apurados e julgados conjuntamente, nos mesmos autos, aplicando-se o rito procedimental previsto neste Capítulo.

§ 1º Concluída a apuração de que trata o *caput* e havendo autoridades distintas competentes para julgamento, o processo será encaminhado primeiramente àquela de nível mais elevado, para que julgue no âmbito de sua competência, tendo precedência o julgamento pelo Ministro de Estado competente.

§ 2º Para fins do disposto no *caput*, o chefe da unidade responsável no órgão ou entidade pela gestão de licitações e contratos deve comunicar à autoridade prevista no art. 3º sobre eventuais fatos que configurem atos lesivos previstos no art. 5º da Lei n. 12.846, de 2013.

Art. 13. A Controladoria-Geral da União possui, no âmbito do Poder Executivo federal, competência:

I - concorrente para instaurar e julgar PAR; e

II - exclusiva para avocar os processos instaurados para exame de sua regularidade ou para corrigir-lhes o andamento, inclusive promovendo a aplicação da penalidade administrativa cabível.

§ 1º A Controladoria-Geral da União poderá exercer, a qualquer tempo, a competência prevista no *caput*, se presentes quaisquer das seguintes circunstâncias:

I - caracterização de omissão da autoridade originariamente competente;

II - inexistência de condições objetivas para sua realização no órgão ou entidade de origem;

III - complexidade, repercussão e relevância da matéria;

IV - valor dos contratos mantidos pela pessoa jurídica com o órgão ou entidade atingida; ou

V - apuração que envolva atos e fatos relacionados a mais de um órgão ou entidade da administração pública federal.

§2º Ficam os órgãos e entidades da administração pública obrigados a encaminhar à Controladoria-Geral da União todos os documentos e informações que lhes forem solicitados, incluídos os autos originais dos processos que eventualmente estejam em curso.

Art. 14. Compete à Controladoria-Geral da União instaurar, apurar e julgar PAR pela prática de atos lesivos à administração pública estrangeira, o qual seguirá, no que couber, o rito procedimental previsto neste Capítulo.

CAPÍTULO II
DAS SANÇÕES ADMINISTRATIVAS E DOS ENCAMINHAMENTOS JUDICIAIS

Seção I
Disposições gerais

Art. 15. As pessoas jurídicas estão sujeitas às seguintes sanções administrativas, nos termos do art. 6º da Lei n. 12.846, de 2013:

I - multa; e

II - publicação extraordinária da decisão administrativa sancionadora.

Art. 16. Caso os atos lesivos apurados envolvam infrações administrativas à Lei n. 8.666, de 1993, ou a outras normas de licitações e contratos da administração pública e tenha ocorrido a apuração conjunta prevista no art. 12, a pessoa jurídica também estará sujeita a sanções administrativas que tenham como efeito restrição ao direito de participar em licitações ou de celebrar contratos com a administração pública, a serem aplicadas no PAR.

Seção II
Da Multa

Art. 17. O cálculo da multa se inicia com a soma dos valores correspondentes aos seguintes percentuais do faturamento bruto da pessoa jurídica do último exercício anterior ao da instauração do PAR, excluídos os tributos:

I - um por cento a dois e meio por cento havendo continuidade dos atos lesivos no tempo;

II - um por cento a dois e meio por cento para tolerância ou ciência de pessoas do corpo diretivo ou gerencial da pessoa jurídica;

III - um por cento a quatro por cento no caso de interrupção no fornecimento de serviço público ou na execução de obra contratada;

IV - um por cento para a situação econômica do infrator com base na apresentação de índice de Solvência Geral - SG e de Liquidez Geral - LG superiores a um e de lucro líquido no último exercício anterior ao da ocorrência do ato lesivo;

V - cinco por cento no caso de reincidência, assim definida a ocorrência de nova infração, idêntica ou não à anterior, tipificada como ato lesivo pelo art. 5º da Lei n. 12.846, de 2013, em menos de cinco anos, contados da publicação do julgamento da infração anterior; e

VI - no caso de os contratos mantidos ou pretendidos com o órgão ou entidade lesado, serão considerados, na data da prática do ato lesivo, os seguintes percentuais:

a) um por cento em contratos acima de R$ 1.500.000,00 (um milhão e quinhentos mil reais);

b) dois por cento em contratos acima de R$ 10.000.000,00 (dez milhões de reais);

c) três por cento em contratos acima de R$ 50.000.000,00 (cinquenta milhões de reais);

d) quatro por cento em contratos acima de R$ 250.000.000,00 (duzentos e cinquenta milhões de reais); e

e) cinco por cento em contratos acima de R$ 1.000.000.000,00 (um bilhão de reais).

Art. 18. Do resultado da soma dos fatores do art. 17 serão subtraídos os valores correspondentes aos seguintes percentuais do faturamento bruto da pessoa jurídica do último exercício anterior ao da instauração do PAR, excluídos os tributos:

I - um por cento no caso de não consumação da infração;

II - um e meio por cento no caso de comprovação de ressarcimento pela pessoa jurídica dos danos a que tenha dado causa;

III - um por cento a um e meio por cento para o grau de colaboração da pessoa jurídica com a investigação ou a apuração do ato lesivo, independentemente do acordo de leniência;

IV - dois por cento no caso de comunicação espontânea pela pessoa jurídica antes da instauração do PAR acerca da ocorrência do ato lesivo; e

V - um por cento a quatro por cento para comprovação de a pessoa jurídica possuir e aplicar um programa de integridade, conforme os parâmetros estabelecidos no Capítulo IV.

Art. 19. Na ausência de todos os fatores previstos nos art. 17 e art. 18 ou de resultado das operações de soma e subtração ser igual ou menor a zero, o valor da multa corresponderá, conforme o caso, a:

I - um décimo por cento do faturamento bruto do último exercício anterior ao da instauração do PAR, excluídos os tributos; ou

II - R$ 6.000,00 (seis mil reais), na hipótese do art. 22.

Art. 20. A existência e quantificação dos fatores previstos nos art. 17 e art. 18, deverá ser apurada no PAR e evidenciada no relatório final da comissão, o qual também conterá a estimativa, sempre que possível, dos valores da vantagem auferida e da pretendida.

§ 1º Em qualquer hipótese, o valor final da multa terá como limite:

I - mínimo, o maior valor entre o da vantagem auferida e o previsto no art. 19; e

II - máximo, o menor valor entre:

a) vinte por cento do faturamento bruto do último exercício anterior ao da instauração do PAR, excluídos os tributos; ou

b) três vezes o valor da vantagem pretendida ou auferida.

§ 2º O valor da vantagem auferida ou pretendida equivale aos ganhos obtidos ou pretendidos pela pessoa jurídica que não ocorreriam sem a prática do ato lesivo, somado, quando for o caso, ao valor correspondente a qualquer vantagem indevida prometida ou dada a agente público ou a terceiros a ele relacionados.

§ 3º Para fins do cálculo do valor de que trata o § 2º, serão deduzidos custos e despesas legítimos comprovadamente executados ou que seriam devidos ou despendidos caso o ato lesivo não tivesse ocorrido.

Art. 21. Ato do Ministro de Estado Chefe da Controladoria-Geral da União fixará metodologia para a apuração do faturamento bruto e dos tributos a serem excluídos para fins de cálculo da multa a que se refere o art. 6º da Lei nº 12.846, de 2013.

Parágrafo único. Os valores de que trata o *caput* poderão ser apurados, entre outras formas, por meio de:

I - compartilhamento de informações tributárias, na forma do inciso II do § 1º do art. 198 da Lei n. 5.172, de 25 de outubro de 1966; e

II - registros contábeis produzidos ou publicados pela pessoa jurídica acusada, no país ou no estrangeiro.

Art. 22. Caso não seja possível utilizar o critério do valor do faturamento bruto da pessoa jurídica no ano anterior ao da instauração ao PAR, os percentuais dos fatores indicados nos art. 17 e art. 18 incidirão:

I - sobre o valor do faturamento bruto da pessoa jurídica, excluídos os tributos, no ano em que ocorreu o ato lesivo, no caso de a pessoa jurídica não ter tido faturamento no ano anterior ao da instauração ao PAR;

II - sobre o montante total de recursos recebidos pela pessoa jurídica sem fins lucrativos no ano em que ocorreu o ato lesivo; ou

III - nas demais hipóteses, sobre o faturamento anual estimável da pessoa jurídica, levando em consideração quaisquer informações sobre a sua situação econômica ou o estado de seus negócios, tais como patrimônio, capital social, número de empregados, contratos, dentre outras.

Parágrafo único. Nas hipóteses previstas no *caput*, o valor da multa será limitado entre R$ 6.000,00 (seis mil reais) e R$ 60.000.000,00 (sessenta milhões de reais).

Art. 23. Com a assinatura do acordo de leniência, a multa aplicável será reduzida conforme a fração nele pactuada, observado o limite mínimo previsto no § 2º do art. 16 da Lei n. 12.846, de 2013.

§ 1º O valor da multa previsto no *caput* poderá ser inferior ao limite mínimo previsto no art. 6º da Lei n. 12.846, de 2013.

§ 2º No caso de a autoridade signatária declarar o descumprimento do acordo de leniência por falta imputável à pessoa jurídica colaboradora, o valor integral encontrado antes da redução de que trata o *caput* será cobrado na forma da Seção IV, descontando-se as frações da multa eventualmente já pagas.

Seção III

Da Publicação Extraordinária da Decisão Administrativa Sancionadora

Art. 24. A pessoa jurídica sancionada administrativamente pela prática de atos lesivos contra a administração pública, nos termos da Lei n. 12.846, de 2013, publicará a decisão administrativa sancionadora na forma de extrato de sentença, cumulativamente:

I - em meio de comunicação de grande circulação na área da prática da infração e de atuação da pessoa jurídica ou, na sua falta, em publicação de circulação nacional;

II - em edital afixado no próprio estabelecimento ou no local de exercício da atividade, em localidade que permita a visibilidade pelo público, pelo prazo mínimo de trinta dias; e

III - em seu sítio eletrônico, pelo prazo de trinta dias e em destaque na página principal do referido sítio.

Parágrafo único. A publicação a que se refere o *caput* será feita a expensas da pessoa jurídica sancionada.

Seção IV
Da Cobrança da Multa Aplicada

Art. 25. A multa aplicada ao final do PAR será integralmente recolhida pela pessoa jurídica sancionada no prazo de trinta dias, observado o disposto nos §§ 1º e 3º do art. 11.

§ 1º Feito o recolhimento, a pessoa jurídica sancionada apresentará ao órgão ou entidade que aplicou a sanção documento que ateste o pagamento integral do valor da multa imposta.

§ 2º Decorrido o prazo previsto no *caput* sem que a multa tenha sido recolhida ou não tendo ocorrido a comprovação de seu pagamento integral, o órgão ou entidade que a aplicou encaminhará o débito para inscrição em Dívida Ativa da União ou das autarquias e fundações públicas federais.

§ 3º Caso a entidade que aplicou a multa não possua Dívida Ativa, o valor será cobrado independentemente de prévia inscrição.

Seção V
Dos Encaminhamentos Judiciais

Art. 26. As medidas judiciais, no País ou no exterior, como a cobrança da multa administrativa aplicada no PAR, a promoção da publicação extraordinária, a persecução das sanções referidas nos incisos I a IV do *caput* do art. 19 da Lei n. 12.846, de 2013, a reparação integral dos danos e prejuízos, além de eventual atuação judicial para a finalidade de instrução ou garantia do processo judicial ou preservação do acordo de leniência, serão solicitadas ao órgão de representação judicial ou equivalente dos órgãos ou entidades lesados.

Art. 27. No âmbito da administração pública federal direta, a atuação judicial será exercida pela Procuradoria-Geral da União, com exceção da cobrança da multa administrativa aplicada no PAR, que será promovida pela Procuradoria-Geral da Fazenda Nacional.

Parágrafo único. No âmbito das autarquias e fundações públicas federais, a atuação judicial será exercida pela Procuradoria-Geral Federal, inclusive no que se refere à cobrança da multa administrativa aplicada no PAR, respeitadas as competências específicas da Procuradoria-Geral do Banco Central.

CAPÍTULO III
DO ACORDO DE LENIÊNCIA

Art. 28. O acordo de leniência será celebrado com as pessoas jurídicas responsáveis pela prática dos atos lesivos previstos na Lei n. 12.846, de 2013, e dos ilícitos administrativos previstos na Lei n. 8.666, de 1993, e em outras normas de licitações e contratos, com vistas à isenção ou à atenuação das respectivas sanções, desde que colaborem efetivamente com as investigações e o processo administrativo, devendo resultar dessa colaboração:

I - a identificação dos demais envolvidos na infração administrativa, quando couber; e

II - a obtenção célere de informações e documentos que comprovem a infração sob apuração.

Art. 29. Compete à Controladoria-Geral da União celebrar acordos de leniência no âmbito do Poder Executivo federal e nos casos de atos lesivos contra a administração pública estrangeira.

Art. 30. A pessoa jurídica que pretenda celebrar acordo de leniência deverá:

I - ser a primeira a manifestar interesse em cooperar para a apuração de ato lesivo específico, quando tal circunstância for relevante;

II - ter cessado completamente seu envolvimento no ato lesivo a partir da data da propositura do acordo;

III - admitir sua participação na infração administrativa

IV - cooperar plena e permanentemente com as investigações e o processo administrativo e comparecer, sob suas expensas e sempre que solicitada, aos atos processuais, até o seu encerramento; e

V - fornecer informações, documentos e elementos que comprovem a infração administrativa.

§ 1º O acordo de leniência de que trata o *caput* será proposto pela pessoa jurídica, por seus representantes, na forma de seu estatuto ou contrato social, ou por meio de procurador com poderes específicos para tal ato, observado o disposto no art. 26 da Lei n. 12.846, de 2013.

§ 2º A proposta do acordo de leniência poderá ser feita até a conclusão do relatório a ser elaborado no PAR.

Art. 31. A proposta de celebração de acordo de leniência poderá ser feita de forma oral ou escrita, oportunidade em que a pessoa jurídica proponente declarará expressamente que foi orientada a respeito de seus direitos, garantias e deveres legais e de que o não atendimento às determinações e solicitações da Controladoria-Geral da União durante a etapa de negociação importará a desistência da proposta.

§ 1º A proposta apresentada receberá tratamento sigiloso e o acesso ao seu conteúdo será restrito aos servidores especificamente designados pela Controladoria-Geral da União para participar da negociação do acordo de leniência, ressalvada a possibilidade de a proponente autorizar a divulgação ou compartilhamento da existência da proposta ou de seu conteúdo, desde que haja anuência da Controladoria-Geral da União.

§ 2º Poderá ser firmado memorando de entendimentos entre a pessoa jurídica proponente e a Controladoria-Geral da União para formalizar a proposta e definir os parâmetros do acordo de leniência.

§ 3º Uma vez proposto o acordo de leniência, a Controladoria-Geral da União poderá requisitar os autos de processos administrativos em curso em outros órgãos ou entidades da administração pública federal relacionados aos fatos objeto do acordo.

Art. 32. A negociação a respeito da proposta do acordo de leniência deverá ser concluída no prazo de cento e oitenta dias, contado da data de apresentação da proposta.

Parágrafo único. A critério da Controladoria-Geral da União, poderá ser prorrogado o prazo estabelecido no *caput*, caso presentes circunstâncias que o exijam.

Art. 33. Não importará em reconhecimento da prática do ato lesivo investigado a proposta de acordo de leniência rejeitada, da qual não se fará qualquer divulgação, ressalvado o disposto no § 1º do art. 31.

Art. 34. A pessoa jurídica proponente poderá desistir da proposta de acordo de leniência a qualquer momento que anteceda a assinatura do referido acordo.

Art. 35. Caso o acordo não venha a ser celebrado, os documentos apresentados durante a negociação serão devolvidos, sem retenção de cópias, à pessoa jurídica proponente e será vedado seu uso para fins de responsabilização, exceto quando a administração pública federal tiver conhecimento deles independentemente da apresentação da proposta do acordo de leniência.

Art. 36. O acordo de leniência estipulará as condições para assegurar a efetividade da colaboração e o resultado útil do processo, do qual constarão cláusulas e obrigações que, diante das circunstâncias do caso concreto, reputem-se necessárias.

Art. 37. O acordo de leniência conterá, entre outras disposições, cláusulas que versem sobre:

I - o compromisso de cumprimento dos requisitos previstos nos incisos II a V do *caput* do art. 30;

II - a perda dos benefícios pactuados, em caso de descumprimento do acordo;

III - a natureza de título executivo extrajudicial do instrumento do acordo, nos termos do inciso II do *caput* do art. 585 da Lei n. 5.869, de 11 de janeiro de 1973; e

IV - a adoção, aplicação ou aperfeiçoamento de programa de integridade, conforme os parâmetros estabelecidos no Capítulo IV.

Art. 38. A Controladoria-Geral da União poderá conduzir e julgar os processos administrativos que apurem infrações administrativas previstas na Lei 12.846, de 2013, na Lei n. 8.666, de 1993 e em outras normas de licitações e contratos, cujos fatos tenham sido noticiados por meio do acordo de leniência.

Art. 39. Até a celebração do acordo de leniência pelo Ministro de Estado Chefe da Controladoria-Geral da União, a identidade da pessoa jurídica signatária do acordo não será divulgada ao público, ressalvado o disposto no § 1º do art. 31.

Parágrafo único. A Controladoria-Geral da União manterá restrito o acesso aos documentos e informações comercialmente sensíveis da pessoa jurídica signatária do acordo de leniência.

Art. 40. Uma vez cumprido o acordo de leniência pela pessoa jurídica colaboradora, serão declarados em favor da pessoa jurídica signatária, nos termos previamente firmados no acordo, um ou mais dos seguintes efeitos:

I - isenção da publicação extraordinária da decisão administrativa sancionadora;

II - isenção da proibição de receber incentivos, subsídios, subvenções, doações ou empréstimos de órgãos ou entidades públicos e de instituições financeiras públicas ou controladas pelo Poder Público;

III - redução do valor final da multa aplicável, observado o disposto no art. 23; ou

IV - isenção ou atenuação das sanções administrativas previstas nos art. 86 a art. 88 da Lei n. 8.666, de 1993, ou de outras normas de licitações e contratos.

Parágrafo único. Os efeitos do acordo de leniência serão estendidos às pessoas jurídicas que integrarem o mesmo grupo econômico, de fato e de direito, desde que tenham firmado o acordo em conjunto, respeitadas as condições nele estabelecidas.

CAPITULO IV
DO PROGRAMA DE INTEGRIDADE

Art. 41. Para fins do disposto neste Decreto, programa de integridade consiste, no âmbito de uma pessoa jurídica, no conjunto de mecanismos e procedimentos internos de integridade, auditoria e incentivo à denúncia de irregularidades e na aplicação efetiva de códigos de ética e de conduta, políticas e diretrizes com objetivo de detectar e sanar desvios, fraudes, irregularidades e atos ilícitos praticados contra a administração pública, nacional ou estrangeira.

Parágrafo Único. O programa de integridade deve ser estruturado, aplicado e atualizado de acordo com as características e riscos atuais das atividades de cada pessoa jurídica, a qual por sua vez deve garantir o constante aprimoramento e adaptação do referido programa, visando garantir sua efetividade.

Art. 42. Para fins do disposto no § 4º do art. 5º, o programa de integridade será avaliado, quanto a sua existência e aplicação, de acordo com os seguintes parâmetros:

I - comprometimento da alta direção da pessoa jurídica, incluídos os conselhos, evidenciado pelo apoio visível e inequívoco ao programa;

II - padrões de conduta, código de ética, políticas e procedimentos de integridade, aplicáveis a todos os empregados e administradores, independentemente de cargo ou função exercidos;

III - padrões de conduta, código de ética e políticas de integridade estendidas, quando necessário, a terceiros, tais como, fornecedores, prestadores de serviço, agentes intermediários e associados;

IV - treinamentos periódicos sobre o programa de integridade;

V - análise periódica de riscos para realizar adaptações necessárias ao programa de integridade;

VI - registros contábeis que reflitam de forma completa e precisa as transações da pessoa jurídica;

VII - controles internos que assegurem a pronta elaboração e confiabilidade de relatórios e demonstrações financeiros da pessoa jurídica;

VIII procedimentos específicos para prevenir fraudes e ilícitos no âmbito de processos licitatórios, na execução de contratos administrativos ou em qualquer interação com o setor público, ainda que intermediada por terceiros, tal como pagamento de tributos, sujeição a fiscalizações, ou obtenção de autorizações, licenças, permissões e certidões;

IX - independência, estrutura e autoridade da instância interna responsável pela aplicação do programa de integridade e fiscalização de seu cumprimento;

X - canais de denúncia de irregularidades, abertos e amplamente divulgados a funcionários e terceiros, e de mecanismos destinados à proteção de denunciantes de boa-fé;

XI - medidas disciplinares em caso de violação do programa de integridade;

XII - procedimentos que assegurem a pronta interrupção de irregularidades ou infrações detectadas e a tempestiva remediação dos danos gerados;

XIII - diligências apropriadas para contratação e, conforme o caso, supervisão, de terceiros, tais como, fornecedores, prestadores de serviço, agentes intermediários e associados;

XIV - verificação, durante os processos de fusões, aquisições e reestruturações societárias, do cometimento de irregularidades ou ilícitos ou da existência de vulnerabilidades nas pessoas jurídicas envolvidas;

XV - monitoramento contínuo do programa de integridade visando seu aperfeiçoamento na prevenção, detecção e combate à ocorrência dos atos lesivos previstos no art. 5º da Lei n. 12.846, de 2013; e

XVI - transparência da pessoa jurídica quanto a doações para candidatos e partidos políticos.

§ 1º Na avaliação dos parâmetros de que trata este artigo, serão considerados o porte e especificidades da pessoa jurídica, tais como:

I - a quantidade de funcionários, empregados e colaboradores;

II - a complexidade da hierarquia interna e a quantidade de departamentos, diretorias ou setores;

III - a utilização de agentes intermediários como consultores ou representantes comerciais;

IV - o setor do mercado em que atua;

V - os países em que atua, direta ou indiretamente;

VI - o grau de interação com o setor público e a importância de autorizações, licenças e permissões governamentais em suas operações;

VII - a quantidade e a localização das pessoas jurídicas que integram o grupo econômico; e

VIII - o fato de ser qualificada como microempresa ou empresa de pequeno porte.

§ 2º A efetividade do programa de integridade em relação ao ato lesivo objeto de apuração será considerada para fins da avaliação de que trata o *caput*.

§ 3º Na avaliação de microempresas e empresas de pequeno porte, serão reduzidas as formalidades dos parâmetros previstos neste artigo, não se exigindo, especificamente, os incisos III, V, IX, X, XIII, XIV e XV do *caput*.

§ 4º Caberá ao Ministro de Estado Chefe da Controladoria-Geral da União expedir orientações, normas e procedimentos complementares referentes à avaliação do programa de integridade de que trata este Capítulo.

§ 5º A redução dos parâmetros de avaliação para as microempresas e empresas de pequeno porte de que trata o § 3º poderá ser objeto de regulamentação por ato conjunto do Ministro de Estado Chefe da Secretaria da Micro e Pequena Empresa e do Ministro de Estado Chefe da Controladoria-Geral da União.

CAPÍTULO V
DO CADASTRO NACIONAL DE EMPRESAS INIDÔNEAS E SUSPENSAS E DO CADASTRO NACIONAL DE EMPRESAS PUNIDAS

Art. 43. O Cadastro Nacional de Empresas Inidôneas e Suspensas – CEIS conterá informações referentes às sanções administrativas impostas a pessoas físicas ou jurídicas que impliquem restrição ao direito de participar de licitações ou de celebrar contratos com a administração pública de qualquer esfera federativa, entre as quais:

I - suspensão temporária de participação em licitação e impedimento de contratar com a administração pública, conforme disposto no inciso III do *caput* do art. 87 da Lei n. 8.666, de 1993;

II - declaração de inidoneidade para licitar ou contratar com a administração pública, conforme disposto no inciso IV do *caput* do art. 87 da Lei n. 8.666, de 1993;

III - impedimento de licitar e contratar com União, Estados, Distrito Federal ou Municípios, conforme disposto no art. 7º da Lei n. 10.520, de 17 de julho de 2002;

IV - impedimento de licitar e contratar com a União, Estados, Distrito Federal ou Municípios, conforme disposto no art. 47 da Lei n. 12.462, de 4 de agosto de 2011;

V - suspensão temporária de participação em licitação e impedimento de contratar com a administração pública, conforme disposto no inciso IV do *caput* do art. 33 da Lei n. 12.527, de 18 de novembro de 2011; e

VI - declaração de inidoneidade para licitar ou contratar com a administração pública, conforme disposto no inciso V do *caput* do art. 33 da Lei n. 12.527, de 2011.

Art. 44. Poderão ser registradas no CEIS outras sanções que impliquem restrição ao direito de participar em licitações ou de celebrar contratos com a administração pública, ainda que não sejam de natureza administrativa.

Art. 45. O Cadastro Nacional de Empresas Punidas - CNEP conterá informações referentes:

I - às sanções impostas com fundamento na Lei n. 12.846, de 2013; e

II - ao descumprimento de acordo de leniência celebrado com fundamento na Lei n. 12.846, de 2013.

Parágrafo único. As informações sobre os acordos de leniência celebrados com fundamento na Lei n. 12.846, de 2013, serão registradas no CNEP após a celebração do acordo, exceto se causar prejuízo às investigações ou ao processo administrativo.

Art. 46. Constarão do CEIS e do CNEP, sem prejuízo de outros a serem estabelecidos pela Controladoria-Geral da União, dados e informações referentes a:

I - nome ou razão social da pessoa física ou jurídica sancionada;

II - número de inscrição da pessoa jurídica no Cadastro Nacional da Pessoa Jurídica - CNPJ ou da pessoa física no Cadastro de Pessoas Físicas - CPF;

III - tipo de sanção;

IV fundamentação legal da sanção;

V - número do processo no qual foi fundamentada a sanção;

VI - data de início de vigência do efeito limitador ou impeditivo da sanção ou data de aplicação da sanção;

VII - data final do efeito limitador ou impeditivo da sanção, quando couber;

VIII - nome do órgão ou entidade sancionador; e

IX - valor da multa, quando couber.

Art. 47. A exclusão dos dados e informações constantes do CEIS ou do CNEP se dará:

I - com fim do prazo do efeito limitador ou impeditivo da sanção; ou

II -mediante requerimento da pessoa jurídica interessada, após cumpridos os seguintes requisitos, quando aplicáveis:

a) publicação da decisão de reabilitação da pessoa jurídica sancionada, nas hipóteses dos incisos II e VI do *caput* do art. 43;

b) cumprimento integral do acordo de leniência;

c) reparação do dano causado; ou

d) quitação da multa aplicada.

Art. 48. O fornecimento dos dados e informações de que tratam os art. 43 a art. 46, pelos órgãos e entidades dos Poderes Executivo, Legislativo e Judiciário de cada uma das esferas de governo, será disciplinado pela Controladoria-Geral da União.

CAPÍTULO VI
DISPOSIÇÕES FINAIS

Art. 49. As informações referentes ao PAR instaurado no âmbito dos órgãos e entidades do Poder Executivo federal serão registradas no sistema de gerenciamento eletrônico de processos administrativos sancionadores mantido pela Controladoria-Geral da União, conforme ato do Ministro de Estado Chefe da Controladoria-Geral da União.

Art. 50. Os órgãos e as entidades da administração pública, no exercício de suas competências regulatórias, disporão sobre os efeitos da Lei n. 12.846, de 2013, no âmbito das atividades reguladas, inclusive no caso de proposta e celebração de acordo de leniência.

Art. 51. O processamento do PAR não interfere no seguimento regular dos processos administrativos específicos para apuração da ocorrência de danos e prejuízos à administração pública federal resultantes de ato lesivo cometido por pessoa jurídica, com ou sem a participação de agente público.

Art. 52. Caberá ao Ministro de Estado Chefe da Controladoria-Geral da União expedir orientações e procedimentos complementares para a execução deste Decreto.

Art. 53. Este Decreto entra em vigor na data de sua publicação.

Brasília, 18 de março de 2015; 194º da Independência e 127o da República.

MEDIDA PROVISÓRIA Nº 703 DE 18 DE DEZEMBRO DE 2015

Altera a Lei nº 12.846, de 1º de agosto de 2013, para dispor sobre acordos de leniência.

A PRESIDENTA DA REPÚBLICA, no uso da atribuição que lhe confere o art. 62 da Constituição, adota a seguinte Medida Provisória, com força de lei:

Art. 1º A Lei nº 12.846, de 1º de agosto de 2013, passa a vigorar com as seguintes alterações:

"Art. 15. A comissão designada para apuração da responsabilidade de pessoa jurídica, após a instauração do processo administrativo, dará conhecimento ao Ministério Público de sua existência, para apuração de eventuais delitos." (NR)

"Art. 16. A União, os Estados, o Distrito Federal e os Municípios poderão, no âmbito de suas competências, por meio de seus órgãos de controle interno, de forma isolada ou em conjunto com o Ministério Público ou com a Advocacia Pública, celebrar acordo de leniência com as pessoas jurídicas responsáveis pela prática dos atos e pelos fatos investigados e previstos nesta Lei que colaborem efetivamente com as investigações e com o processo administrativo, de forma que dessa colaboração resulte:

I - a identificação dos demais envolvidos na infração, quando couber;

II - a obtenção de informações e documentos que comprovem a infração noticiada ou sob investigação;

III - a cooperação da pessoa jurídica com as investigações, em face de sua responsabilidade objetiva; e

IV - o comprometimento da pessoa jurídica na implementação ou na melhoria de mecanismos internos de integridade.

§ 1º ....

....

III - a pessoa jurídica, em face de sua responsabilidade objetiva, coopere com as investigações e com o processo administrativo, comparecendo, sob suas expensas, sempre que solicitada, a todos os atos processuais, até seu encerramento; e

IV - a pessoa jurídica se comprometa a implementar ou a melhorar os mecanismos internos de integridade, auditoria, incentivo às denúncias de irregularidades e à aplicação efetiva de código de ética e de conduta.

§ 2º O acordo de leniência celebrado pela autoridade administrativa:

I - isentará a pessoa jurídica das sanções previstas no inciso II do *caput* do art. 6º e das sanções restritivas ao direito de licitar e contratar previstas na Lei nº 8.666, de 21 de junho de 1993, e em outras normas que tratam de licitações e contratos;

II - poderá reduzir a multa prevista no inciso I do *caput* do art. 6º em até dois terços, não sendo aplicável à pessoa jurídica qualquer outra sanção de natureza pecuniária decorrente das infrações especificadas no acordo; e

III - no caso de a pessoa jurídica ser a primeira a firmar o acordo de leniência sobre os atos e fatos investigados, a redução poderá chegar até a sua completa remissão, não sendo aplicável à pessoa jurídica qualquer outra sanção de natureza pecuniária decorrente das infrações especificadas no acordo.

....

§ 4º O acordo de leniência estipulará as condições necessárias para assegurar a efetividade da colaboração e o resultado útil do processo administrativo e quando estipular a obrigatoriedade de reparação do dano poderá conter cláusulas sobre a forma de amortização, que considerem a capacidade econômica da pessoa jurídica.

....

§ 9º A formalização da proposta de acordo de leniência suspende o prazo prescricional em relação aos atos e fatos objetos de apuração previstos nesta Lei e sua celebração o interrompe.

....

§ 11. O acordo de leniência celebrado com a participação das respectivas Advocacias Públicas impede que os entes celebrantes ajuizem ou prossigam com as ações de que tratam o art. 19 desta Lei e o art. 17 da Lei nº 8.429, de 2 de junho de 1992, ou de ações de natureza civil.

§ 12. O acordo de leniência celebrado com a participação da Advocacia Pública e em conjunto com o Ministério Público impede o ajuizamento ou o prosseguimento da ação já ajuizada por qualquer dos legitimados às ações mencionadas no § 11.

§ 13. Na ausência de órgão de controle interno no Estado, no Distrito Federal ou no Município, o acordo de leniência previsto no *caput* somente será celebrado pelo chefe do respectivo Poder em conjunto com o Ministério Público.

§ 14. O acordo de leniência depois de assinado será encaminhado ao respectivo Tribunal de Contas, que poderá, nos termos do inciso II do art. 71 da Constituição Federal, instaurar procedimento administrativo contra a pessoa jurídica celebrante, para apurar prejuízo ao erário, quando entender que o valor constante do acordo não atende o disposto no § 3º." (NR)

"Art. 17. A administração pública poderá também celebrar acordo de leniência com a pessoa jurídica responsável por atos e fatos investigados previstos em normas de licitações e contratos administrativos com vistas à isenção ou à atenuação das sanções restritivas ou impeditivas ao direito de licitar e contratar." (NR)

"Art. 17-A. Os processos administrativos referentes a licitações e contratos em curso em outros órgãos ou entidades que versem sobre o mesmo objeto do acordo de leniência deverão, com a celebração deste, ser sobrestados e, posteriormente, arquivados, em caso de cumprimento integral do acordo pela pessoa jurídica." (NR)

"Art. 17-B. Os documentos porventura juntados durante o processo para elaboração do acordo de leniência deverão ser devolvidos à pessoa jurídica quando não ocorrer a celebração do acordo, não permanecendo cópias em poder dos órgãos celebrantes." (NR)

"Art. 18. Na esfera administrativa, a responsabilidade da pessoa jurídica não afasta a possibilidade de sua responsabilização na esfera judicial, exceto quando expressamente previsto na celebração de acordo de leniência, observado o disposto no § 11, no § 12 e no § 13 do art. 16." (NR)

"Art. 20. ....

Parágrafo único. A proposta do acordo de leniência poderá ser feita mesmo após eventual ajuizamento das ações cabíveis." (NR)

"Art. 25 ....

§ 1º Na esfera administrativa ou judicial, a prescrição será interrompida com a instauração de processo que tenha por objeto a apuração da infração.

§ 2º Aplica-se o disposto no *caput* e no § 1º aos ilícitos previstos em normas de licitações e contratos administrativos." (NR)

"Art. 29. ....

§ 1º Os acordos de leniência celebrados pelos órgãos de controle interno da União, dos Estados, do Distrito Federal e dos Municípios contarão com a colaboração dos órgãos a que se refere o *caput* quando os atos e fatos apurados acarretarem simultaneamente a infração ali prevista.

§ 2º Se não houver concurso material entre a infração prevista no *caput* e os ilícitos contemplados nesta Lei, a competência e o procedimento para celebração de acordos de leniência observarão o previsto na Lei nº 12.529, de 30 de novembro de 2011, e a referida celebração contará com a participação do Ministério Público." (NR)

"Art. 30. Ressalvada a hipótese de acordo de leniência que expressamente as inclua, a aplicação das sanções previstas nesta Lei não afeta os processos de responsabilização e aplicação de penalidades decorrentes de:

I - ato de improbidade administrativa nos termos da Lei nº 8.429, de 1992;

II - atos ilícitos alcançados pela Lei nº 8.666, de 1993, ou por outras normas de licitações e contratos da administração pública, inclusive no que se refere ao Regime Diferenciado de Contratações Públicas - RDC, instituído pela Lei nº 12.462, de 2011; e

III - infrações contra a ordem econômica nos termos da Lei nº 12.529, de 2011." (NR)

Art. 2º Ficam revogados:

I - o § 1º do art. 17 da Lei nº 8.429, de 2 de junho de1992; e

II - o inciso I do § 1º do art. 16 da Lei nº 12.846, de 1º de agosto de 2013.

Art. 3º Esta Medida Provisória entra em vigor na data de sua publicação.

Brasília, 18 de dezembro de 2015; 194º da Independência e 127º da República.

DILMA ROUSSEFF

José Eduardo Cardozo

Nelson Barbosa

Luís Inácio Lucena Adams

Valdir Moysés Simão

Impresso em maio de 2016